ÉLÉMENTS

DE LA

GRAMMAIRE

LATINE

PAR LHOMOND,

PROFESSEUR ÉMÉRITE EN L'UNIVERSITÉ DE PARIS.

Nouvelle édition.

A PARIS,

DE LA LIBRAIRIE DE PAUL DUPONT,

Hôtel des Fermes.

1851

7817

PRÉFACE.

Cette Grammaire est divisée en trois Parties. La première con_tient les Élémens de la Langue Latine à l'usage des commençans : on s'est proposé d'écarter de ces commencemens tout ce qui pourrait embarrasser ou rebuter les enfans. 1.º Pour ôter tout embarras, l'on n'y parle point d'abord des noms irréguliers, ni d'aucune exception ; on suppose que la marche de la Langue est parfaitement régulière ; c'est sur ce plan que l'on a rédigé la table des déclinaisons et des conjugaisons. Cependant comme il y a des exceptions qu'il faut que l'enfant connaisse, on a mis à la fin, sous le titre de *Supplément*, toutes les irrégularités qui se trouvent, soit dans les noms, soit dans les verbes, etc. Il n'y a alors nul inconvénient à les lui présenter.

2.º Pour faire sentir à l'enfant l'usage des premières leçons et dissiper l'ennui qui les accompagne, l'on a mis à la fin de chaque espèce de mots la règle générale de syntaxe qui la concerne : ainsi, après qu'il a décliné des noms, on lui apprend que, pour joindre ensemble deux noms, l'on met en français le mot *de* entre les deux noms, et qu'en latin on met le second au génitif. Par ce moyen l'on peut au bout de quelques jours lui donner pour devoir, *flos horti*, *pedum pastoris*, *odor rosæ*, etc., à traduire en français, et ce sera une petite version ; ou bien, *le fruit de l'arbre*, *le palais du roi*, *la lumière du soleil*, etc., à mettre en latin, et ce sera un petit thème. L'enfant en sait assez pour faire ces deux petites opérations qui concourent également à graver la règle dans sa mémoire, et qui ne peuvent manquer de le flatter agréablement par la pensée qu'il est déjà capable d'opérer dans une langue qu'il ne connaissait pas encore peu de jours auparavant. De même, après qu'il a décliné des adjectifs, on lui dit que pour joindre un adjectif à un nom, on donne à cet adjectif le même genre, le même nombre et le même cas qu'' . . . 'u nom ; ce qui le met dans le cas de traduire en français . . . .es phrases, *rosa pulchra*, *pater bonus*, *exemplum egregium*, etc. ; ou de mettre en latin celles-ci : *la bonne mère*, *le beau jardin*, *le temple magnifique*, etc. On ajoute aussi la règle générale des pronoms à l'article des pronoms, la règle générale des verbes à la fin des conjugaisons, etc., etc. Cette manière de présenter séparément les premiers procédés de la Langue a encore cet avantage, qu'elle les grave plus nettement et plus distinctement dans l'esprit des enfans.

La seconde partie contient la *Syntaxe*, et la troisième renferme ce qu'on appelle la *Méthode*.

J'ai essayé de mettre dans ces deux Parties plus d'ordre, et surtout plus de clarté, en divisant les règles composées, pour ne pas présenter trop d'objets à la fois, en plaçant chaque règle dans le lieu où l'enfant a déjà acquis les connaissances nécessaires pour la comprendre, en indiquant par une version littérale des tours étrangers à notre Langue, etc., etc., etc.

Les règles qui guident dans l'étude du latin sont de deux espèces. Les premières conviennent à cette Langue considérée en elle-même et sans aucun rapport à toute autre Langue : telles sont celles que Cicéron eût données à son fils. Il ne lui aurait parlé que de la phrase latine, et nullement des locutions françaises, qui n'existaient pas alors. Cette première espèce de règle est l'objet de ce que l'on appelle *Syntaxe Latine*, qui doit contenir les règles de la Langue latine, abstraction faite de toute autre Langue.

Mais il y a des règles d'une autre espèce à apprendre. Elles sont fondées sur la différence que l'on remarque entre le latin et une autre Langue à laquelle on le compare, le français, par exemple : telles sont les règles qui concernent notre conjonction *que*, notre pronom indéfini *on*, etc. Ces dernières règles sont la matière de ce que l'on appelle *Méthode Latine*, qui ne doit être qu'un recueil des principales différences qui se trouvent entre ces deux Langues.

Il suit de là que la Syntaxe Latine doit être la même en tout pays, au lieu que la Méthode Latine est différente en différens pays où l'on parle un idiome particulier. La Méthode Latine, en France, doit contenir les différences que l'on remarque entre le français et le latin; en Allemagne, la Méthode Latine indiquerait celles qui se trouvent entre le latin et l'allemand, etc.

En suivant cet ordre, les Gallicismes ne devraient pas être placés dans la Syntaxe; mais comme il arrive souvent qu'ils ont un rapport marqué avec certaines règles de la Syntaxe, j'en ai rapproché quelques-uns de ces règles, pour faire mieux sentir le rapport. En général, j'ai cherché l'ordre et la clarté ; mais j'ai cru qu'au besoin je devais préférer la clarté à l'ordre : c'est la raison de quelques déplacemens que l'on pourra remarquer.

On ne trouvera qu'un seul changement dans les termes de Grammaire ; c'est qu'au lieu du mot *substantif*, que les enfans n'entendent point, j'ai toujours employé celui de *nom*, dont le sens est clair. Du reste, j'ai respecté le langage reçu : ainsi j'ai dit *le nominatif du verbe*, au lieu de *sujet du verbe*, parce que le nominatif ayant une terminaison propre, les enfans le connaissent, pour ainsi dire, de vue ; au lieu que le mot de *sujet* ne présente qu'une idée abstraite. J'ai même employé l'expression du *nominatif français*, quoique notre Langue n'ait point de cas, parce que le rapport particulier, dont le nominatif est le signe, est commun à toutes les Langues.

Est-il besoin d'avertir que les règles contenues dans cet Ouvrage sont établies sur l'usage le plus fréquent des auteurs ? Je sais qu'ils s'en écartent quelquefois ; mais le dire à des enfans, ce serait les jeter dans l'incertitude, et mettre de la confusion dans leurs idées. J'ai choisi les exemples les plus courts, afin de ne point partager l'attention de l'enfant, et de fixer ses yeux et son esprit uniquement sur le mot qui est l'objet de la règle.

Au surplus, le meilleur livre élémentaire, c'est la voix du maître, qui varie ses leçons et la manière de les présenter selon les besoins de ceux à qui il parle : rien ne peut tenir lieu de ce secours. Prétendre qu'un livre muet puisse le remplacer, c'est une pure charlatanerie.

Je connais les nouveaux plans de Grammaire que l'on propose depuis quelques années, les reproches que l'on fait à la Méthode vulgaire, et les déclamations peu mesurées que l'on se permet contre ceux qui la suivent. A tout cela, je n'ai qu'un mot à répondre : *La métaphysique ne convient point aux enfans.* Quels sont en effet les principes que nous offrent ces nouveaux plans ? Les voici fidèlement transcrits : *Les Noms sont des mots qui expriment déterminément les êtres, en les désignant par l'idée de leur nature* (Gramm. Génér., tom. I, pag. 235). *Les adjectifs sont des mots qui expriment des êtres indéterminés, en les déter-*

minant par une idée précise, mais accidentelle à la nature commune, déterminément énoncée par les noms appelatifs auxquels on
les joint. Les pronoms sont des mots qui présentent à l'esprit des
êtres déterminés par l'idée précise d'une relation personnelle à
l'acte de la parole. Les *Verbes* sont des mots qui expriment des
êtres indéterminés, en les désignant par l'idée précise de l'existence
intellectuelle avec relation à un attribut, etc., etc. Les autres nouvelles Grammaires, même celles que l'on nomme *Elémentaires*,
sont sur le même ton, et les Auteurs s'appuient de l'autorité de
celle-là.

De bonne foi, est-ce là le langage qu'il faut parler aux enfans?
Sont-ils en état de l'entendre? Nos règles, dit-on, n'éclairent
pas l'esprit : je laisse au Public à juger si celles que l'on y subs-
titue sont beaucoup plus lumineuses. Si nos règles n'éclairent
pas les enfans, du moins elles les guident : à cet âge on est bien
plus capable d'être guidé que d'être éclairé dans ces sortes de ma-
tières. On peut se proposer deux choses dans l'étude d'une Langue : 1.º de connaître l'usage, ce qui se réduit à ce fait : *Voilà
comme on s'exprimait chez les peuples*; 2.º de connaître la raison de
cet usage. La première connaissance, celle du fait, sufût pour
entendre les Auteurs, et elle est certainement la seule qui con-
vienne à la faible intelligence des enfans. C'est cette connaissance
du fait que donnent nos Livres élémentaires : toutes les règles
qu'ils contiennent se réduisent à indiquer sur chaque espèce de
mots, sur chaque tour de phrase, la manière dont les Latins s'ex-
primaient.

ÉLÉMENS
DE LA
GRAMMAIRE LATINE.

PREMIÈRE PARTIE.

Il y a en latin neuf sortes de mots, le *Nom*, l'*Adjectif*, le *Pronom*, le *Verbe*, le *Participe*, l'*Adverbe*, la *Préposition*, la *Conjonction* et l'*Interjection*.

PREMIÈRE ESPÈCE DE MOTS.
LE NOM.

Le *nom* est un mot qui sert à nommer une personne ou une chose, comme *Pierre*, *Paul*, *livre*, *chapeau*.

Il y a dans les noms deux nombres ; le *singulier*, quand on parle d'une seule personne ou d'une seule chose : ainsi *un homme*, *une rose*, sont au nombre *singulier*; le *pluriel*, quand on parle de plusieurs personnes ou de plusieurs choses : ainsi *les hommes*, *les roses*, sont au nombre *pluriel*.

En latin le nom change sa dernière syllabe : ainsi *rosa* fait *rosæ*, *rosam*, *rosarum*, *rosis*, *rosas* : ces différentes manières de finir un nom s'appellent *cas*.

Il y a en latin six *cas*, savoir : le *nominatif*, le *génitif*, le *datif*, l'*accusatif*, le *vocatif* et l'*ablatif*. Quand on récite de suite les six cas d'un nom, cela s'appelle *décliner*. Il y a en latin cinq *déclinaisons* différentes, que l'on distingue par les génitifs singulier et pluriel.

PREMIÈRE DÉCLINAISON.

La première déclinaison a le génitif singulier
en *æ*, et le génitif pluriel en *arum*.

NOMBRE SINGULIER.

Nominatif, f.	Ros a,	la Rose.
Génitif,	Ros æ,	de la Rose.
Datif,	Ros æ,	à la Rose.
Accusatif,	Ros am,	la Rose.
Vocatif,	ô Ros a,	ô Rose.
Ablatif,	Ros â,	de la Rose.

NOMBRE PLURIEL.

Nominatif,	Ros æ,	les Roses.
Génitif,	Ros arum,	des Roses.
Datif,	Ros is,	aux Roses.
Accusatif,	Ros as,	les Roses.
Vocatif,	ô Ros æ,	ô Roses.
Ablatif,	Ros is,	des Roses.

Ainsi se déclinent tous les noms dont le génitif singulier est en
æ, et le génitif pluriel en *arum*, comme :

Cauda, dæ, *la Queue.*	Musca, cæ, *la Mouche.*
Herba, bæ, *l'Herbe.*	Pluma, mæ, *la Plume.*
Hora, ræ, *l'Heure.*	Porta, tæ, *la Porte.*
Mensa, sæ, *la Table.*	Statua, tuæ, *la Statue.*

SECONDE DÉCLINAISON.

La seconde déclinaison a le génitif singulier
en *i*, et le génitif pluriel en *orum*.

SING.	Nom. m.	Domin us,	le Seigneur.
	Gén.	Domin i,	du Seigneur.
	Datif.	Domin o,	au Seigneur.
	Acc.	Domin um,	le Seigneur.
	Voc.	ô Domin e,	ô Seigneur.
	Abl.	Domin o,	du Seigneur.

PLUR.	Nom. m.	Domin i,	* les Seigneurs.
	Gén.	Domin orum,	des Seigneurs.
	Dat.	Domin is,	aux Seigneurs.
	Acc.	Domin os,	les Seigneurs.
	Voc.	ô Domin i,	ô Seigneur.
	Abl.	Domin is,	des Seigneurs.

Ainsi se déclinent tous les noms dont le génitif singulier est en *i*, et le génitif pluriel en *orum*, comme :

Asinus, ni, *l'Anc.*	Corvus, vi, *le Corbeau.*
Avus, vi, *le Grand-Père.*	Hortus, ti, *le Jardin.*
Capillus, li, *le Cheveu.*	Lupus, pi, *le Loup.*
Cervus, vi, *le Cerf.*	Populus, li, *le Peuple.*

* Remarquez bien que dans les noms français, le pluriel se forme en ajoutant *s*.

Noms *de la seconde déclinaison qui ont le nominatif siqulier* er; *dans ces noms le vocatif est semblable au nominatif.*

SING.	Nom. m.	Puer,	l'Enfant.
	Gén.	Puer i,	de l'Enfant.
	Dat.	Puer o,	à l'Enfant.
	Acc.	Puer um,	l'Enfant.
	Voc.	ô Puer,	ô Enfant.
	Abl.	Puer o,	de l'Enfant.
PLUR.	Nom. m.	Puer i,	les Enfans.
	Gén.	Puer orum,	des Enfans.
	Dat.	Puer is,	aux Enfans.
	Acc.	Puer os,	les Enfans.
	Voc.	ô Puer i,	ô Enfans.
	Abl.	Puer is,	des Enfans.

Ainsi se déclinent :

Aper, pri, *le Sanglier.*	Magister, tri, *le Maître.*
Liber, bri, *le Livre.*	Vir, viri, *l'Homme.*

Nom *neutre de la seconde déclinaison.*

REMARQUE. Il y a en français deux genres, le genre *masculin* et le genre *féminin.* Les noms d'hommes sont du masculin, comme le Grand-Père, *Avus.* Les noms de femmes sont du féminin, comme la Fille, *Filia* : ensuite, par imitation, l'on a donné le genre masculin ou le genre féminin à des choses qui ne sont ni mâles ni femelles ; ainsi l'on a fait le Jardin, *Hortus*, du masculin ; la Rose, *Rosa*, du féminin. En latin il y a un troisième genre, qu'on appelle *neutre*. Les noms qui ne sont ni du genre masculin ni du genre féminin, sont du genre neutre.

Le genre de chaque nom est marqué ainsi : *m.* pour le masculin, *f.* pour le féminin, *n.* pour le neutre.

SING.	*Nom. n.*	Templ um,	*le Temple.*
	Gén.	Templ i,	*du Temple.*
	Dat.	Templ o,	*au Temple.*
	Acc.	Templ um,	*le Temple.*
	Voc. ô	Templ um,	*ô Temple.*
	Abl.	Templ o,	*du Temple.*
PLUR.	*Nom. n.*	Templ a,	*les Temples.*
	Gén.	Templ orum,	*des Temples.*
	Dat.	Templ is,	*aux Temples.*
	Acc.	Templ a,	*les Temples.*
	Voc. ô	Templ a,	*ô Temples.*
	Abl.	Templ is,	*des Temples.*

Ainsi se déclinent tous les noms neutres dont le génitif singulier est en *i* et le génitif pluriel en *orum*, comme :

Brachium, i, *le Bras.*
Folium, i, *la Feuille.*
Bellum, i, *la Guerre.*
Vitium, i, *le Vice.*

Vinum, i, *le Vin.*
Collum, i, *le Cou.*
Exemplum, i, *l'Exemple.*
Studium, i, *l'Étude.*

TROISIÈME DÉCLINAISON.

La troisième déclinaison a le génitif singulier en *is*, et le génitif pluriel en *um*.

SING.	*Nom. f.*	Soror,	*la Sœur.*
	Gén.	Soror is,	*de la Sœur.*
	Dat.	Soror i,	*à la Sœur.*
	Acc.	Soror em,	*la Sœur.*
	Voc. ô	Soror,	*ô Sœur.*
	Abl.	Soror e,	*de la Sœur.*

PLUR.			
Nom. f.	Soror es,		*les Sœurs.*
Gén.	Soror um,		*des Sœurs.*
Dat.	Soror ibus,		*aux Sœurs.*
Acc.	Soror es,		*les Sœurs.*
Voc. ô	Soror es,		*ô Sœurs.*
Abl. *	Soror ibus,		*des Sœurs.*

Ainsi se déclinent tous les noms mascul. et fémin. dont le génitif sing. est en *is*, et le génit. plur. en *um*, comme :

Dolor, loris, *la Douleur.*	Pater, tris, *le Père.*
Homo, minis, *l'Homme.*	Virgo, ginis, *la jeune Fille.*
Labor, boris, *le Travail.*	Sermo, monis, *le Discours.*
Mater, tris, *la Mère.*	Miles, litis, *le Soldat.*

*Tous les cas se forment du génitif singulier, excepté le vocatif et le nominatif.

Nom *neutre de la troisième déclinaison.*

SING.			
Nom. n.	Corpus,		*le Corps.*
Gén.	Corpor is,		*du Corps.*
Dat.	Corpor i,		*au Corps.*
Acc.	Corpus,		*le Corps.*
Voc. ô	Corpus,		*ô Corps.*
Abl.	Corpor e,		*du Corps.*
PLUR. *Nom. n.*	Corpor a,		*les Corps.*
Gén.	Corpor um,		*des Corps.*
Dat.	Corpor ibus,		*aux Corps.*
Acc.	Corpor a,		*les Corps.*
Voc. ô	Corpor a,		*ô Corps.*
Abl.	Corpor ibus,		*des Corps.*

Ainsi se déclinent les noms neutres suivans :

Caput, pitis, *la Tête.*	Pecus, coris, *le Troupeau.*
Lumen, minis, *la Lumière.*	Pectus, toris, *la Poitrine.*
Nemus, moris, *le Bois.*	Tempus, poris, *le Temps.*
Olus, leris, *le Légume.*	Vulnus, neris, *la Blessure.*

SING.			
Nom. f.	Av is,		*l'Oiseau.*
Gén.	Av is,		*de l'Oiseau.*
Dat.	Av i,		*à l'Oiseau.*
Acc.	Av em,		*l'Oiseau.*
Voc. ô	Av is,		*ô Oiseau.*
Abl.	Av e,		*de l'Oiseau.*

PLUR.	*Nom. f.* Av es,	*les Oiseaux.*
	Gén. Av ium,	*des Oiseaux.*
	Dat. Av ibus,	*aux Oiseaux.*
	Acc. Av es,	*les Oiseaux.*
	Voc. ô Av es,	*ô Oiseaux.*
	Abl. Av ibus,	*des Oiseaux.*

Déclinez de même :

Cædes, dis, *le Carnage.* Mensis, mensis, *le Mois.*
Collis, lis, *la Colline.* Mons, tis, *la Montagne.*
Fons, tis, *la Fontaine.* Nox, noctis, *la Nuit.*

QUATRIÈME DÉCLINAISON.

La quatrième déclinaison a le génitif singulier en *ús*, et le génitif pluriel en *uum*.

SING.	*Nom. f.* Man us,	*la Main.*
	Gén. Man ûs,	*de la Main.*
	Dat. Man ui,	*à la Main.*
	Acc. Man um,	*la Main.*
	Voc. ô Man us,	*ô Main.*
	Abl. Man u,	*de la Main.*
PLUR.	*Nom. f.* Man us,	*les Mains.*
	Gén. Man uum,	*des Mains.*
	Dat. Man ibus,	*aux Mains.*
	Acc. Man us,	*les Mains.*
	Voc. ô Man us,	*ô Mains.*
	Abl. Man ibus,	*des Mains.*

Ainsi se déclinent :

Currus, rùs, *le Char.* Fructus, tùs, *le Fruit.*
Exercitus, tûs, *l'Armée.* Vultus, tûs, *le Visage.*

Nom *neutre de la quatrième déclinaison.*

REMARQUE. Les noms neutres de la quatrième déclinaison sont indéclinables au singulier ; c'est-à-dire qu'ils ne changent point leur dernière syllabe ; mais ils se déclinent au pluriel.

SING.	*Nom. n.* Corn u,	*la Corne.*
	Gén. Corn u,	*de la Corne.*

Dat.	Corn u,	*à la Corne.*
Acc.	Corn u,	*la Corne.*
Voc. ô	Corn u,	*ô Corne.*
Abl.	Corn u,	*de la Corne.*
PLUR. *Nom. n.*	Corn ua,	*les Cornes.*
Gén.	Corn uum,	*des Cornes.*
Dat.	Corn ibus,	*aux Cornes.*
Acc.	Corn ua,	*les Cornes.*
Voc. ô	Corn ua,	*ô Cornes.*
Abl.	Corn ibus,	*des Cornes.*

Ainsi se déclinent :

Genu, *le Genou.* | Tonitru, *le Tonnerre.*

CINQUIÈME DÉCLINAISON.

La cinquième déclinaison a le nominatif en
es, le génitif singulier en *ei*, et le génitif pluriel en *erum*.

SING. *N. m. f.*	Di es,	*le Jour.*
Gén.	Di ei,	*du Jour.*
Dat.	Di ei,	*au Jour.*
Acc.	Di em,	*le Jour.*
Voc. ô	Di es,	*ô Jour.*
Abl.	Di e,	*du Jour.*
PLUR. *Nom. m.*	Di es,	*les Jours.*
Gén.	Di erum,	*des Jours.*
Dat.	Di ebus,	*aux Jours.*
Acc.	Di es,	*les Jours.*
Voc. ô	Di es,	*ô Jours.*
Abl.	Di ebus,	*des Jours.*

Ainsi se déclinent :

Facies, ciei, *le Visage.* | Species, ciei, *l'Apparence.*
Res, rei, *la Chose.* | Spes, spei, *l'Espérance.*

REMARQUE. Les génitifs, datifs et ablatifs pluriels ne sont
point usités, excepté dans *res*, *dies* et *species*.

TABLEAU GÉNÉRAL *dans lequel on a mis sous un même coup d'œil toutes les Déclinaisons.*

SINGULIER.

N. Rosa,	dominus,	soror ,	manus,	dies.
G. Rosæ,	domini,	sororis ,	manûs,	diei.
D. Rosæ,	domino,	sorori,	manui,	diei.
A. Rosam,	dominum,	sororem,	manum ,	diem.
V. ô Rosa ,	domine,	soror ,	manus,	dies.
A. Rosâ,	domino,	sorore ,	manu,	die.

PLURIEL.

N. Rosæ,	domini,	sorores,	manus,	dies.
G. Rosarum	dominorum,	sororum ,	manuum ,	dierum.
D. Rosis,	dominis,	sororibus ,	manibus ,	diebus.
A. Rosas,	dominos ,	sorores,	manus,	dies
V. ô Rosæ ,	domini,	sorores,	manus ,	dies.
A. Rosis,	dominis,	sororibus,	manibus ,	diebus.

REMARQUE. Dans toutes les Déclinaisons les datifs et ablatifs pluriels sont semblables : de même les nominatifs et vocatifs pluriels.

Dans les noms neutres, le nominatif, l'accusatif et le vocatif, tant du sing. que du plur. sont toujours semblables, et ces trois cas au pluriel sont toujours terminés en *a*.

RÈGLE DES NOMS,

OU MANIÈRE DE JOINDRE DEUX NOMS ENSEMBLE.

Manus *pueri*. Pour joindre ensemble deux noms en français, nous mettons *de* entre les deux, la main *de* l'enfant. En latin, on met le second au génitif : Manus *pueri*.

Exemples. L'heure du jour, *hora diei.*

Le fruit de l'arbre, *fructus arboris.*

De même au pluriel :

La table des seigneurs, *mensa dominorum.*

Le livre des enfans, *liber puerorum.*

SECONDE ESPÈCE DE MOTS.

L'ADJECTIF.

L'adjectif est un mot que l'on ajoute au nom pour marquer la qualité d'une personne ou d'une chose, comme *bon* père, *bonne* mère, *beau* livre, *belle* image. *Bon, bonne, beau* *belle*, sont des adjectifs * : ils se déclinent en latin, et ils ont les trois genres, masculin, féminin et neutre.

Il y a des adjectifs qui se rapportent à la première et à la seconde déclinaison, comme *bonus, bona, bonum ; niger, nigra, nigrum* : la terminaison en *us* ou en *er* est pour le masculin et se décline sur *dominus* ou *puer ; bona* est pour le féminin et se décline sur *rosa ; bonum* est pour le neutre et se décline sur *templum*.

* On connaît un adjectif quand on peut y joindre le mot *chose* ou *personne* ; ainsi *agréable*, *habile*, sont des adjectifs, parce qu'on peut dire, *chose* agréable, *personne* habile.

MODÈLE DE DÉCLINAISON.

SINGULIER.

Nom.	Bon us,	bon a,	bon um.
	Bon,	*bonne,*	*bon.*
Gén.	Bon i,	bon æ,	bon i.
Dat.	Bon o,	bon æ,	bon o.
Acc.	Bon um,	bon am,	bon um.
Voc.	ô Bon e,	ô bon a,	ô bon um.
Abl.	Bon o,	bon â,	bon o.

PLURIEL.

Nom.	Bon i,	bon æ,	bon a.
	Bons,	*bonnes,*	*bons.*
Gén.	Bon orŭm,	bon arum,	bon orum.
Dat.	Bon is,	bon is,	bon is.
Acc.	Bon os,	bon as,	bon a.
Voc.	ô Bon i,	ô bon æ,	ô bon a.
Abl.	Bon is,	bon is,	bon is.

Ainsi se déclinent :

Sanctus, sancta, sanctum, *Saint, sainte, saint.*
Doctus, docta, doctum, *Savant, savante, savant.*
Magnus, magna, magnum, *Grand, grande, grand.*
Parvus, parva, parvum, *Petit, petite, petit.*

ADJECTIF EN ER. — SINGULIER.

	m.	f.	n.
Nom.	Niger,	nigr a,	nigr um.
	Noir,	noire, *	noir.
Gén.	Nigr i,	nigr æ,	nigr i.
Dat.	Nigr o,	nigr æ,	nigr o.
Acc.	Nigr um,	nigr am,	nigr um.
Voc.	ô Niger,	ô nigr a,	ô nigr um.
Abl.	Nigr o,	nigr à,	nigr o.

PLURIEL.

	m.	f.	n.
Nom.	Nigr i,	nigr æ,	nigr a.
	Noirs,	noires,	noirs.
Gén.	Nigr orum,	nigr arum,	nigr orum.
Dat.	Nigr is,	nigr is,	nigr is.
Acc.	Nigr os,	nigr as,	nigr a.
Voc.	ô Nigr i,	ô nigr æ,	ô nigr a.
Abl.	Nigr is,	nigr is,	nigr is.

Ainsi se déclinent :

Liber, libera, liberum, *Libre, libre, libre.*
Miser, misera, miserum, *Malheureux, malheureuse, malheureux.*
Piger, pigra, pigrum, *Paresseux, paresseuse, paresseux.*
Pulcher, pulchra, pulchrum, *Beau, belle, beau.*

Il y a des adjectifs de la troisième déclinaison qui n'ont qu'une seule terminaison pour les trois genres, excepté l'accusatif.

SINGULIER.

	m. f. n.	
Nom.	Prudens,	*prudent, prudente.*
Gén.	Prudent is,	*pour les trois genres.*
Dat.	Prudent i,	

	m. f.	n.
Acc.	Prudent em,	prudens.

* Remarquez bien que dans les adjectifs français, le féminin se forme en ajoutant e.

Voc. ô Prudens, *pour les trois genres.*
Abl. Prudent e *ou* prudent i, *pour les 3. g.*

m. f.   *n.*

Nom. Prudent es, prudent ia, *Prudens.*
Gén. Prudent ium, $\left.\right\}$ *pour les trois genres.*
Dat. Prudent ibus, $\left.\right\}$
Acc. Prudent es, *n.* prudent ia.
Voc. ô Prudent es, *n.* ô prudentia.
Abl. Prudent ibus *pour les trois genres.*

Ainsi se déclinent :

Felix, cis, *Heureux, heureuse.* Velox, cis, *Prompt, prompte.*
Sapiens, tis, *Sage.* Audax, cis, *Hardi, hardie, hardi.*

Il y a des adjectifs de la troisième déclinaison qui ont au nominatif deux terminaisons, comme *fortis, forte.* La première est pour le masculin et le féminin, et la seconde pour le neutre.

SINGULIER.

m. f.   *n.*

Nom. Fort is, fort e, *Courageux, courageuse.*

Gén. Fort is, $\left.\right\}$ *pour les trois genres.*
Dat. Fort i, $\left.\right\}$
Acc. Fort em, *n.* ô fort e.
Voc. ô Fort is, *n.* ô fort e.
Abl. Fort i, *pour les trois genres.*

PLURIEL.

m. f.   *n.*

Nom. Fort es, fort ia, *Courageux.*
Gén. Fort ium, $\left.\right\}$ *pour les trois genres.*
Dat. Fort ibus, $\left.\right\}$

Acc. Fort es, fort ia.
Voc. ô Fort es, *n.* ô fort ia.
Abl. Fort ibus, *pour les trois genres.*

Ainsi se déclinent :

Comis, come, *Poli.*	Levis, leve, *Léger.*
Facilis, facile, *Facile.*	Utilis, utile, *Utile.*

REMARQUE. Les adjectifs de la troisième déclinaison qui ont le nominatif neutre en *e* font l'ablatif en *i*, afin que l'on puisse distinguer ces deux cas.

Il y a quelques adjectifs de la troisième déclinaison qui ont trois terminaisons au nominatif et au vocatif singulier, comme :

SINGULIER.

m.   *f.*   *n.*

Nom. Celeber, celebr is, celebr e, *Célèbre.*
Gén. Celebr is,   } *pour les trois genres.*
Dat. Celebr i,   }
Acc. Celebr em, *n.* celebr e.
Voc. ô Celeber, ô celebr is, *n.* ô celebre.
Abl. Celebr i, *pour les trois genres.*

PLURIEL.

m. f.   *n.*

Nom. Celebr es, celebr ia, *Célèbres.*
Gén. Celebr ium, } *de tout genre.*
Dat. Celebr ibus, }
Acc. Celebr es, celebr ia.
Voc. ô Celebr es, *n.* ô celebr ia.
Abl. Celebr ibus, *pour les trois genres.*

Ainsi se déclinent :

Acer, acri, acre, *Vif.*
Alacer, alacris, alacre, *Actif.*
Celer, celeris, celere, *Prompt.*
Saluber, salubris, salubre, *Salutaire.*

La terminaison en *er* est pour le masculin seulement; la terminaison en *is* est pour le masculin et le féminin.

RÈGLE DES ADJECTIFS,

OU MANIÈRE DE JOINDRE UN ADJECTIF AVEC UN NOM.

Pater *bonus.* Tout adjectif se met au même genre, au même nombre et au même cas que le nom auquel il est joint.

Exemple :

SINGULIER.

Le père	bon,	la mère	bonne,	l'exemple	bon.
Pater	bonus,	mater	bona,	exemplum	bonum.
Patris	boni,	matris	bonæ,	exempli	boni.
Patri	bono,	matri	bonæ,	exemplo	bono.
Patrem	bonum,	matrem	bonam,	exemplum	bonum.
ô Pater	bone,	ô mater	bona,	ô exemplum	bonum.
Patre	bono,	matre	bonâ,	exemplo	bono.

PLURIEL.

Les pères	bons,	les mères	bonnes,	les exemples	bons.
Patres	boni,	matres	bonæ,	exempla	bona.
Patrum	bonorum,	matrum	bonarum,	exemplorum	bonorum.
Patribus	bonis,	matribus	bonis,	exemplis	bonis.
Patres	bonos,	matres	bonas,	exempla	bona.
ô Patres	boni,	ô matres	bonæ,	ô exempla	bona.
Patribus	bonis,	matribus	bonis,	exemplis	bonis.

Autre exemple :

SINGULIER.

Travail	court,	heure	courte,	temps	court.
Labor	brevis,	hora	brevis,	tempus	breve.
Laboris	brevis,	horæ	brevis,	temporis	brevis.
Labori	brevi,	horæ	brevi,	tempori	brevi.
Laborem	brevem,	horam	brevem,	tempus	breve.
ô Labor	brevis,	ô hora	brevis,	ô tempus	breve.
Labore	brevi,	horâ	brevi,	tempore	brevi.

PLURIEL.

Travaux	courts,	heures	courtes,	temps	courts.
Labores	breves,	horæ	breves,	tempora	brevia.
Laborum	brevium,	horarum	brevium,	temporum	brevium.
Laboribus	brevibus,	horis	brevibus,	temporibus	brevibus.
Labores	breves,	horas	breves,	tempora	brevia.
ô Labores	breves,	ô horæ	breves,	ô tempora	brevia.
Laboribus	brevibus,	horis	brevibus,	temporibus	brevibus.

TROISIÈME ESPÈCE DE MOTS.

LE PRONOM.

Le *pronom* est un mot qui tient la place du nom.

PRONOMS PERSONNELS.

Il y a trois personnes : la première personne est celle qui parle ; la seconde est celle à qui l'on parle ; la troisième est celle de qui l'on parle.

Pronom de la première personne.

SINGULIER.

Nom. Ego, *je* ou *moi.*
Gén. Meî, de *moi.*
Dat. Mihi, *à moi.*
Acc. Me, *moi.*
Il n'a pas de vocatif.
Abl. Me, *de moi.*

PLURIEL.

Nom. Nos, *nous.*
Gén. Nostrûm, *ou* nostrî, *de nous.*
Dat. Nobis, *à nous.*
Acc. Nos, *nous.*
Abl. Nobis *de nous.*

Pronom de la seconde personne.

SINGULIER.

Nom. Tu, *tu,* ou *toi.*
Gén. Tuî, de *toi.*
Dat. Tibi, *à toi.*
Acc. Te, *toi.*
Voc. ô Tu, *ô toi.*
Abl. Te, *de toi.*

PLURIEL.

Nom. Vos, *vous.*

Gén. Vestrûm, *ou* vestrî, *de vous.*

Dat. Vobis, *à vous.*

Acc. Vos, *vous.*

Voc. ô Vos, *ô vous.*

Abl. Vobis, *de vous.*

Pronoms de la troisième personne.

Il n'a pas de nominatif; il est de tout genre, et le même au pluriel qu'au singulier.

SINGULIER ET PLURIEL.

Gén. Suî, *de soi, de lui-même, d'eux-mêmes, ou d'elles-mêmes.*

Dat. Sibi, *à soi, à lui-même, à eux-mêmes, à elles-mêmes.*

Acc. Se, *se, soi, lui-même, eux-mêmes, elles-mêmes.*

Abl. Se, *de soi, d'eux-mêmes, d'elles-mêmes.*

PRONOMS ADJECTIFS. — SINGULIER.

m. f. n.

Nom. Is, ea, id, *il, elle ce,*

Gén. Ejus, *de lui, d'elle.*

Dat. Ei, *à lui, à elle.*

Acc. Eum, eam, id, *le, la, le.*

Abl. Eo, eâ, eo, *de lui, d'elle.*

PLURIEL.

Nom. Ii, *ou* ei, cæ, ea, *ils, elles.*

Gén. Eorum, earum, eorum, *d'eux, d'elles.*

Dat. Iis *ou* eis, *à eux, à elles.*

Acc. Eos eas, ea, *les, eux, elles.*

Abl. Iis *ou* eis, *d'eux, d'elles.*

AUTRE. — SINGULIER.

m.   f.   n.

Nom. Hic, hæc, hoc, *celui-ci, celle-ci, cela.*

Gén. Hujus, ⎫
Dat. Huic; ⎭ *de tout genre.*

Acc. Hunc, hanc, hoc.
Abl. Hoc, hàc, hoc.

PLURIEL.

Nom. Hi, hæ, hæc, *ceux-ci, celles-ci, ces*
            choses.

Gén. Horum, harum, horum.
Dat. His, *de tout genre.*
Acc. Hos, has, hæc.
Abl. His, *de tout genre.*

AUTRE. — SINGULIER.

    m. f. n.
Nom. Ille, illa, illud, *celui-là, celle-là, cela.*
Gén. Illius, ⎫
Dat. Illi, ⎭ *de tout genre.*

Acc. Illum, illam, illud.
Abl. Illo, illâ, illo.

PLURIEL.

Nom. Illi, illæ, illa, *ceux-là, celles-là, ces*
            choses.

Gén. Illorum, illarum, illorum.
Dat. Illis, *de tout genre.*
Acc. Illos, illas, illa.
Abl. Illis, *de tout genre.*

Déclinez de même Iste, ista, istud.

AUTRE. — SINGULIER.

   m. f.   n.
Nom. Ipse, ipsa, ipsum, *moi, toi,* ou *lui-mé-*
      me, elle-méme, cela méme.

Gén. Ipsius, ⎫
Dat. Ipsi, ⎭ *de tout genre.*

Acc. Ipsum, ipsum, ipsum.
Abl. Ipso, ipsà, ipso.

PLURIEL.

Nom. Ipsi, ipsæ, ipsa.

Gén. Ipsorum, ipsarum, ipsorum.

Dat. Ipsis, *de tout genre.*

Acc. Ipsos, ipsas, ipsa.

Abl. Ipsis, *de tout genre.*

AUTRE. — SINGULIER.

m.   *f.*   *n.*

Nom. Idem, eadem, idem, *le même, la mé-*
me, le même.

Gén. Ejusdem, ⎫
Dat. Eidem, ⎬ *de tout genre.*

Acc. Eumdem, eamdem, idem.

Abl. Eodem, eâdem, eodem.

PLURIEL.

Nom. Iidem, eædem, eadem, *les mêmes.*

Gén. Eorumdem, earumdem, eorumdem.

Dat. Iisdem, *ou* eisdem, *de tout genre.*

Acc. Eosdem, easdem, eadem.

Abl. Iisdem, *ou* eisdem, *de tout genre.*

PRONOMS POSSESSIFS. — SINGULIER.

m.   *f.*   *n.*

Nom. Meus, mea, meum, *mon, ma, mon, le*
mien, la mienne, le mien.

Gén. Mei, meæ, mei.

Dat. Meo, meæ, meo.

Acc. Meum, meam, meum.

Voc. ô Mi, ô mea, ô meum.

Abl. Meo, meâ, meo.

PLURIEL.

Nom. Mei, meæ, mea, *mes, les miens, les*
miennes, les miens.

Gén. Meorum, mearum, meorum.

Dat. Meis, *de tout genre.*

Acc. Mèos, meas, mea.

Voc. ô Mei, ô meæ, ô mea.

Abl. Meis, *de tout genre.*

Ainsi se déclinent :

Tuus, a, um, *ton, ta, ton, le tien, la tienne, le tien.*
Suus, a, um, *son, sa, son, le sien, la sienne, le sien.*
Et Cujus, a, um, *à qui?* Mais ils n'ont point de vocatif.

SINGULIER.

	m.	f.	n.

Nom. Noster, nostra, nostrum, *nôtre, le nôtre, la nôtre, le nôtre.*

Gén. Nostri, nostræ, nostri.

Dat. Nostro, nostræ, nostro.

Acc. Nostrum, nostram, nostrum.

Voc. ô Noster, ô nostra, ô nostrum.

Abl. Nostro, nostrà, nostro.

PLURIEL.

Nom. Nostri, nostræ, nostra, *nos, les nôtres.*

Gén. Nostrorum, nostrarum, nostrorum.

Dat. Nostris, *de tout genre.*

Acc. Nostros, nostras, nostra.

Voc. ô Nostri, ô nostræ, ô nostra.

Abl. Nostris, *de tout genre.*

Déclinez de même : Vester, vestra, vestrum, *vôtre, le vôtre,* etc.

RÈGLE. Les pronoms adjectifs, quand ils sont joints à un nom,
s'accordent avec ce nom en genre, en nombre et en cas. *Exemple* :
Mon père, *pater meus ;* ma mère, *mater meâ ;* mon bras, *brachium
meum.*

PRONOMS RELATIFS. — SINGULIER.

	m.	f.	n.

Nom. Qui, quæ, quod, *qui, laquelle, lequel.*

Gén. Cujus, ⎱
Dat. Cui, ⎰ *de tout genre.*

Acc.   Quem, quam, quod.
Abl.   Quo, quâ, quo.

PLURIEL.   *quels.*

Nom.   Qui, quæ, quæ, *qui, lesquelles*, *les-*
Gén.   Quorum, quarum, quorum.
Dat.   Quibus *et* queis, *de tout genre.*
Acc.   Quos, quas, quæ.
Abl.   Quibus *et* queis, *de tout genre.*

RÈGLE DU QUI RELATIF, *ou manière de join-*
dre le Qui *relatif avec le nom ou pronom*
qui est devant, et que l'on appelle antécédent.

On fait accorder en latin, *qui, quæ, quod,*
en genre et en nombre, avec son antécédent.

Ex. Le père qui, *pater qui ;* la mère qui,
mater quæ ; le temple qui, *templum quod.* *

Composés de QUI. Dans les composés de *qui*
on décline seulement *qui ;* les autres syllabes
restent les mêmes,

         m.   *f.*   *n.*

N. Quicunque, quæcunque, quodcunque, *qui-*
    conque.

G. Cujuscunque. D. Cuicunque, *de tout genre.*

         m.   *f.*   *n.*

AUTRE. N. Quidam, quædam, quoddam et
    quiddam, *un certain.*

G. Cujusdam. D. Cuidam, *de tout genre.*

         m.   *f.*   *n.*

AUTRE. N. Quilibet, quælibet, quodlibet et
    quidlibet, *qui l'on voudra.*

* Les pronoms *hic, is, ille, ipse, iste,* s'accordent aussi en
genre et en nombre avec le nom dont ils tiennent la place ; ainsi
en parlant de la tête nous disons *elle,* parce que *tête* est du féminin ; en latin il faut mettre *illud,* parce que *caput* est du neutre.

G. Cujuslibet. D. Cuilibet. *De même* Quivis,
   quævis, quodvis. G. Cujusvis. D. Cuivis.

Qui *interrogatif*, Quis ?

SINGULIER.

m.   *f.*   *n.*

N. Quis , quæ, quid (*et* quod, *avec un nom*).
   qui, quel, quelle, quoi.

G. Cujus, ⎫
D. Cui,   ⎬ *de tout genre.*

Ac.Quem, quam, quid (*et* quod, *avec un nom*).
Ab.Quo, quâ, quo.

PLURIEL.

m.   *f.*   *n.*

N. Qui, quæ, quæ , *qui, quels, quelles.*
G. Quorum, quarum, quorum.
D. Quibus, *de tout genre.*
Ac.Quos, quas, quæ.
Ab.Quibus, *de tout genre.*

   Composés de Quis. On décline seulement
quis ; les autres syllabes restent les mêmes.

m.   *f.*   *n.*

N. Quisnam, quænam, quodnam *et* quidnam,
   quel, quelle, quelle chose.

G. Cujusnam, D. Cuinam, *de tout genre.*

m.   *f.*   *n.*

N. Quispiam, quæpiam, quodpiam, quidpiam,
   quelqu'un, quelqu'une, quelque chose.

G. Cujuspiam. D. Cuipiam. *De même* N. Quis-
   quam, quæquam, quodquam, quidquam.

G. Cujusquam. D. Cuiquam, *de tout genre.*

m.   *f.*   *n.*

N. Quisque, quæque, quodque, quidque, *chacun, chacune, chaque chose.*

G. Cujusque. D. Cuique , *de tout genre.*

N. Quisquis, *masc.;* quidquid, *neut.*
  qui que ce soit, tout ce qui.

Il n'a que les cas suivans : *Dat. sing.* Cuicui.
Abl. Quoquo. *Acc. plur.* Quosquos.

Dans les deux composés suivans, *quis* est à la fin du mot, et les cas neutres au pl. sont en *a.*

N. Aliquis, aliqua, aliquod et aliquid,
  quelque, quelqu'une, quelque chose.

G. Alicujus. D. Alicui. *Devant un nom de choses qui se comptent, on dit au pluriel* Aliquot (*indéclinable*).

N. Ecquis, ecqua, ecquod, ecquid,
  quel, quelle, quoi.

G. Eccujus. D. Eccui.

Dans Unusquisque (*chacun*), *on décline* unus *et* quisque.

N. Unusquisque, unaquæque, unumquodque.

G. Uniuscujusque. D. Unicuique. Ac. Unumquemque, unamquamque, unumquodque.
Ab. Unoquoque, unâquaque, unoquoque.

QUATRIÈME ESPÈCE DE MOTS.

LE VERBE.

Le mot dont on se sert pour exprimer que l'on est, ou que l'on fait quelque chose, s'appelle *verbe :* ainsi le mot *être,* je *suis, etc.,* est un verbe ; le mot *lire,* je *lis, etc.,* est un verbe.

On connaît un verbe en français quand on peut y ajouter ces pronoms, *je, tu, il, nous, vous, ils,* ou *elles ;* comme *je* lis, *tu* lis, *il* lit, *nous* lisons, *vous* lisez, *ils* lisent.

Ces mots *je*, *nous*, marquent la première personne, c'est-à-dire celle qui parle.

Ces mots, *tu*, *vous*, marquent la seconde personne, c'est-à-dire celle à qui l'on parle.

Ces mots, *il*, *elle*, *ils*, *elles*, et tout nom mis devant un verbe, marquent la troisième personne, c'est-à-dire celle de qui l'on parle.

Il y a dans les verbes deux nombres, le singulier, quand on parle d'une seule personne, comme *l'enfant dort;* et le pluriel, quand on parle de plusieurs personnes, comme *les enfans dorment.*

Il y a trois temps, le présent, qui marque que la chose se fait actuellement, comme *je lis;* le passé ou prétérit, qui marque que la chose a été faite, comme *j'ai lu;* le futur, qui marque que la chose se fera, comme *je lirai.*

On distingue trois sortes de prétérits ou passés, savoir : l'imparfait, *je lisais;* le parfait, *j'ai lu;* et le plus-que-parfait, *j'avais lu.*

Il y a aussi deux futurs, le futur simple, *je lirai,* et le futur passé, *j'aurai lu.*

Il y a quatre modes dans les verbes : 1.º l'indicatif, quand on affirme que la chose se fait, ou quelle s'est faite, ou qu'elle se fera; 2.º l'impératif, quand on commande de la faire; 3.º le subjonctif, quand on souhaite ou qu'on doute qu'elle se fasse; 4.º l'infinitif, qui exprime l'action en général, sans nombre ni personne, comme *lire.* Ce dernier mode contient le participe, le supin et le gérondif, qui sont des noms formés du verbe.

Réciter de suite les différens modes d'un verbe avec tous leurs temps, leurs nombres et personnes, cela s'appelle *conjuguer*.

Il y a en latin quatre conjugaisons; la première fait à l'infinitif *are*, et à la seconde personne du présent de l'indicatif *as*.

La seconde conjugaison fait à l'infinitif *ere*, et à la seconde personne du présent de l'indicatif *es*.

La troisième conjugaison fait à l'infinitif *ere*, et à la seconde personne du présent de l'indicatif *is*.

La quatrième conjugaison fait à l'infinitif *ire*, et à la seconde personne du présent de l'indicatif *is*.

Il faut commencer par le verbe *Sum*, je suis, que l'on appelle verbe substantif.

INDICATIF. — *Présent.*

Sing.	Sum,	*je suis.*
	Es,	*tu es.*
	Est,	*il est.*
Plur.	Sumus,	*nous sommes.*
	Estis,	*vous êtes.*
	Sunt,	*ils sont.*

Imparfait.

Sing.	Eram,	*j'étais.*
	Eras,	*tu étais.*
	Erat,	*il était.*
Plur.	Eramus,	*nous étions.*
	Eratis,	*vous étiez.*
	Erant,	*ils étaient.*

Parfait.

Sing.	Fu i,	*j'ai été.*

Fu isti,   *tu as été.*

Fu it,   *il a été.*

Plur. Fu imus,   *nous avons été.*

Fu istis,   *vous avez été.*

Fu erunt, *ou* fu ère, *ils ont été.*

Autrement pour le français : *Je fus, tu fus, il fut, nous fûmes, vous fûtes, ils furent.*

Ou : *J'eus été, tu eus été, il eut été ; nous eûmes été, vous eûtes été, ils eurent été.*

Plus-que-parfait.

Sing. Fu eram,   *j'avais été.*

Fu eras,   *tu avais été.*

Fu erat,   *il avait été.*

Plur. Fu eramus,   *nous avions été.*

Fu eratis,   *vous aviez été.*

Fu erant,   *ils avaient été.*

Futur.

Sing. Ero,   *je serai.*

Eris,   *tu seras.*

Erit,   *il sera.*

Plur. Erimus,   *nous serons.*

Eritis,   *vous serez.*

Erunt,   *ils seront.*

Futur passé.

Sing. Fu ero,   *j'aurai été.*

Fu eris,   *tu auras été.*

Fu erit,   *il aura été.*

Plur. Fu erimus,   *nous aurons été.*

Fu eritis,   *vous aurez été.*

Fu erint,   *ils auront été.*

IMPÉRATIF.

Il n'a point de première personne.

Sing. Es, *ou* Esto,   *sois.*

Esto (ille),   *qu'il soit.*

Plur.	Simus,	soyons.
	Este *ou* estote,	soyez.
	Sunto,	qu'ils soient.

SUBJONCTIF. — *Présent.*

Sing.	Sim,	que je sois.
	Sis,	que tu sois.
	Sit,	qu'il soit.
Plur.	Simus,	que nous soyons.
	Sitis,	que vous soyez.
	Sint,	qu'ils soient.

Imparfait.

Sing.	Essem *ou* forem,	que je fusse.
	Esses *ou* fores,	que tu fusses.
	Esset *ou* foret,	qu'il fût.
Plur.	Essemus,	que nous fussions.
	Essetis,	que vous fussiez.
	Essent *ou* forent,	qu'ils fussent.

Autrement pour le français : *je serais, tu serais, il serait, nous serions, vous seriez, ils seraient.*

Parfait.

Sing.	Fu erim,	que j'aie été.
	Fu eris,	que tu aies été.
	Fu erit,	qu'il ait été.
Plur.	Fu erimus,	que nous ayons été.
	Fu eritis,	que vous ayez été.
	Fu erint,	qu'ils aient été.

Plus-que-parfait.

Sing.	Fu issem,	que j'eusse été.
	Fu isses,	que tu eusses été.
	Fu isset,	qu'il eût été.
Plur.	Fu issemus,	que nous eussions été.
	Fu issetis,	que vous eussiez été.
	Fu issent,	qu'ils eussent été.

Autrement pour le français : *J'aurais été, tu aurais été, il au-rait été ; nous aurions été, vous auriez été, ils auraient été.*

INFINITIF. *Présent* et *Imparfait.*

Esse, *être*, *qu'il est* ou *qu'il était.*

Parfait et *Plus-que-parfait.*

Fu isse, *avoir été*, *qu'il a* ou *qu'il avait été.*

Futur.

Fore (indécl.) *ou* futurum, futuram esse, (décl.) *devoir être*, *qu'il sera* ou *qu'il serait.*

Futur passé. (Il se décline.)

Futurum, futuram fuisse, *avoir dû être*, *qu'il aurait été* ou *qu'il eût été.*

Participe futur.

Futurus, futura, futurum, *devant être*, *qu'il sera* ou *qu'il doit être.*

Ainsi se conjuguent les verbes composés de *Sum*, comme *Ades-se*, être présent ; *Abesse*, être absent ; *Deesse*, manquer ; *Interes-se*, assister à ; *Obesse*, nuire ; *Præesse*, présider à ; *Subesse*, être dessous, etc.

RÈGLE GÉNÉRALE *pour tous les Verbes.*

Ego sum. Tout verbe s'accorde en nombre et en personne avec son nominatif.

Ex. Je suis, *ego sum. Ego* est du singulier ; *sum* est aussi du sing. *Ego* est de la prem. personne ; *sum* est aussi de là première personne.

Vous êtes, *tu es* ; il est, *ille est* ; nous som-mes, *nos sumus* ; vous êtes, *vos estis* ; ils sont, *illi sunt.*

Cette règle regarde également tous les au-tres verbes que nous allons conjuguer.

VERBES ACTIFS.

On appelle verbes actifs ceux qui sont ter-minés en *o* et qui ont un passif, comme *ver-*

bero, je frappe, qui a le passif *verberor*, je suis frappé.

PREMIÈRE CONJUGAISON.
ARE, AS.
INDICATIF. — *Présent.*

Sing.	Am o,	*j'aime.*
	Am as,	*tu aimes.*
	Am at;	*il aime.*
Plur.	Am amus,	*nous aimons.*
	Am atis,	*vous aimez.*
	Am ant,	*ils aiment.*

Imparfait.

Sing.	Am abam,	*j'aimais.*
	Am abas,	*tu aimais.*
	Am abat,	*il aimait.*
Plur.	Am abamus,	*nous aimions.*
	Am abatis,	*vous aimiez.*
	Am abant,	*ils aimaient.*

Parfait.

Sing.	Am avi,	*j'ai aimé.*
	Am avisti,	*tu as aimé.*
	Am avit,	*il a aimé.*
Plur.	Am avimus,	*nous avons aimé.*
	Am avistis,	*vous avez aimé.*
	Am averunt *ou* am avère,	*ils ont aimé.*

Autrement pour le français : *J'aimai, tu aimas, il aima, nous aimâmes, vous aimâtes, ils aimèrent.*

Ou : *J'eus aimé, tu eus aimé, il eut aimé; nous eûmes aimé, vous eûtes aimé, ils eurent aimé.*

Plus-que-parfait.

Sing.	Am averam,	*j'avais aimé.*
	Am averas,	*tu avais aimé.*

	Am averat,	*il avait aimé.*
Plur.	Am averamus,	*nous avions aimé.*
	Am averatis,	*vous aviez aimé.*
	Am averant,	*ils avaient aimé.*

Futur.

Sing.	Am abo,	*j'aimerai.*
	Am abis,	*tu aimeras.*
	Am abit,	*il aimera.*
Plur.	Am abimus,	*nous aimerons.*
	Am abitis,	*vous aimerez.*
	Am abunt,	*ils aimeront.*

Futur passé.

Sing.	Am avero,	*j'aurai aimé.*
	Am averis,	*tu auras aimé.*
	Am averit,	*il aura aimé.*
Plur.	Am averimus,	*nous aurons aimé.*
	Am averitis,	*vous aurez aimé.*
	Am averint.	*ils auront aimé.*

IMPÉRATIF.

Point de première personne au singulier.

Sing.	Am a, *ou* am ato, *aime.*	
	Am ato (ille),	*qu'il aime.*
Plur.	Am emus,	*aimons.*
	Am ate, *ou* am atote, *aimez.*	
	Am anto,	*qu'ils aiment.*

SUBJONCTIF. — Présent.

Sing.	Am em,	*que j'aime.*
	Am es,	*que tu aimes.*
	Am et,	*qu'il aime.*
Plur.	Am emus,	*que nous aimions.*
	Am etis,	*que vous aimiez.*
	Am ent,	*qu'ils aiment.*

Imparfait.

Sing. Am arem,   que j'aimasse.
      Am ares,   que tu aimasses.
      Am aret,   qu'il aimât.
Plur. Am aremus;   que nous aimassions.
      Am aretis,   que vous aimassiez.
      Am arent,   qu'ils aimassent.

Autrement pour le français : J'aimerais, tu aimerais, il aimerait, nous aimerions, vous aimeriez, ils aimeraient.

Parfait.

Sing. Am averim,   que j'aie aimé.
      Am averis,   que tu aies aimé.
      Am averit,   qu'il ait aimé.
Plur. Am averimus,   que nous ayons aimé.
      Am averitis,   que vous ayez aimé.
      Am averint,   qu'ils aient aimé.

Plus-que-parfait.

Sing. Am avissem,   que j'eusse aimé.
      Am avisses,   que tu eusses aimé.
      Am avisset,   qu'il eût aimé.
Plur. Am avissemus,   que nous eussions aimé
      Am avissetis,   que vous eussiez aimé.
      Am avissent,   qu'ils eussent aimé.

Autrement pour le français : J'aurais aimé, tu aurais aimé, il
aurait aimé; nous aurions aimé, vous auriez aimé, ils auraient
aimé.

INFINITIF. — *Présent* et *Imparfait.*

Am are, *aimer*, qu'il aime* ɔu *qu'il aimait.*

Parfait et plus-que-parfait.

Am avisse, *avoir aimé, qu'il a,* ou *qu'il avait
                                              aimé.*

* Il y a quatre conjugaisons françaises : la première comprend
tous les verbes dont l'infinitif est en *er ;* ils se conjuguent comme
aimer.

Futur. (Il se décline.)

Am aturum, am aturam esse, *devoir aimer,*
        qu'il aimera, ou *qu'il aimerait.*

Futur passé. (Il se décline.)

Am aturum, am aturam fuisse, *avoir dû aimer,*
        qu'il aurait, ou *qu'il eût aimé.*

Participe présent.

Am ans, am antis, *aimant, qui aime,* ou *qui*
                                        aimait.

Participe futur.

Am aturus, am atura, am aturum, *devant ai-*
    mer, qui aimera, ou *qui doit aimer.*

Supin.

Am atum,   *à aimer.*

Gérondif.

Am andi,   *d'aimer.*
Am ando,   *en aimant.*
Am andum,   *à aimer,* ou *pour aimer.*

Remarque. Les participes se déclinent, savoir : les participes
en *ans* et *ens,* comme *prudens,* et les participes en *us,* comme
bonus, a, um.

Ainsi se conjuguent *laudare,* louer ; *vituperare,* blâmer ; *ver-*
berare, frapper ; *vocare,* appeler, *etc.*

SECONDE CONJUGAISON.

ERE, es.

INDICATIF. — *Présent.*

Sing. Mon eo,   *j'avertis.*
      Mon es,   *tu avertis.*
      Mon et,   *il avertit.*
Plur. Mon emus,   *nous avertissons.*

Mon etis,   *vous avertissez.*
Mon ent,   *ils avertissent.*

Imparfait.

Sing. Mon ebam,   *j'avertissais.*
Mon ebas,   *tu avertissais.*
Mon ebat,   *il avertissait.*
Plur. Mon ebamus,   *nous avertissions.*
Mon ebatis,   *vous avertissiez.*
Mon ebant,   *ils avertissaient.*

Parfait.

Sing. Mon ui,   *j'ai averti.*
Mon uisti,   *tu as averti.*
Mon uit,   *il a averti.*
Plur. Mon uimus,   *nous avons averti.*
Mon uistis,   *vous avez averti.*
Mon uerunt,   *ou* monu êre, *ils ont averti.*

Autrement pour le français : *j'avertis, tu avertis, il avertit, nous avertîmes, vous avertîtes, ils avertirent.*

Ou : J'eus averti, tu eus averti, il eut averti; nous eûmes averti, vous eûtes averti, ils eurent averti.

Plus-que-parfait.

Sing. Mon ueram,   *j'avais averti.*
Mon ueras,   *tu avais averti.*
Mon uerat,   *il avait averti.*
Plur. Mon ueramus,   *nous avions averti.*
Mon ueratis.   *vous aviez averti.*
Mon uerant,   *ils avaient averti.*

Futur.

Sing. Mon ebo,   *j'avertirai.*
Mon ebis,   *tu avertiras.*
Mon ebit,   *il avertira.*
Plur. Mon ebimus,   *nous avertirons.*

  Mon ebitis, *vous avertirez.*
  Mon ebunt, *ils avertiront.*

Futur passé.

Sing. Mon uero, *j'aurai averti.*
  Mon ueris, *tu auras averti.*
  Mon uerit, *il aura averti.*
Plur. Mon uerimus, *nous aurons averti.*
  Mon ueritis, *vous aurez averti.*
  Mou uerint, *ils auront averti.*

IMPÉRATIF. Point de première personne.

Sing. Mon e, *ou* mon eto, *avertis.*
  Mon eto (ille), *qu'il avertisse.*
Plur. Mon eamus, *avertissons.*
  Mon ete, *ou* monetote, *avertissez.*
  Mon ento, *qu'ils avertissent.*

SUBJONCTIF. — *Présent.*

Sing. Mon eam, *que j'avertisse.*
  Mon eas, *que tu avertisses.*
  Mon eat, *qu'il avertisse.*
Plur. Mon eamus, *que nous avertissions.*
  Mon eatis, *que vous avertissiez.*
  Mon eant, *qu'ils avertissent.*

Imparfait.

Sing. Mon erem, *que j'avertisse.*
  Mon eres, *que tu avertisses.*
  Mon eret, *qu'il avertit.*
Plur. Mon eremus, *que nous avertissions.*
  Mou eretis, *que vous avertissiez.*
  Mon erent, *qu'ils avertissent.*

Autrement pour le français : *J'avertirais, tu avertirais, il avertirait ; nous avertirions, vous avertiriez, ils avertiraient.*

Parfait.

Sing. Mon uerim, *que j'aie averti.*

	Mon ueris,	que tu aies averti.
	Mon uerit,	qu'il ait averti.
Plur.	Mon uerimus,	que nous ayons averti
	Mon ueritis,	que vous ayez averti.
	Mon uerint,	qu'ils aient averti.

Plus-que-parfait.

	Mon uissem.	que j'eusse averti.
Sing.	Mon uisses,	que tu eusses averti.
	Mon uisset,	qu'il eût averti.
Plur.	Mon uissemus,	que nous eussions averti
	Mon uissetis,	que vous eussiez averti
	Mon uissent,	qu'ils eussent averti.

Autrement pour le français : *J'aurais averti*, *tu aurais averti*, *il aurait averti*; *nous aurions averti*, *vous auriez averti*, *ils auraient averti.*

INFINITIF. — *Présent* et *Imparfait.*

Mon ere, *avertir,* * *qu'il avertit*, ou *qu'il aver-*
tissait.

Parfait et plus-que-parfait.

Mon uisse, *avoir averti, qu'il a*, ou *qu'il avait*
Futur. (Il se décline).   (*averti.*

Mon iturum, mon ituram esse, *devoir avertir,*
qu'il avertira, ou *qu'il avertirait.*

Futur passé. (Il se décline.)

Mon iturum, mon ituram fuisse, *avoir dû aver-*
tir, qu'il aurait, ou *qu'il eût averti.*

Participe présent.

Mon ens, mon entis, *avertissant, qui avertit,*
ou *qui avertissait.*

Participe futur.

Mon iturus, mon itura, mon iturum, *devant*
avertir, qui doit ou qui devait avertir.

* La seconde conjugaison française comprend tous les verbes
dont l'infinitif est terminé en *ir;* ils se conjuguent sur *avertir.*

Supin.

Mon itum,	*à avertir*

Gérondifs.

Mon endi,	*d'avertir.*
Mon endo,	*en avertissant.*
Mon endum,	*à avertir*, ou *pour avertir.*

Ainsi se conjuguent *docere*, instruire ; *terrere*, épouvanter ; *tenere*, tenir ; *implere*, emplir : ce dernier fait au parfait *implevi*.

TROISIÈME CONJUGAISON.
ERE, is.
INDICATIF. — *Présent.*

Sing.	Leg o,	*je lis.*
	Leg is,	*tu lis.*
	Leg it,	*il lit.*
Plur.	Leg imus,	*nous lisons.*
	Leg itis,	*vous lisez.*
	Leg unt,	*ils lisent.*

Imparfait.

Sing.	Leg ebam,	*je lisais.*
	Leg ebas,	*tu lisais.*
	Leg ebat,	*il lisait.*
Plur.	Leg ebamus,	*nous lisions.*
	Leg ebatis,	*vous lisiez.*
	Leg ebant,	*ils lisaient.*

Parfait.

Sing.	Leg i,	*j'ai lu.*
	Leg isti,	*tu as lu.*
	Leg it,	*il a lu.*
Plur.	Leg imus,	*nous avons lu.*
	Leg istis,	*vous avez lu.*
	Leg erunt, *ou* leg ère,	*ils ont lu.*

Autrement pour le français : *Je lus, tu lus, il lut ; nous lûmes, vous lûtes, ils lurent.*

Ou : *J'eus lu, tu eus lu, il eut lu ; nous eûmes lu, vous eûtes lu, ils eurent lu.*

Plus-que-parfait.

Sing.   Leg eram,   *j'avais lu.*
        Leg eras,   *tu avais lu.*
        Leg erat,   *il avait lu.*
Plur.   Leg eramus,   *nous avions lu.*
        Leg eratis,   *vous aviez lu.*
        Leg erant,   *ils avaient lu.*

Futur.

Sing.   Leg am,   *je lirai.*
        Leg es,   *tu liras.*
        Leg et,   *il lira.*
Plur.   Leg emus,   *nous lirons.*
        Leg etis,   *vous lirez.*
        Leg ent,   *ils liront.*

Futur passé.

Sing.   Leg ero,   *j'aurai lu.*
        Leg eris,   *tu auras lu.*
        Leg erit,   *il aura lu.*
Plur.   Leg erimus,   *nous aurons lu.*
        Leg eritis,   *vous aurez lu.*
        Leg erint,   *ils auront lu.*

IMPÉRATIF.
Point de première personne.

Sing.   Leg e, *ou* leg ito, *lis.*
        Leg ito (ille),   *qu'il lise.*
Plur.   Leg amus,   *lisons.*
        Leg ite, *ou* leg itote, *lisez.*
        Leg unto,   *qu'ils lisent.*

SUBJONCTIF. — Présent.

Sing.   Leg am,   *que je lise.*
        Leg as,   *que tu lises.*

Leg at,   *qu'il lise.*
Plur. Leg amus,   *que nous lisions.*
Leg atis,   *que vous lisiez.*
Leg ant,   *qu'ils lisent.*

Imparfait.

Sing. Leg erem,   *que je lusse.*
Leg eres,   *que tu lusses.*
Leg eret,   *qu'il lût.*
Plur. Leg eremus,   *que nous lussions.*
Leg eretis,   *que vous lussiez.*
Leg erent,   *qu'ils lussent.*

Autrement pour le français : *Je lirais, tu lirais, il lirait; nous lirions, vous liriez, ils liraient.*

Parfait.

Sing. Leg erim,   *que j'aie lu.*
Leg eris,   *que tu aies lu.*
Leg erit,   *qu'il ait lu.*
Plur. Leg erimus,   *que nous ayons lu.*
Leg eritis,   *que vous ayez lu.*
Leg erint,   *qu'ils aient lu.*

Plus-que-parfait.

Sing. Leg issem,   *que j'eusse lu.*
Leg isses,   *que tu eusses lu.*
Leg isset,   *qu'il eût lu.*
Plur. Leg issemus,   *que nous eussions lu.*
Leg issetis,   *que vous eussiez lu.*
Leg issent,   *qu'ils eussent lu.*

Autrement pour le français : *J'aurais lu, tu aurais lu, il aurait lu ; nous aurions lu, vous auriez lu, ils auraient lu.*

INFINITIF. — *Présent* et *Imparfait.*

Leg ere, *lire, qu'il lit,* ou *qu'il lisait.*

Parfait et plus-que-parfait.

Leg isse, *avoir lu, qu'il a,* ou *qu'il avait lu.*

Futur. (Il se décline.)

Lect urum, lect uram esse, *devoir lire, qu'il lira,* ou *qu'il lirait.*

Futur passé. (Il se décline.)

Lect urum, lect uram fuisse, *avoir dû lire, qu'il aurait,* ou *qu'il eût lu.*

Participe présent.

Leg ens, leg entis, *lisant, qui lit,* ou *qui lisait.*

Participe futur. (Il se décline.)

Lect urus, lect ura, lect urum, *devant lire, qui doit,* ou *devait lire.*

Supin.

Lect um, *à lire.*

Gérondifs.

Leg endi, *de lire.*

Leg endo, *en lisant.*

Leg endum, *à lire,* ou *pour lire.*

Ainsi se conjuguent : *vincere,* vaincre; *occidere,* tuer; *scribere,* écrire; *cognoscere,* connaître, etc.

SECOND VERBE *de la troisième Conjugaison, terminé en* io.

INDICATIF. — *Présent.*

Sing. Accip io, *je reçois.*

Accip is, *tu reçois.*

Accip it, *il reçoit.*

Plur. Accip imus, *nous recevons.*

Accip itis, *vous recevez.*

Accip iunt, *ils reçoivent.*

Imparfait.

Sing. Accip iebam, *je recevais.*

Accip iebas, *tu recevais.*

Accip iebat, *il recevait.*

Plur. Accip iebamus,   *nous recevions.*
      Accip iebatis,   *vous receviez.*
      Accip iebant,   *ils recevaient.*

Parfait.

Accep i, *j'ai reçu.... le reste comme* leg i.

Plus-que-parfait.

Accep eram, *j'avais reçu... comme* leg eram.

Futur.

Sing. Accip iam,   *je recevrai.*
      Accip ies,   *tu recevras.*
      Accip iet,   *il recevra.*
Plur. Accip iemus,   *nous recevrons.*
      Accip ietis,   *vous recevrez.*
      Accip ient,   *ils recevront.*

Futur passé.

Sing. Accep ero, *j'aurai reçu.. comme* leg ero.

IMPÉRATIF.
Point de première personne.

Sing. Accip e, *ou* accip ito, *reçois.*
      Accip ito (ille), *qu'il reçoive.*
Plur. Accip iamus   *recevons.*
      Accip ite, *ou* accip ito, *recevez.*
      Accip iunto,   *qu'ils reçoivent.*

SUBJONCTIF. — *Présent.*

Sing. Accip iam,   *que je reçoive.*
      Accip ias,   *que tu reçoives.*
      Accip iat,   *qu'il reçoive.*
Plur. Accip iamus,   *que nous recevions.*
      Accip iatis,   *que vous receviez.*
      Accip iant,   *qu'ils reçoivent.*

Imparfait.

Sing. Accip erem,   *que je reçusse.*

Accip eres, *que tu reçusses.*
Accip eret, *qu'il reçût.*
Plur. Accip eremus, *que nous reçussions.*
Accip eretis, *que vous reçussiez.*
Accip erent, *qu'ils reçussent.*

Autrement : *Je recevrais, tu recevrais, il recevrait ; nous rece-vrions, etc.*

Parfait.

Accep erim, *que j'aie reçu… comme* leg erim.

Plus-que-parfait.

Accep issem, *que j'eusse reçu.. comme* leg is-sem.

Autrement : *J'aurais reçu, tu aurais reçu, il aurait reçu, etc.*

INFINITIF. — Présent et Imparfait.

Accip ere, *recevoir,* * *qu'il reçoit* ou *qu'il re-cevait.*

Parfait *et* plus-que-parfait.

Accep isse, *avoir reçu, qu'il a,* ou *qu'il avait reçu.*

Futur. (Il se décline).

Accep turum, accep turam esse, *devoir rece-voir, qu'il recevrait,* ou *qu'il recevra.*

Futur passé. (Il se décline.)

Accep turum, accep turam fuisse, *avoir dû re-cevoir, qu'il aura,* ou *qu'il aurait reçu.*

Participe présent.

Accip iens, ientis, *recevant, qui reçoit,* ou *qui recevait.*

Participe futur.

Accep turus, tura, turum, *devant recevoir, qui recevra,* ou *doit recevoir.*

* La troisième conjugaison française comprend tous les verbes dont l'infinitif est terminé en *oir ;* ils se conjuguent sur *recevoir.*

Supin.

Accep tum, *à recevoir.*

Gérondifs.

Accip iendi, *de recevoir.*

Accip iendo, *en recevant.*

Accip iendum, *à recevoir,* ou *pour recevoir.*

QUATRIÈME CONJUGAISON.

IRE, is.

INDICATIF. — *Présent.*

Sing.	Aud io,	*j'entends,* ou *j'écoute.*
	Aud is,	*tu entends,* ou *tu écoutes.*
	Aud it,	*il entend,* ou *il écoute.*
Plur.	Aud imus,	*nous entendons,* ou, *etc.*
	Aud itis,	*vous entendez.*
	Aud iunt,	*ils entendent.*

Imparfait.

Sing.	Aud iebam,	*j'entendais,* ou *j'écoutais.*
	Aud iebas,	*tu entendais.*
	Aud iebat,	*il entendait.*
Plur.	Aud iebamus,	*nous entendions.*
	Aud iebatis,	*vous entendiez.*
	Aud iebant,	*ils entendaient.*

Parfait.

Sing.	Aud ivi,	*j'ai entendu.*
	Aud ivisti,	*tu as entendu.*
	Aud ivit,	*il a entendu.*
Plur.	Aud ivimus,	*nous avons entendu.*
	Aud ivistis,	*vous avez entendu.*
	Aud iverunt, ou aud ivêre,	*ils ont en-*
		(tendu.

Autrement pour le français : *J'entendis, tu entendis, il enten-dit ; nous entendîmes, vous entendîtes, ils entendirent.*

Ou : *J'eus entendu, tu eus entendu, il eut entendu, nous eû-mes entendu, vous eûtes entendu, ils eurent entendu.*

Plus-que-parfait.

Sing. Aud iveram,   *j'avais entendu.*
Aud iveras,   *tu avais entendu.*
Aud iverat,   *il avait entendu.*
Plur. Aud iveramus, *nous avions entendu.*
Aud iveratis, *vous aviez entendu.*
Aud iverant,   *ils avaient entendu.*

Futur.

Sing. Aud iam,   *j'entendrai.*
Aud ies,   *tu entendras.*
Aud iet,   *il entendra.*
Plur. Aud iemus, *nous entendrons.*
Aud ietis,   *vous entendrez.*
Aud ient,   *ils entendront.*

Futur passé.

Sing. Aud ivero,   *j'aurai entendu.*
Aud iveris,   *tu auras entendu.*
Aud iverit,   *il aura entendu.*
Plur. Aud iverimus, *nous aurons entendu.*
Aud iveritis, *vous aurez entendu.*
Aud iverint,   *ils auront entendu.*

IMPÉRATIF.

Point de première personne.

Sing. Aud i, *ou* aud ito, *entends.*
Aud ito (ille), *qu'il entende.*
Plur. Aud iamus, *entendons.*
Aud ite, *ou* aud itote, *entendez.*
Aud iunto,   *qu'ils entendent.*

SUBJONCTIF. — Présent.

Sing. Aud iam,   *que j'entende.*

Aud ias,   *que tu entendes.*
Aud iat,   *qu'il entende.*
Plur. Aud iamus,   *que nous entendions.*
Aud iatis,   *que vous entendiez.*
Aud iant,   *qu'ils entendent.*

Imparfait.

Sing. Aud irem,   *que j'entendisse.*
Aud ires,   *que tu entendisses.*
Aud iret,   *qu'il entendît.*
Plur. Aud iremus, *que nous entendissions.*
Aud iretis,   *que vous entendissiez.*
Aud irent,   *qu'ils entendissent.*

Autrement pour le français : *J'entendrais, tu entendrais, il entendrait ; nous entendrions, vous entendriez, ils entendraient.*

Parfait.

Sing. Aud iverim, *que j'aie entendu.*
Aud iveris,   *que tu aies entendu.*
Aud iverit,   *qu'il ait entendu.*
Plur. Aud iverimus, *que nous ayons entendu.*
Aud iveritis, *que vous ayez entendu.*
Aud iverint, *qu'ils aient entendu.*

Plus-que-parfait.

Sing. Aud ivissem, *que j'eusse entendu.*
Aud ivisses,   *que tu eusses entendu.*
Aud ivisset,   *qu'il eût entendu.*
Plur. Aud ivissemus, *que nous eussions entendu.*

Aud ivissetis, *que vous eussiez entendu.*
Aud ivissent, *qu'ils eussent entendu.*

Autrement pour le français : *J'aurais entendu, tu aurais entendu, il aurait entendu ; nous aurions entendu, vous auriez entendu, ils auraient entendu.*

INFINITIF. — *Présent* et *Imparfait*.

Aud ire, *entendre* *, *qu'il entende, ou qu'il
entendait.*

Parfait et *plus-que-parfait.*

Aud ivisse, *avoir entendu, qu'il a, ou qu'il
avait entendu.*

Futur. (Il se décline.)

Aud iturum, aud ituram esse, *devoir entendre,
qu'il entendra ou qu'il entendrait.*

Futur passé. (Il se décline.)

Aud iturum, aud ituram fuisse, *avoir dû entendre, qu'il eût, ou qu'il aurait entendu.*

Participe présent.

Aud iens, aud ientis, *entendant, qui entend,
ou qui entendait.*

Participe futur.

Aud iturus, aud itura, aud iturum, *devant entendre, qui doit, ou qui devait entendre.*

Supin.

Aud itum, *à entendre.*

Gérondifs.

Aud iendi, *d'entendre.*

Aud iendo, *en entendant.*

Aud iendum, *à entendre, ou pour entendre.*

Ainsi se conjuguent : *aperire*, ouvrir; *munire*, fortifier; *sepe-
lire*, ensevelir; *punire*, punir, etc.

REMARQUE. On peut faire une *syncope*, c'est-à-dire, retrancher quelques lettres dans les parfaits et dans tous les temps qui
en sont formés, en ôtant *ve* ou *vi*, et quelquefois le *v* seulement
dans la quatrième conjugaison : ainsi l'on dit *amârunt* pour *ama-
verunt; implessem* pour *implevissem; audieram* pour *audiveram,
audiissem* pour *audivissem.*

* La quatrième conjug. française comprend tous les verbes dont
l'infinitif est terminé en *re*; ils se conjuguent sur *entendre.*

TABLEAU GÉNÉRAL

DANS LEQUEL

ON A MIS SOUS UN MÊME COUP-D'OEIL LES QUATRE CONJUGAISONS.

INDICATIF.	1		2		3		4	
Présent.	Am o,	as.	Mon eo,	es.	Leg o,	is.	Aud io,	is.
Imparfait.	Am abam,	abas.	Mon ebam,	ebas.	Leg ebam,	ebas.	Aud iebam,	iebas.
Parfait.	Am avi,	avisti.	Mon ui,	uisti.	Leg i,	isti	Aud ivi,	ivisti,
Plus-que-parfait	Am averam,	averas.	Mon ueram,	ueras.	Leg eram,	eras	Aud iveram,	iveras.
Futur.	Am abo,	abis.	Mon ebo,	ebis.	Leg am,	es.	Aud iam,	ies.
Futur passé.	Am avero,	averis.	Mon uero,	ueris.	Leg ero,	eris.	Aud ivero,	iveris.
IMPÉRATIF.	Am a,	ato.	Mon e,	eto.	Leg e,	*ou* ito.	Aud i,	ito.
SUBJONCTIF.								
Présent.	Am em,	es.	Mon eam,	eas.	Leg am,	as.	Aud iam,	ias.
Imparfait.	Am arem,	ares.	Mon erem,	eres.	Leg erem,	eres,	Aud irem,	ires.
Parfait.	Am averim,	averis.	Mon uerim,	ueris.	Leg erim,	eris.	Aud iverim,	iveris.
Plus-que-parfait	Am avissem,	es.	Mon uissem,	uisses.	Leg issem,	isses.	Aud ivissem,	ivisses.
INFINITIF.	Am are,	avisse.	Mon ere,	uisse.	Leg ere,	isse.	Aud ire,	ivisse.

ÉLÉMENS

FORMATION DES TEMPS.

Présent de l'infinitif.

Otez-en la dernière syllabe, vous aurez l'impératif.

Ama, mone, lege, audi. *

Ajoutez-y *m*, vous aurez l'imparfait du subjonctif.

Amare m, monere m, legere m, audire m.

Présent de l'Indicatif.

1.º Dans les deux premières conjugaisons, changez *o* en *abo*, *ebo*, vous aurez le futur ; *am abo*, *mon ebo* : dans les deux dernières, changez *o* en *am*, *leg am*, *aud iam*.

2.º Dans la première conjugaison, changez *o* en *em*, vous aurez le présent du subjonctif *am em*; dans les trois autres, changez *o* en *am*, *mon eam*, *leg am*, *aud iam*.

Parfait de l'Indicatif.

Changez *i*, en *eram*, vous aurez le plus-que-parfait.

Am averam, mon ueram, leg eram, aud-iveram.

Changez *i* en *ero*, vous aurez le futur passé.

Am avero, mon uero, leg ero, aud ivero.

Changez *i* en *erim*, vous aurez le parfait du subjonctif.

Am averim, mon uerim, leg erim, aud iverim.

Changez *i* en *issem*, vous aurez le plus-que-parfait du subjonctif.

Am avissem, mon uissem, leg issem, aud ivissem.

---

* Trois Verbes, *dico*, *duco*, *facio*, font à l'impératif, *dic*, *duc*, *fac*, ainsi que les Verbes qui en sont composés, excepté ceux qui changent *facere* en *ficere*.

RÈGLE DES VERBES ACTIFS.

Amo Deum. Tous les verbes actifs gouvernent l'accusatif.

Ex. J'aime, j'aimais, j'ai aimé, j'aimerai Dieu : *amo, amabam, amavi, amabo Deum.*

Vous aviez instruit, vous instruiriez l'enfant : *docueras, doceres puerum.*

Il aura lu, il aurait lu le livre, *legerit, legisset librum ;* écoutez votre maître, *audi magistrum tuum.*

CONJUGAISON *des Verbes Passifs.*

On forme le verbe passif en ajoutant *r* à l'actif, *amo, amor ; doceo, doceor.*

Première Conjugaison passive.

AMARI.

INDICATIF. — *Présent.*

Sing.	Am or,	*je suis aimé.*
	Am aris, *ou* am are,	*tu es aimé.*
	Am atur,	*il est aimé.*
Plur.	Am amur,	*nous sommes aimés.*
	Am amini,	*vous êtes aimés.*
	Am antur,	*ils sont aimés.*

Imparfait.

Sing.	Am abar,	*j'étais aimé.*
	Am abaris *ou* am abare,	*tu étais aimé.*
	Am abatur,	*il était aimé.*
Plur.	Am abamur,	*nous étions aimés.*
	Am abamini,	*vous étiez aimés.*
	Am abantur,	*ils étaient aimés.*

Parfait. (Il se décline.)

Sing.	Amat us sum *ou* fui,	*j'ai été aimé.*
	Amat us es *ou* fuisti,	*tu as été aimé.*

Am at us est *ou* fuit, *il a été aimé.*

Plur. Am ati sumus *ou* fuimus, *nous avons été aimés.*

Am ati estis *ou* fuistis, *vous avez été aimés.*

Am ati sunt *ou* fuerunt, *ils ont été aimés.*

Autrement pour le français : *Je fus aimé, tu fus aimé, il fut aimé ; nous fûmes aimés , vous fûtes aimés , ils furent aimés.*
Ou : *J'eus été aimé, tu eus été aimé, il eut été aimé ; nous eûmes été aimés, vous eûtes été aimés , ils eurent été aimés.*

Plus-que-parfait. (Il se décline.)

Sing. Am atus eram *ou* fueram, *j'avais été aimé.*

Am atus eras *ou* fueras, *tu avais été aimé.*

Am atus erat *ou* fuerat, *il avait été aimé.*

Plur. Am ati eramus *ou* fueramus, *nous avions été aimés.*

Am ati eratis *ou* fueratis, *vous aviez été aimés.*

Am ati erant *ou* fuerant, *ils avaient été aimés.*

Futur.

Sing. Am abor,   *je serai aimé.*
Am aberis *ou* am abere, *tu seras aimé.*
Am abitur,   *il sera aimé.*
Plur. Am abimur,   *nous serons aimés.*
Am abimini,   *vous serez aimés.*
Am abuntur,   *ils seront aimés.*

Futur passé. (Il se décline.)

Sing. Am atus ero *ou* fuero, *j'aurai été aimé.*
Am atus eris *ou* fueris, *tu auras été aimé.*

Am atus erit *ou* fuerit, *il aura été aimé.*

Plur. Am ati erimus *ou* fuerimus, *nous aurons été aimés.*

Am ati eritis *ou* fueritis, *vous aurez été aimés.*

Am ati erunt *ou* fuerint *ils auront été aimés.*

IMPÉRATIF.

Point de première personne.

Sing. Am are *ou* am ator, *sois aimé.*

Am ator (ille), *qu'il soit aimé.*

Plur. Am emur,　　　*soyons aimés.*

Am amini,　　　*soyez aimés.*

Am antor,　　　*qu'ils soient aimés.*

SUBJONCTIF. — *Présent.*

Sing. Am er,　　　*que je sois aimé.*

Am eris *ou* amere, *que tu sois aimé.*

Am etur,　　　*qu'il soit aimé.*

Plur. Am emur,　　　*que nous soyons aimés.*

Am emini,　　　*que vous soyez aimés.*

Am entur,　　　*qu'ils soient aimés.*

Imparfait.

Sing. Am arer,　　　*que je fusse aimé.*

Am areris *ou* am arere, *que tu fusses aimé.*

Am aretur,　　　*qu'il fût aimé.*

Plur. Am aremur,　　　*que nous fussions aimés.*

Am aremini,　　　*que vous fussiez aimés.*

Am arentur.　　　*qu'ils fussent aimés.*

Autrement pour le français : *Je serais aimé, tu serais aimé, il serait aimé ; nous serions aimés, vous seriez aimés, ils seraient aimés,*

Parfait. (Il se décline.)

Sing. Am atus sim *ou* fuerim, *que j'aie été aimé.*

Am atus sis *ou* fueris, *que tu aies été aimé.*

Am atus sit *ou* fuerit, *qu'il ait été aimé.*

Plur. Am ati simus *ou* fuerimus, *que nous ayons été aimés.*

Am ati sitis *ou* fueritis, *que vous ayez été aimés.*

Am ati sint *ou* fuerint, *qu'ils aient été aimés.*

Plus-que-parfait. (Il se décline.)

Sing. Am atus essem *ou* fuissem, *que j'eusse été aimé.*

Am atus esses *ou* fuisses, *que tu eusses été aimé.*

Am atus esset *ou* fuisset, *qu'il eût été aimé.*

Plur. Am ati essemus *ou* fuissemus, *que nous eussions été aimés.*

Am ati essetis *ou* fuissetis, *que vous eussiez été aimés.*

Am ati essent *ou* fuissent, *qu'ils eussent été aimés.*

Autrement pour le français : *J'aurais été aimé; tu aurais été aimé, il aurait été aimé ; nous aurions été aimés, vous auriez été aimés, ils auraient été aimés.*

INFINITIF. — *Présent* et *Imparfait.*
Am ari, *être aimé, qu'il est* ou *était aimé.*

Parfait et *plus-que-parfait.* (Il se décline.)
Am atum, am atam fuisse, *avoir été aimé, qu'il a été* ou *avait été aimé.*

Futur.

Am atum (*indécl.*) iri, am andum (*il se dé-*
cline) esse, *devoir être aimé, qu'il sera* ou
qu'il serait aimé.

Futur passé. (Il se décline.)

Am andum fuisse, *avoir dû être aimé, qu'il*
aurait ou *qu'il eût été aimé.*

Participe passé.

Am atus, am ata, am atum, *aimé, ayant été*
aimé, qui a été aimé.

Participe futur.

Am andus, am anda, am andum, *devant être*
aimé, qui doit, qui devait être aimé.

Supin.

Am atu,　　　*à être aimé.*

Ainsi se conjuguent *laudor*, je suis loué; *vituperor*, je suis
blâmé; *verberor*, je suis frappé; *vocor*, je suis appelé, etc.

REMARQUE. Tous les temps composés se déclinent, tant au singulier qu'au pluriel, comme *bonus, a, um*, et ils s'accordent en
genre, en nombre et en cas avec leurs nominatifs. *Exemple* : Le
père a été aimé, *pater amatus est*; la mère a été aimée, *mater*
amata est.

Seconde Conjugaison passive.

MONERI.

INDICATIF. — *Présent.*

Sing. Mon eor,　　*je suis averti.*
Mon eris *ou* mon ere, *tu es averti.*
Mon etur,　　*il est averti.*
Plur. Mon emur,　　*nous sommes avertis.*
Mon emini,　　*vous êtes avertis.*
Mon entur,　　*ils sont avertis.*

Imparfait.

Sing. Mon ebar,　　*j'étais averti.*

Mon ebaris *ou* mon ebare, *tu étais averti.*

Mon ebatur, *il était averti.*

Plur. Mon ebamur, *nous étions avertis.*

Mon ebamini, *vous étiez avertis.*

Mon ebantur, *ils étaient avertis.*

Parfait. (Il se décline.)

Sing. Mon itus sum *ou* fui, *j'ai été averti.*

Mon itus es *ou* fuisti, *tu as été averti.*

Mon itus est *ou* fuit, *il a été averti.*

Plur. Mon iti sumus *ou* fuimus, *nous avons été avertis.*

Mon iti estis *ou* fuistis, *vous avez été avertis.*

Mon iti sunt *ou* fuerunt, *ils ont été avertis.*

Autrement pour le français : *Je fus averti, tu fus averti, il fut averti; nous fûmes avertis, vous fûtes avertis, ils furent avertis.*

Ou : *J'eus été averti, tu eus été averti, il eut été averti; nous eûmes été avertis, vous eûtes été avertis, ils eurent été averti.*

Plus-que-parfait. (Il se décline.)

Sing. Mon itus eram *ou* fueram, *j'avais été averti.*

Mon itus eras *ou* fueras, *tu avais été averti.*

Mon itus erat *ou* fuerat, *il avait été averti.*

Plur. Mon iti eramus *ou* fueramus, *nous avions été avertis.*

Mon iti eratis *ou* fueratis, *vous aviez été avertis.*

Mon iti erant *ou* fuerant, *ils avaient été avertis.*

Futur.

Sing. Mon ebor, *je serai averti.*

3*

Mon eberis *ou* mon ebere, *tu seras averti.*
Mon ebitur,   *il sera averti.*
Plur. Mon ebimur,   *nous serons avertis.*
Mon ebimini,   *vous serez avertis.*
Mon ebuntur,   *ils seront avertis.*

Futur passé. (Il se décline.)

Sing. Mon itus ero *ou* fuero, *j'aurai été averti.*
Mon itus eris *ou* fueris, *tu auras été averti.*
Mon itus erit *ou* fuerit, *il aura été averti.*
Plur. Mon iti erimus *ou* fuerimus, *nous aurons été avertis.*

Mon iti eritis *ou* fueritis, *vous aurez été avertis.*

Mon iti erunt *ou* fuerint, *ils auront été avertis.*

IMPÉRATIF.
Point de première personne.

Sing. Mon ere *ou* mon etor, *sois averti.*
Mon etor (ille), *qu'il soit averti.*
Plur. Mon eamur,   *soyons avertis.*
Mon emini,   *soyez avertis.*
Mon entor,   *qu'ils soient avertis.*

SUBJONCTIF. — *Présent.*

Sing. Mon ear,   *que je sois averti.*
Mon earis *ou* mon eare, *que tu sois averti.*
Mon eatur,   *qu'il soit averti.*
Plur. Mon eamur,   *que nous soyons avertis.*
Mon eamini,   *que vous soyez avertis.*
Mon eantur,   *qu'ils soient avertis.*

Imparfait.

Sing. Mon erer,   *que je fusse averti.*

Mon ereris *ou* mon erere, *que tu fusses averti.*

Mon eretur, *qu'il fût averti.*

Plur. Mon eremur, *que nous fussions avertis.*

Mon eremini, *que vous fussiez avertis.*

Mon erentur, *qu'ils fussent avertis.*

Autrement pour le français : *Je serais averti, tu serais averti, il serait averti,* etc.

Parfait. (Il se décline.)

Sing. Mon itus sim *ou* fuerim, *que j'aie été averti.*

Mon itus sis *ou* fueris, *que tu aies été averti.*

Mon itus sit *ou* fuerit, *qu'il ait été averti.*

Plur. Mon iti simus *ou* fuerimus, *que nous ayons été avertis.*

Mon iti sitis *ou* fueritis, *que vous ayez été avertis.*

Mon iti sint *ou* fuerint, *qu'ils aient été avertis.*

Plus-que-parfait. (Il se décline.)

Sing. Mon itus essem *ou* fuissem, *que j'eusse été averti.*

Mon itus esses *ou* fuisses, *que tu eusses été averti.*

Mon itus esset *ou* fuisset, *qu'il eût été averti.*

Plur. Mon iti essemus *ou* fuissemus, *que nous eussions été avertis.*

Mon iti essetis *ou* fuissetis, *que vous eussiez été avertis.*

Mon iti essent *ou* fuissent, *qu'ils eussent été avertis.*

Autrement pour le français : *J'aurais été averti,* etc.

INFINITIF. — *Présent* et *Imparfait.*

Mon eri, *être averti, qu'il est* ou *était averti.*

Parfait et *plus-que-parfait.* (Il se décl.)

Mon itum, mon itam esse, *avoir été averti,*
   qu'il a ou *avait été averti, avertie.*

Futur.

Mon itum (*ind.*) iri, mon endum (*décl.*) esse,
devoir être averti, qu'il sera ou *serait averti.*

Futur passé. (Il se décline.)

Mon endum fuisse, *avoir dû être averti, qu'il*
   aurait, qu'il eût été averti.

Participe passé.

Mon itus, ita, itum, *averti, ayant été averti, qui*
    a été averti.

Participe futur.

Mon endus, enda, endum, *devant être averti.*

Supin.

Mon itu, *à être averti.*

Ainsi se conjuguent : *Doceor*, je suis instruit ; *terreor*, je suis épouvanté ; *teneor*, je suis tenu ; *impleor*, je suis rempli, etc.

Troisième Conjugaison passive.

LEGI.

INDICATIF. — *Présent.*

Sing. Leg or,   *je suis lu.*
  Leg eris *ou* legere, *tu es lu.*
  Leg itur, *il est lu.*
Plur. Leg imur, *nous sommes lus.*
  Leg imini, *vous êtes lus.*
  Leg untur, *ils sont lus.*

Les Verbes en *ior* font *iuntur, accip. iuntur.*

Imparfait.

Sing. [1] Leg ebar,   *j'étais lu.*
Leg ebaris *ou* leg ebare, *tu étais lu.*
Leg ebatur,   *il était lu.*
Plur. Leg ebamur,   *nous étions lus.*
Leg ebamini,   *vous étiez lus.*
Leg ebantur,   *ils étaient lus.*

Parfait. (Il se décline.)

Sing. Lec tus sum *ou* fui, *j'ai été lu.*
Lec tus es *ou* fuisti, *tu as été lu.*
Lec tus est *ou* fuit, *il a été lu.*   (lus.
Plur. Lec ti sumus *ou* fuimus, *nous avons été*
Lec ti estis *ou* fuistis, *vous avez été lus.*
Lec ti sunt *ou* fuerunt, *ils ont été lus.*

Autrement pour le français : *Je fus lu, tu fus lu, il fut lu; nous fûmes lus, vous fûtes lus, ils furent lus.*
Ou : *J'eus été lu, tu eus été lu, il eut été lu; nous eûmes été lus, vous eûtes été lus, ils eurent été lus.*

Plus-que-parfait. (Il se décline.)

Sing. Lec tus eram *ou* fueram, *j'avais été lu.*
Lec tus eras *ou* fueras, *tu avais été lu.*
Lec tus erat *ou* fuerat, *il avait été lu.*
Plur. Lec ti eramus *ou* fueramus, *nous avions*
                                été lus.
Lec ti eratis *ou* fueratis, *vous aviez été lus.*
Lec ti erant *ou* fuerant, *ils avaient été lus.*

Futur.

Sing. [2] Leg ar,   *je serai lu.*
Leg eris *ou* leg ere, *tu seras lu.*
Leg etur,   *il sera lu.*
Plur. Leg emur,   *nous serons lus.*
Leg emini,   *vous serez lus.*

[1] Les Verbes en *ior* font *iebar*, *accip iebar*.
[2] Ceux en *ior* font au futur *iar*, *accip iar*.

Leg entur,   *ils seront lus.*

Futur passé. (Il se décline.)

Sing. Lec tus ero *ou* fuero, *j'aurai été lu.*
Lec tus eris *ou* fueris, *tu auras été lu.*
Lec tus erit *ou* fuerit, *il aura été lu.*

Plur. Lec ti erimus *ou* fuerimus, *nous aurons été lus.*

Lec ti eritis *ou* fueritis, *vous aurez été lus.*

Lec ti erunt *ou* fuerint, *ils auront été lus.*

IMPÉRATIF.
Point de première personne.

Sing. Leg ere *ou* leg itor, *sois lu.*
Leg itor (ille), *qu'il soit lu.*
Plur. ¹Leg amur,   *soyons lus.*
Leg imini,   *soyez lus.*
₂Leg untor,   *qu'ils soient lus.*

SUBJONCTIF. — *Présent.*

Sing. ³Leg ar,   *que je sois lu.*
Leg aris *ou* leg are, *que tu sois lu.*
Leg atur,   *qu'il soit lu.*
Plur. Leg amur,   *que nous soyons lus.*
Leg amini,   *que vous soyez lus.*
Leg antur,   *qu'ils soient lus.*

Imparfait.

Sing. Leg erer,   *que je fusse lu.*
Leg ereris *ou* leg erere, *que tu fusses lu.*
Leg eretur,   *qu'il fût lu.*
Plur. Leg eremur,   *que nous fussions lus.*

1 Les Verbes en *ior* font *iamur*, *accip iamur.*
2 Ceux en *ior* font *iuntor*, *accip iuntor.*
3 Ceux en *ior* font au subjonctif *iar*, *accip iar.*

Leg eremini, *que vous fussiez lus.*

Leg erentur, *qu'ils fussent lus.*

Autrement pour le français : *Je serais lu, tu serais lu, il serait lu ; nous serions lus, vous seriez lus, ils seraient lus.*

Parfait. (Il se décline.)

Sing. Lec tus sim *ou* fuerim, *que j'aie été lu.*

Lec tus sis *ou* fueris, *que tu aies été lu.*

Lec tus sit *ou* fuerit, *qu'il ait été lu.*

Plur. Lec ti simus *ou* fuerimus, *que nous ayons été lus.*

Lec ti sitis *ou* fueritis, *que vous ayez été lus.*

Lec ti sint *ou* fuerint, *qu'ils aient été lus.*

Plus-que-parfait. (Il se décline.)

Sing. Lec tus essem *ou* fuissem, *que j'eusse été lu.*

Lec tus esses *ou* fuisses, *que tu eusses été lu.*

Lec tus esset *ou* fuisset, *qu'il eût été lu.*

Plur. Lec ti essemus *ou* fuissemus, *que nous eussions été lus.*

Lec ti essetis *ou* fuissetis, *que vous eussiez été lus.*

Lec ti essent *ou* fuissent, *qu'ils eussent été lus.*

Autrement pour le français : *J'aurais été lu, tu aurais été lu, il aurait été lu ; nous aurions été lus, vous auriez été lus, ils auraient été lus.*

INFINITIF. — *Présent* et *Imparfait.*

Leg i, *être lu.*

Parfait et *plus-que-parfait.* (Il se décline.)

Lec tum, lec tam esse, *avoir été lu.*

Futur.

Lec tum (*indéc.*) iri, leg endum (*décli.*) esse,
    devoir étre lu , qu'il sera , qu'il serait lu.

Futur passé. (Il se décline.)

Leg endum fuisse, *avoir dû étre lu , qu'il au-*
      rait ou *qu'il eût été lu.*

Participe passé.

Lec tus , lec ta , lec tum , *ayant été lu , ou qui*
        a été lu.

Participe futur.

Leg endus, leg enda , leg endum , *devant étre*
    lu , qui doit , ou *qui devait étre lu.*

Supin.

Lec tu ,   *à étre lu.*

Ainsi se conjuguent *vincor ,* je suis vaincu ; *scribor ,* je suis
écrit ; *cognoscor ,* je suis connu , *etc.*

Quatrième Conjugaison passive.
AUDIRI.

INDICATIF. — *Présent.*

Sing. Aud ior , *je suis écouté* ou *entendu.*
    Aud iris *ou* aud ire , *tu es écouté.*
    Aud itur , *il est écouté.*

Plur. Aud imur , *nous sommes écoutés* ou *en-*
        tendus.

    Aud imini , *vous étes écoutés.*
    Aud iuntur , *ils sont écoutés.*

Imparfait.

Sing. Aud iebar , *j'étais écouté* ou *entendu.*
    Aud iebaris *ou* aud iebare , *tu étais écou-*
        té.

    Aud iebatur , *il était écouté.*

Plur: Aud iebamur, *nous étions écoutés.*

Aud iebamini, *vous étiez écoutés.*

Aud iebantur, *ils étaient écoutés.*

Parfait. (Il se décline.)

Sing. Aud itus sum *ou* fui, *j'ai été écouté ou entendu.*

Aud itus es *ou* fuisti, *tu as été écouté.*

Aud itus est *ou* fuit, *il a été écouté.*

Plur. Aud iti sumus *ou* fuimus, *nous avons été écoutés.*

Aud iti estis *ou* fuistis, *vous avez été écoutés.*

Aud iti sunt *ou* fuerunt, *ils ont été écoutés.*

Autrement pour le français : *Je fus écouté, tu fus écouté, il fut écouté; nous fûmes écoutés, vous fûtes écoutés, ils furent écoutés.*

Ou : *J'eus été écouté, tu eus été écouté, il eut été écouté ; nous eûmes été écoutés, vous eûtes été écoutés, ils eurent été écoutés.*

Plus-que-parfait. (Il se décline.)

Sing. Aud itus eram *ou* fueram, *j'avais été écouté.*

Aud itus eras *ou* fueras, *tu avais été écouté.*

Aud itus erat *ou* fuerat, *il avait été écouté.*

Plur. Aud iti eramus *ou* fueramus, *nous avions été écoutés.*

Aud iti eratis *ou* fueratis, *vous aviez été écoutés.*

Aud iti erant *ou* fuerant, *ils avaient été écoutés.*

Futur.

Sing. Aud iar, *je serai écouté.*
  Aud ieris *ou* audiere, *tu seras écouté.*
  Aud ietur, *il sera écouté.*
Plur. Aud iemur, *nous serons écoutés.*
  Aud iemini, *vous serez écoutés.*
  Aud ientur, *ils seront écoutés.*

Futur passé. (Il se décline.)

Sing. Aud itus ero *ou* fuero, *j'aurai été écouté.*
  Aud itus eris *ou* fueris, *tu auras été*
            écouté.
  Aud itus erit *ou* fuerit, *il aura été écou-*
             té.
Plur. Aud iti erimus *ou* fuerimus, *nous aurons*
          été écoutés.
  Aud iti eritis *ou* fueritis, *vous aurez été*
           écoutés.
  Aud iti erunt *ou* fuerint, *ils auront été*
           écoutés.

IMPÉRATIF.

Point de première personne.

Sing. Aud ire *ou* aud itor, *sois écouté.*
  Aud itor (ille), *qu'il soit écouté.*
Plur. Aud iamur, *soyons écoutés.*
  Aud imini, *soyez écoutés.*
  Aud iuntor, *qu'ils soient écoutés.*

SUBJONCTIF. — Présent.

Sing. Aud iar, *que je sois écouté.*
  Aud iaris *ou* aud iare, *que tu sois écouté.*
  Aud iatur, *qu'il soit écouté.*

Plur. Aud iamur,   *que nous soyons écoutés.*
Aud iamini,   *que vous soyez écoutés.*
Aud iantur,   *qu'ils soient écoutés.*

Imparfait.

Sing. Aud irer,   *que je fusse écouté.*
Aud ireris* ou* aud irere, *que tu fusses*
                                        écouté.
Aud iretur,   *qu'il fût écouté.*
Plur. Aud iremur, *que nous fussions écoutés.*
Aud iremini, *que vous fussiez écoutés.*
Aud irentur, *qu'ils fussent écoutés.*

Autrement pour le français : *Je serais écouté, tu serais écouté,*
il serait écouté; nous serions écoutés, vous seriez écoutés, ils se-
raient écoutés.

Parfait. (Il se décline.)

Sing. Aud itus sim *ou* fuerim, *que j'aie été*
                                        écouté.
Aud itus sis *ou* fueris *que tu aies été*
                                        écouté.
Aud itus sit *ou* fuerit, *qu'il ait été écou-*
                                        té.
Plur. Aud iti simus *ou* fuerimus, *que nous*
                            ayons été écoutés.
Aud iti sitis *ou* fueritis, *que vous ayez*
                            été écoutés.
Aud iti sint *ou* fuerint, *qu'ils aient été*
                                    écoutés.

Plus-que-parfait. (Il se décline.)

Sing. Aud itus essem *ou* fuissem, *que j'eusse*
                                été écouté.
Aud itus esses *ou* fuisses, *que tu eusses*
                                été écouté.

Aud itus esset *ou* fuisset, *qu'il eût été écouté.*

Plur. Aud iti essemus *ou* fuissemus, *que nous eussions été écoutés.*

Aud iti essetis *ou* fuissetis, *que vous eussiez été écoutés.*

Aud iti essent *ou* fuissent, *qu'ils eussent été écoutés.*

Autrement pour le français : *J'aurais été écouté, tu aurais été écouté, il aurait été écouté ; nous aurions été écoutés, vous auriez été écoutés, ils auraient été écoutés.*

INFINITIF. — *Présent* et *Imparfait.*
Aud iri, *être écouté.*

Parfait et *plus-que-parfait.* (Il se décline.)

Aud itum, aud itam esse, *ou* fuisse, *avoir été écouté.*

Futur.
Aud itum (*indécl.*) iri, aud iendum (*décl.*) esse, *devoir être écouté, qu'il sera,* ou *qu'il serait écouté.*

Futur passé. (Il se décline.)

Aud iendum fuisse, *avoir dû être écouté, qu'il aurait,* ou *qu'il eût été écouté.*

Participe passé.
Aud itus, aud ita, aud itum, *écouté, ayant été écouté,* ou *qui a été écouté.*

Participe futur.
Aud iendus, aud ienda, aud iendum, *devant être écouté, qui sera,* ou *qui serait écouté.*

Supin.
Aud itu, *à être écouté.*

Ainsi se conjuguent *aperior*, je suis ouvert; *munior*, je suis fortifié ; *sepelior*, je suis enseveli; *punior*, je suis puni, etc.

TABLEAU GÉNÉRAL

ON A MIS SOUS UN MÊME COUP-D'ŒIL LES QUATRE CONJUGAISONS PASSIVES.

DE LA GRAMMAIRE LATINE.

INDICATIF.	1	2	3	4
Présent.	Am or, aris.	Mon eor, eris.	Leg or, eris.	Aud ior, iris.
Imparfait.	Am abar, abaris	Mon ebar, ebaris.	Leg ebar, ebaris.	Aud iebar, iebaris.
Parfait.	Am atus sum *ou* fui.	Mon itus sum.	Lect us sum.	Auditus sum.
Plus-que-parfait	Am atus eram *ou* fueram.	Mon itus eram.	Lect us eram.	Aud itus eram.
Futur.	Am abor, aberis.	Mon ebor, eberis.	Leg ar, eris.	Aud iar, ieris.
Futur passé.	Am atus ero *ou* fuero.	Mon itus ero.	Lect us ero.	Aud itus ero.
IMPÉRATIF.	Am are, ator.	Mon ere, etor.	Leg ere, itor.	Aud ire, itor.
SUBJONCTIF.				
Présent.	Am er, eris.	Mon ear, earis.	Leg ar, aris.	Aud iar, iaris.
Imparfait.	Am arer, areris.	Mon erer, ereris.	Leg erer, ereris.	Aud irer, ireris.
Parfait.	Am atus sim *ou* fuerim.	Mon itus sim.	Lect us sim.	Aud itus sim.
Plus-que-parfait	Am atus essem *ou* fuissem.	Mon itus essem.	Lect us essem.	Aud itus essem.
INFINITIF.	Am ari.	Mon eri.	Leg i.	Aud iri.

Remarque sur la formation des Temps.

1.° L'impératif passif est toujours semblable à l'infinitif actif.

2.° Les temps simples du passif se forment des mêmes temps de l'actif, en ajoutant *r* à ceux qui sont terminés en *o*; *amo, amor, amabo, amabor*; et en changeant *m* en *r* aux temps de l'actif qui sont terminés en *m*; *amabam, amabar*; *amarem, amarer*; *legam, legar*; *audiam, audiar.*

RÈGLE DES VERBES PASSIFS.

Amor à Deo. — *De* ou *par*, après un verbe passif, s'exprime en latin par *à, ab*, et le nom suivant se met à l'ablatif.

Ex. Je suis aimé, j'étais aimé, je serai aimé de Dieu. *Amor, amabar, amabor à Deo.*

Vous étiez écouté, vous aviez été écouté par vos écoliers. *Audiebaris, auditus fueras à tuis discipulis.*

Il sera instruit, il aura été instruit par le maître. *Docebitur, doctus erit à magistro.*

Ce livre est lu par l'enfant. *Hic liber legitur à puero.*

VERBES DÉPONENS.

Les verbes déponens se conjuguent pour le latin comme les verbes passifs, et pour le français comme les verbes actifs. Il y a des verbes déponens de chacune des quatre conjugaisons passives.

Verbe déponent de la première Conjugaison.
Sur Amor.
INDICATIF. — *Présent.*

Sing. Imit or,   *j'imite.*
   Imit aris *ou* imit are , *tu imites.*
   Imit atur , *il imite.*
Plur. Imit amur, *nous imitons.*
   Imit amini, *vous imitez.*
   Imit antur, *ils imitent.*

Imparfait.

Sing. Imit abar , *j'imitais.*
   Imit abaris *ou* imit abare, *tu imitais.*
   Imit abatur, *il imitait.*
Plur. Imit abamur, *nous imitions.*
   Imit abamini , *vous imitiez.*
   Imit abantur, *ils imitaient.*

Parfait. (Il se décline).

Sing. Imit atus sum *ou* fui , *j'ai imité.*
   Imit atus es *ou* fuisti, *tu as imité.*
   Imit atus est *ou* fuit , *il a imité.*
Plur. Imit ati sumus *ou* fuimus, *nous avons*
           imité.

   Imit ati estis *ou* fuistis, *vous avez imité.*
   Imit ati sunt *ou* fuerunt, *ils ont imité.*

 Autrement pour le français : *J'imitai, tu imitas , il imita ; nous imitâmes , vous imitâtes , ils imitèrent.*
 Ou : *J'eus imité, tu eus imité, il eut imité ; nous eûmes imité , vous eûtes imité, ils eurent imité.*

Plus-que-parfait. (Il se décline.)

Sing. Imit atus eram *ou* fueram , *j'avais imité.*
   Imit atus eras *ou* fueras, *tu avais imité.*

Imit atus erat *ou* fuerat, *il avait imité.*

Plur. Imit ati eramus *ou* fueramus, *nous avions imité.*

Imit ati eratis *ou* fueratis, *vous aviez imité.*

Imit ati erant *ou* fuerant, *ils avaient imité.*

Futur.

Sing. Imit abor,   *j'imiterai.*

Imit aberis *ou* imit abere, *tu imiteras.*

Imit abitur,   *il imitera.*

Plur. Imit abimur,   *nous imiterons.*

Imit abimini,   *vous imiterez.*

Imit abuntur,   *ils imiteront.*

Futur passé. (Il se décline.)

Sing. Imit atus ero *ou* fuero, *j'aurai imité.*

Imit atus eris *ou* fueris, *tu auras imité.*

Imit atus erit *ou* fuerit, *il aura imité.*

Plur. Imit ati erimus, *ou* fuerimus, *nous aurons imité.*

Imit ati eritis, *ou* fueritis, *vous aurez imité.*

Imit ati erunt *ou* fuerint, *ils auront imité.*

IMPÉRATIF.

Point de première personne.

Sing. Imit are, *ou* imit ator, *imite.*

Imit ator (ille), *qu'il imite.*

Plur. Imit emur,   *imitons.*

Imit amini,   *imitez.*

Imit antor,   *qu'ils imitent.*

SUBJONCTIF. — *Présent.*

Sing. Imit er,   *que j'imite.*

Imit eris, *ou* imit ere, *que tu imites.*
Imit ctur, *qu'il imite.*
Plur. Imit emur, *que nous imitions.*
Imit emini, *que vous imitiez.*
Imit entur, *qu'ils imitent.*

Imparfait.

Sing. Imit arer, *que j'imitasse.*
Imit areris, *ou* imit arère, *que tu imitas-*
Imit aretur, *qu'il imitât.*   (*ses.*
Plur. Imit aremur, *que nous imitassions.*
Imit aremini, *que vous imitassiez.*
Imit arentur, *qu'ils imitassent.*

Autrement pour le français : *J'imiterais, tu imiterais, il imite-*
rait; nous imiterions, vous imiteriez, ils imiteraient.

Parfait. (Il se décline.)

Sing. Imit atus sim, *ou* fuerim, *que j'aie imité.*
Imit atus sis, *ou* fueris, *que tu aies imité.*
Imit atus sit, *ou* fuerit, *qu'il ait imité.*
Plur. Imit ati simus, *ou* fuerimus, *que nous*
                                        ayons imité.
Imit ati sitis, *ou* fueritis, *que vous ayez*
                                        imité.
Imit ati sint, *ou* fuerint, *qu'ils aient imité.*

Plus-que-parfait. (Il se décline.)

Sing. Imit atus essem, *ou* fuissem, *que j'eusse*
                                        imité.
Imit atus esses, *ou* fuisses, *que tu eusses*
                                        imité.
Imit atus esset, *ou* fuisset, *qu'il eût imité.*
Plur. Imit ati essemus, *ou* fuissemus, *que nous*
                                        eussions imité.
Imit ati essetis, *ou* fuissetis, *que vous*
                                        eussiez imité.

Imit ati essent, *ou* fuissent, *qu'ils eussent imi-*
té.

Autrement pour le français : *J'aurais imité, tu aurais imité, il aurait imité ; nous aurions imité, vous auriez imité, ils auraient imité.*

INFINITIF. — *Présent* et *Imparfait.*
Imit ári, *imiter.*

Parfait et *Plus-que-parfait.* (Il se décline.)
Imit atum, imit atam esse, *ou* fuisse, *avoir imité.*

Futur. (Il se décline.)
Imit aturum, imit aturam esse, *devoir imiter,*
qu'il imitera, ou *qu'il imiterait.*

Futur passé. (Il se décline.)
Imit aturum, imit aturam fuisse, *avoir dû imi-*
ter, qu'il aurait, ou *qu'il eût imité.*

Participe présent.
Imit ans, imit antis, *imitant, qui imite, qui*
imitait.

Participe passé actif.
Imit atus, imit ata, imit atum, *ayant imité,*
qui a, ou *qui avait imité.*

Participe futur actif.
Imit aturus, imit atura, imit aturum, *devant*
imiter, qui imitera, ou *qui imiterait.*

Participe futur passif.
Imit andus, imit anda, imit andum, *qui doit*
être imité.

Supins.
Imit atum,　*à imiter.*
Imit atu,　*à être imité.*

Gérondifs.
Imit andi,　*d'imiter.*

Imit ando, *en imitant.*

Imit andum, *à imiter*, ou *pour imiter.*

Ainsi se conjuguent *mirari, miror*, admirer ; *hortari, hortor*, exhorter ; *precari, precor*, prier ; *venerari, veneror*, respecter.

Il suffira, pour les autres verbes déponens, d'indiquer la première personne dans chaque temps composé.

Verbe déponent de la seconde Conjugaison.
Sur MONEOR.
INDICATIF. — *Présent.*

Sing. Pollic eor,   *je promets.*

Pollic eris, *ou* pollic ere, *tu promets.*

Pollic etur,   *il promet.*

Plur. Pollic emur,   *nous promettons.*

Pollic emini,   *vous promettez.*

Pollic entur,   *ils promettent.*

Imparfait.

Sing. Pollic ebar,   *je promettais.*

Pollic ebaris, *ou* pollic ebare, *tu promet-*

Pollic ebatur,   *il promettait.*   (*tais.*

Plur. Pollic ebamur, *nous promettions.*

Pollic ebamini, *vous promettiez.*

Pollic ebantur, *ils promettaient.*

Parfait.

Pollic itus sum, *ou* fui, *j'ai promis,* etc.

Plus-que-parfait.

Pollic itus eram, *ou* fueram, *j'avais pro-*

Futur.   (*mis,* etc.

Sing. Pollic ebor,   *je promettrai.*

Pollic eberis, *ou* pollic ebere, *tu promet-*

Pollic ebitur,   *il promettra.*   (*tras.*

Plur. Pollic ebimur, *nous promettrons.*

Pollic ebimini, *vous promettrez.*

Pollic ebuntur, *ils promettront.*

Futur passé.

Pollic itus ero, *ou* fuero, *j'aurai promis*, etc.

IMPÉRATIF.

Point de première personne.

Sing. Pollic ere, *ou* pollic etor, *promets.*
Pollic etor (ille), *qu'il promette.*
Plur. Pollic eamur,   *promettons.*
Pollic emini,   *promettez.*
Pollic entor,   *qu'ils promettent.*

SUBJONCTIF. — *Présent.*

Sing. Pollic ear,   *que je promette.*
Pollic earis, *ou* pollic eare, *que tu pro-*
Pollic eatur,   *qu'il promette.* (*mettes.*
Plur. Pollic eamur,   *que nous promettions.*
Pollic eamini,   *que vous promettiez.*
Pollic eantur,   *qu'ils promettent.*

Imparfait.   (*mettrais.*

Sing. Pollic erer, *que je promisse, ou je pro-*
Pollic ereris, *ou* pollic erere, *que tu pro-*
misses.
Pollic eretur,   *qu'il promît.*
Plur. Pollic eremur, *que nous promissions.*
Pollic eremini, *que vous promissiez,*
Pollic erentur, *qu'ils promissent.*

Parfait.   (*mis.*

Pollic itus sim, *ou* fuerim, *que j'aie pro-*

Plus-que-parfait.

Pollic itus essem, *ou* fuissem, *que j'eusse*
promis, etc. , ou j'aurais promis.

INFINITIF. — *Présent et Imparfait.*

Pollic eri,   *promettre.*

Parfait et *Plus-que-parfait.* (Il se décline.)

Pollic itum, pollic itam esse, *ou* fuisse, *avoir promis.*

Futur. (Il se décline.)

Pollic iturum, pollic ituram esse, *devoir promettre, qu'il promettra,* etc.

Futur passé. (Il se décline.)

Pollic iturum, pollic ituram fuisse, *avoir dû promettre, qu'il aurait,* ou *qu'il eût promis.*

Participe présent.

Pollic ens, pollic entis, *promettant, qui promet,* ou *qui promettait.*

Participe passé actif.

Pollic itus, pollic ita, pollic itum, *ayant promis, qui a promis,* ou *qui avait promis.*

Participe futur actif.

Pollic iturus, pollic itura, pollic iturum, *devant promettre, qui promettra.*

Participe futur passif.

Pollic endus, pollic enda, pollic endum, *qui doit être promis.*

Supin.

Pollic itum,   *à promettre.*
Pollic itu,   *à être promis.*

Gérondifs.

Pollic endi,   *de promettre.*
Pollic endo,   *en promettant.*
Pollic endum, *à promettre,* ou *pour promettre.*

Ainsi se conjuguent : *Misereri, misereor,* avoir pitié; *vereri, vereor,* craindre; *fateri, fateor,* avouer.

Verbe Déponent de la troisième Conjugaison.
Sur LEGOR.

INDICATIF. — Présent.

Sing. Ut or,   *je me sers.*
     Ut eris, *ou* ut ere, *tu te sers.*
     Ut itur,   *il se sert.*
Plur. Ut imur,   *nous nous servons.*
     Ut imini,   *vous vous servez.*
     Ut untur,   *ils se servent.*

Imparfait.

Sing. Ut ebar,   *je me servais.*
     Ut ebaris, *ou* ut ebare, *tu te servais.*
     Ut ebatur,   *il se servait.*
Plur. Ut ebamur,   *nous nous servions.*
     Ut ebamini,   *vous vous serviez.*
     Ut ebantur,   *ils se servaient.*

Parfait.

Us us sum, *ou* fui, *je me suis servi,* etc.

Plus-que-parfait.

Us us eram, *ou* fueram, *je m'étais servi,* etc.

Futur.

Sing. Ut ar,   *je me servirai.*
     Ut eris, *ou* ut ere, *tu te serviras.*
     Ut etur,   *il se servira.*
Plur. Ut emur,   *nous nous servirons.*
     Ut emini,   *vous vous servirez.*
     Ut entur,   *ils se serviront.*

Futur passé.

Us us ero, *ou* fuero, *je me serai servi,* etc.

IMPÉRATIF.
Point de première personne.

Sing. Ut ere, *ou* ut itor, *sers toi.*

Ut itor (ille),   *qu'il se serve.*
Plur. Ut amur,   *servons-nous.*
Ut imini,   *servez-vous.*
Ut untor,   *qu'ils se servent.*

SUBJONCTIF. — *Présent.*

Sing. Ut ar,   *que je me serve.*
Ut aris, *ou* ut are, *que tu te serves.*
Ut atur,   *qu'il se serve.*
Plur. Ut amur,   *que nous nous servions.*
Ut amini,   *que vous vous serviez.*
Ut antur,   *qu'ils se servent.*

Imparfait.

Sing. Ut erer, *que je me servisse,* ou *je me servirais.*
Ut ereris, *ou* ut erere, *que tu te servisses.*
Ut eretur, *qu'il se servît.*
Plur. Ut eremur, *que nous nous servissions.*
Ut eremini, *que vous vous servissiez.*
Ut erentur, *qu'ils se servissent.*

Parfait.

Us us sim, *ou* fuerim, *que je me sois servi,* etc.

Plus-que-parfait.

Us us essem, *ou* fuissem, *que je me fusse servi,* ou *je me serais servi,* etc.

INFINITIF. — *Présent* et *Imparfait.*
Ut i, *se servir.*

Parfait et *Plus-que-parfait.* (Il se décl.)
Us um, us am esse, *ou* fuisse, *s'être servi.*

Futur. (Il se décl.)
Us urum, us uram esse, *devoir se servir, qu'il se servira,* ou *qu'il se servirait.*

Futur passé. (Il se décline.)

Us urum, us uram fuisse, *avoir dû se servir,*
  qu'il se fût servi, ou *qu'il se serait servi.*

Participe présent.

Ut ens, ut entis, *se servant, qui se sert, qui se*
          Participe passé actif.   *servait.*

Us us, us a, us um, *s'étant servi, qui s'est*
          servi, ou *qui s'était servi.*

Participe futur actif.

Us urus, us ura, us urum, *devant se servir,*
          qui doit, ou *devait se servir.*

Participe futur passif.

Ut endus, ut enda ut endum, *dont on doit se*
          Supins.   (*servir.*

| Us um, | *à se servir.* |
| Us u, | *à être employé.* |

Gérondifs.

Ut endi,	*de se servir.*
Ut endo,	*en se servant.*
Ut endum,	*à,* ou *pour se servir.*

Ainsi se conjuguent : *Sequi, sequor,* suivre; *loqui, loquor,* parler; *ulcisci, ulciscor,* venger; *nasci, nascor,* naître.

Verbe Déponent de la quatrième Conjugaison.
Sur AUDIOR.
INDICATIF. — *Présent.*

Sing.	Bland ior,	*je flatte.*
	Bland iris, *ou* bland ire,	*tu flattes.*
	Bland itur,	*il flatte.*
Plur.	Bland imur,	*nous flattons.*
	Bland imini,	*vous flattez.*
	Bland iuntur,	*ils flattent.*

Imparfait.

Sing. Bland iebar, *je flattais.*
Bland iebaris, *ou* bland iebare, *tu flattais.*
Bland iebatur, *il flattait.*
Plur. Bland iebamur, *nous flattions.*
Bland iebamini, *vous flattiez.*
Bland iebantur, *ils flattaient.*

Parfait.

Bland itus sum, *ou* fui, *j'ai flatté,* etc.

Plus-que-parfait.

Bland itus eram, *ou* fueram, *j'avais flatté.*

Futur.

Sing. Bland iar, *je flatterai.*
Bland ieris, *ou* bland iere, *tu flatteras.*
Bland ietur, *il flattera.*
Plur. Bland iemur, *nous flatterons.*
Bland iemini, *vous flatterez.*
Bland ientur, *ils flatteront.*

Futur passé.

Bland itus ero, *ou* fuero, *j'aurai flatté,* etc.

IMPÉRATIF.

Point de première personne.

Sing. Bland ire, *ou* bland itor, *flatte.*
Bland itor (ille), *qu'il flatte.*
Plur. Bland iamur, *flattons.*
Bland imini, *flattez.*
Bland iuntor, *qu'ils flattent.*

SUBJONCTIF. — Présent.

Sing. Bland iar, *que je flatte.*
Bland iaris, *ou* bland iare, *que tu flattes.*
Bland iatur, *qu'il flatte.*
Plur. Bland iamur, *que nous flattions.*

4*

Bland iamini,   que vous flattiez.
Bland iantur,   qu'ils flattent.

Imparfait.

Sing. Bland irer, que je flattasse, ou je flat-
terais.

Bland ireris, ou bland irere, que tu flat-
tasses.

Bland iretur,   qu'il flattât.

Plur. Bland iremur,   que nous flattassions.
Bland iremini,   que vous flattassiez.
Bland irentur,   qu'ils flattassent.

Parfait.

Bland itus sim, ou fuerim, que j'aie flatté, etc.

Plus-que-parfait.

Bland itus essem, ou fuissem, que j'eusse flatté, ou j'aurais flatté, etc.

INFINITIF. — Présent et Imparfait.

Bland iri, flatter.

Parfait et *Plus-que-parfait.* (Il se décline.)

Bland itum, bland itam esse, avoir flatté.

Futur. (Il se décline).

Bland iturum, bland ituram esse, devoir flatter, qu'il flattera, ou flatterait.

Futur passé. (Il se décline.)

Bland iturum, bland ituram fuisse, avoir dû
flatter, qu'il eût, ou qu'il aurait flatté.

Participe présent.

Bland iens, bland ientis, flattant, qui flatte,
ou qui flattait.

Participe futur actif.

Bland iturus, bland itura, bland iturum, devant flatter, qui flattera, ou qui flatterait.

Supins.

Bland itum, *à flatter.*
Bland itu, *à être flatté.*

Gérondifs.

Bland iendi, *de flatter.*
Bland iendo, *en flattant.*
Bland iendum, *à flatter*, ou *pour flatter.*

Ainsi se conjuguent : *Largiri, largior*, donner; *experiri, experior*, éprouver; *metiri, metior*, mesurer; *partiri, partior*, partager.

REMARQUE. Dans les verbes déponens, la seconde personne de l'impératif est toujours semblable à la seconde personne du présent de l'indicatif en *re*.

Ajoutez *r* à la seconde personne de l'impératif, vous aurez l'imparfait du subjonctif; *imitare, imitarer; pollicere, pollicerer; utere, uterer; blandire, blandirer.*

RÈGLE DES VERBES DÉPONENS.

I. *Imitor patrem meum.* — Il y a des verbes déponens qui gouvernent l'accusatif.

Exemples : J'imite mon père, *imitor patrem meum ;* vous avez promis une récompense, *pollicitus es mercedem.*

II. *Miserere pauperis.* — Il y a des verbes déponens qui gouvernent le génitif.

Ayez pitié du pauvre, *miserere pauperis.*

III. *Blanditur nutrici.* — Il y a des verbes déponens qui gouvernent le datif.

Il caresse, *ou* il flatte la nourrice, *blanditur nutrici.*

IV. *Utor lacte.* — Il y a des verbes déponens qui gouvernent l'ablatif.

Je fais usage du lait, *utor lacte.*

(Le dictionnaire indique à chaque verbe déponent le cas qu'il régit.)

VERBES NEUTRES.

Les verbes neutres se conjuguent comme les verbes actifs, mais ils n'ont point de passif : comme *noceo*, je nuis à ; *studeo*, j'étudie ; *faveo*, je favorise.

La plupart des verbes neutres gouvernent le datif. Ex. : Il nuit aux autres, *nocet aliis ;* j'étudie la grammaire, *studeo grammaticæ ;* vous favorisez la noblesse, *faves nobilitati.*

CINQUIÈME ESPÈCE DE MOTS.

Participes, Gérondifs et Supins.

I. Les *participes* sont des adjectifs qui viennent des verbes ; ils s'accordent en genre, en nombre et en cas avec le nom auquel ils sont joints, et de plus ils gouvernent le même cas que le verbe d'où ils viennent ; c'est pour cela qu'on les nomme *participes*, parce qu'ils tiennent de l'adjectif et du verbe.

Exemples : L'enfant écoutant, devant écouter son maître, *puer audiens, auditurus magistrum suum.*

Un père étant aimé, devant être aimé de son fils, *pater amatus, amandus à filio suo.*

II. *Tempus legendi.* — *De* entre un nom et un infinitif français veut le verbe latin au gérondif en *di.* Exemple : Le temps *de* lire, *tempus legendi.*

III. *Ambulat legendo.* — *En* avec le participe présent veut le verbe latin au gérondif en *do.* Exemple : Il se promène en lisant, *ambulat legendo.*

IV. *Legit ad discendum.* — *Pour*, devant un infinitif français, se rend en latin par *ad* avec le gérondif en *dum*. Ex.: Il lit *pour* apprendre, *legit ad discendum.*

V. *Res jucunda auditu.* — Après les adjectifs agréable *à*, admirable *à*, facile *à*, l'infinitif français se rend en latin par le supin en *u*. Ex.: Chose agréable *à* entendre, c'est-à-dire *à* être entendue, *res jucunda auditu.*

VI. *Eo lusum.* — Quand il y a en français deux verbes de suite, et que le premier marque du mouvement, comme *aller, venir*, on met en latin le second au supin en *um*. Ex.: Je vais jouer, *eo lusum.*

Les gérondifs et les supins gouvernent le même cas que les verbes d'où ils viennent. Le temps d'étudier la grammaire, *tempus studendi grammaticæ.* (Le verbe *studere* gouverne le datif.)

J'irai les secourir, *ibo adjutum eos.*

SIXIÈME ESPÈCE DE MOTS.
ADVERBES.

L'adverbe est un mot indéclinable qui se joint le plus souvent à un verbe, et en détermine la signification.

Il y a différentes sortes d'adverbes.

POUR MARQUER LE TEMPS.
Hodiè, *aujourd'hui.*
Cras, *demain.*
Heri, *hier.*
Pridiè, *le jour de devant.*
Postridiè, *le lendemain.*
Perindiè, *après-demain.*

POUR INTERROGER.
Cur, Quarè, Quamobrem, Quid ità, *pourquoi?*
Quorsùm, *à quoi bon cela?*
Au, An ne, Nùm, *est-ce que?*

POUR ASSURER.
Etiam, Ità, *oui.*
Certè, Sanè, Profectò, Quidem, *assurément.* (Quidem ne se met qu'après un mot.)
Equidem *certes.* (Il ne s'emploie que pour *Ego quidem.*)

POUR NIER.

Non, Haud, *non, ne, ne point.*
Minimè, *point du tout* (*ment.*
Nequaquàm, Neutiquàm, *nulle-*

POUR MARQUER LE DOUTE.

Forsan, Forsitan, Fortassè,
peut-être.
Fortè, *par hasard.*

POUR MARQUER LA RESSEM-
BLANCE.

Ità, *ainsi.*
Quasi, *comme si.*
Quemadmodùm, *de même que.*
Sic, Sicut, Sicuti, Velut, Ve-
luti, Ut, Uti, *comme, de
même que.*
Tanquàm, *comme si, de même
que si.*

POUR MARQUER L'UNION.

Simùl, Unà, *ensemble.*
Pariter, *pareillement.*
Conjunctim, *conjointement.*
Universim, *généralement.*

POUR MARQUER LA DIVISION.

Alioqui (devant une consonne), Alioquin (devant une
voyelle), *autrement, si cela
n'était pas.*
Privatim, Seorsim, *en particulier, à part.*

POUR MONTRER.

En, Ecce, *voici, voilà.*

POUR EXHORTER.

Eia, Euge, *courage.*
Age, Agedùm (au singulier),
Agite, Agitedùm (au plur.)
hé bien, ferme, courage.

POUR MARQUER LE DÉSIR.

Utinàm, *plaise à Dieu que,
Dieu veuille que.*

POUR MARQUER LA MANIÈRE.

Doctè, *savamment.*
Pulchrè, *bien.*
Fortiter, *vaillamment,* etc.

Plusieurs adverbes ont un comparatif et un superlatif, comme :

Doctè,	Doctiùs,	Doctissimè,
Doctement.	*plus doctement.*	*très doctement.*
Citò,	Citiùs,	Citissimè,
vite.	*plus vite.*	*très-vite.*
Benè,	Meliùs,	Optimè,
bien	*mieux.*	*très-bien.*
Malè,	Pejus,	Pessimè,
mal.	*plus mal.*	*très-mal.*
Sæpè,	Sæpiùs,	Sæpissimè,
souvent.	*plus souvent.*	*très-souvent,* etc.
Propè,	Propiùs,	Proximè,
proche.	*plus proche.*	*très-proche,* etc.
Nuper,	} *sans comparatif.*	{ Nuperrimè,
récemment.		*tout récemment.*
Sans positif,	{ Potiùs,	Potissimè,
	plutôt.	*principalement.*

RÉGIME DE PLUSIEURS ADVERBES.

Les adverbes de quantités veu-
lent le génitif.
Peu de vin, *parùm vini.*
Un peu de délai, *paululùm moræ.*

Beaucoup d'eau, *multùm aquæ.*
Assez de paroles, *satis verborum.*
Trop de piéges, *nimis insidia-
rum.*

Assez d'autres, *affatim alio-rum.*

Les adverbes de temps et de lieu veulent le génitif.

Nulle part, en aucun lieu du monde, *nusquàm gentium.*

En quel lieu du monde? *ubi terrarum, ubinam gentium ?*

Pridiè, postridiè, veulent le génitif ou l'accusatif.

Le jour de devant les Calendes, *pridiè Calendarum,* ou *Calendas* (sous-ent. *ante.*)

Le jour d'après les Ides, *postridiè Iduum,* ou *Idus,* (sous-ent. *post.*)

En, ecce, voici, voilà, veulent le nominatif ou l'accusatif.

Voici, voilà le loup : en, *ecce lupus,* ou *lupum :* avec le nominatif, on sous-entend *adest ;* avec l'accusatif, on sous entend *aspice.*

Ergò employé pour *causâ,* veut le génitif, et se met après son régime : à cause de lui, *illius ergò.*

Instar, comme, veut de même le génitif, et se met après son régime : comme une montagne, *montis instar.*

Obviam, au devant, veut le datif : aller au devant de quelqu'un, *ire obviàm alicui.*

SEPTIÈME ESPÈCE DE MOTS.

Prépositions. La *préposition* est un mot indéclinable qui, joint à un nom ou à un pronom, veut ce nom ou ce pronom à l'accusatif ou à l'ablatif.

Il y a trente prépositions qui gouvernent l'accusatif, savoir :

Ad , *auprès, chez, pour.*

Adversùm , adversùs, *contre, vis-à-vis.*

Antè, *devant, avant.*

Apud, *auprès, chez.*

Circà, *auprès, environ.*

Circiter, *environ, à-peu près.*

Circùm, *autour, à l'entour.*

Cis, citrà, *deçà, en deçà.*

Contrà, *contre, vis-à-vis, à l'opposite.*

Erga, *envers, à l'égard de.*

Extrà, *hors, outre, excepté.*

Infrà, *sous, au-dessous.*

Inter, *entre, parmi.*

Intrà, *dans, au-dedans, dans l'espace de.*

Juxtà, *auprès, proche.*

Ob, *pour, devant, à cause de.*

Propè, *proche, près de, auprès.*

Penès, *en la puissance de.*

Per, *par, durant, au travers de, pendant.*

Ponè, *après, derrière, par derrière.*

Post, *après, depuis.*

Præter, *excepté, hormis, outre.*

Propter, *pour, à cause de.*

Secundùm, *selon, suivant, auprès de, le long de.*

Secùs, *auprès, le long de*

Suprà, *sur, au-dessus de.*

Trans, *au-delà, par-delà.*

Versùs, *vers, du côté de.*

Ultrà, *au-delà, par-delà.*

Usquè, *jusqu'à.*

Il y a douze prépositions qui gouvernent l'ablatif, savoir :

A, ab, abs, *de*, *du*, *des*, *depuis*, *par*.
Absque, sine, *sans*.
Clàm, *à l'insu de*.
Coram, *devant*, *en présence de*.
Cum, *avec*.
De, *de*, *sur ou touchant*.
È, ex, *de*. *par*.
Palàm, *devant*, *en présence de*.
Præ, *devant*, *en comparaison de*, *au-dessus de*.
Pro, *pour*, *au lieu de*, *selon*, *devant*.
Tenùs, *jusqu'à*.

Les quatre prépositions suivantes veulent l'accusatif quand elles sont jointes à un verbe de mouvement, et elles gouvernent l'ablatif quand elles sont jointes à un verbe de repos.

In, *en*, *dans*, *sur*.
Subter, *sous*, *au-dessous de*.
Sub, *sous*, *au-dessous de*.
Super, *sur*, *au-dessus de*.

OBSERVATION. Trois prépositions se mettent après leur régime, savoir :

1.º Cum, *avec*, se met après les pronoms ego, tu, sui, nos, vos, et qui, quæ, quod. Ainsi on dit : mecum, *avec moi*, tecum, *avec vous*, secum, *quocum*.

2.º Tenùs, *jusqu'à*, veut l'ablatif lorsque son régime est singulier : capulo tenùs, *jusqu'à la garde*; mais il veut le génitif, quand son régime est pluriel : aurium tenùs, *jusqu'aux oreilles*.

3.º Versùs, *vers*, Orientem versùs, *vers l'Orient*; on sous-entend *ad*.

HUITIÈME ESPÈCE DE MOTS.
CONJONCTIONS.

La conjonction est un mot indéclinable qui sert à lier les parties du discours.

Il y a différentes sortes de conjonctions.

1.º POUR JOINDRE.

Et, que, quoque, etiam, atque, ac, et, *aussi*. (Que ne se met qu'après un mot).
Præterea, *outre cela*.
Cùm, tùm, *non-seulement*, *mais encore*.

2.º POUR SÉPARER.

Aut, vel, ve, *ou*, *ou bien*. (Ve ne se met qu'après un mot.)
Sive, *soit que*; sicut, *comme*.
Nec, neque, *ne*, *ni*, *non plus*.

3.º POUR CONCLURE.

Ergo, igitur, *donc.*
Ideò, idcircò. itaque, *c'est pourquoi, c'est pour cela que.*

4.º POUR FAIRE DISTRIBUTION
ou OPPOSITION.

Sed, sed enim, at, atqui, porrò, autem, verò, *mais* (*Autem* et *verò* ne se mettent qu'après un mot.
Etsi, etiamsi, licèt, quanquam, quamvis, tametsi, *bien que, quoique.*

Cùm, ut, *quoique, quand bien même.*

Imò, imò, verò, quin, quin etiam, quin potiùs; *mais, mais au contraire, qui plus est.*

5.º POUR RENDRE RAISON.

Nam, namque, enim, etenim, car. (*Enim* ne se met qu'après un mot.)
Quòd, quia, propterea quòd, quoniam. *parce que, puisque.*
Cùm, *lorsque, puisque.*
Ut, *afin que.*
Ne, *de peur que ne.*
Ità ut, sicut, *de sorte que, tellement que.*

6.º CONDITIONNELLES.

Dùm, dummodò, *pourvu que.*
Modò ne, *pourvu que ne.*
Si, si modò, *si, sin, sinon.*
Sin minùs, sin aliter, *sinon, si cela n'était pas.*
Nisi, *sinon que, si ce n'est que, à moins que.*

7.º POUR MARQUER LE DOUTE.

An, nùm, utrùm, ne, *si* (*Ne* se met après un mot.)

RÈGLE DES CONJONCTIONS.

Quelques conjonctions gouvernent le subjonctif, d'autres gouvernent l'indicatif : le régime de chacune est indiqué dans le dictionnaire. (*Voyez* Conjonctions françaises, *ci-après,* page 157.)

NEUVIÈME ESPÈCE DE MOTS.
INTERJECTIONS.

L'interjection est un mot indéclinable qui sert à marquer les différens mouvemens de l'âme.

Pour marquer la joie. . . . . . O ! evax ! *ho ! ha !*
Pour la douleur. . . . . Hei ! heu ! *ah ! hélas, ah, ah !*
Pour l'indignation. . . . . . . Proh ! heu ! ò ! *oh ! ah !*
Pour l'admiration. . . . . Papæ ! hui ! ò ! *ah ! oh ! ho !*
Pour menacer . . . . Hei ! væ ! *malheur à,*

L'usage apprendra les autres.

SUPPLÉMENT AUX DÉCLINAISONS.

PREMIÈRE DÉCLINAISON.

1.º Il y a huit noms de la première déclinaison qui ont le datif et l'ablatif pluriels en
abus, comme :

PLUR.			
Nom.	Famul æ,	*les Servantes.*
Gén.	Famul arum,	*des Servantes.*
Dat.	Famul abus,	*aux Servantes.*
Acc.	Famul as,	*les Servantes,*
Voc.	ô Famul æ,	ô *Servantes.*
Abl.	Famul abus,	*des Servantes.*

Déclinez de même : *Anima, equa, filia, asina, mula, nata,
dea* : par cette terminaison en *abus* on distingue ces noms fémi-
nins des masculins qui y répondent, *famulus, animus, equus, filius, asinus, mulus, natus, Deus.*

2.º Il y a des noms de la première déclinaison dont le nominatif est en *e*, qui font au génitif *es*, à l'accusatif *en*, comme :

SING.			
Nom.	Music e,	*la Musique.*
Gén.	Music es,	*de la Musique.*
Dat.	Music æ,	*à la Musique.*
Acc.	Music en,	*la Musique.*
Voc.	ô Music e,	ô *Musique.*
Abl.	Music e,	*de la Musique.*

Déclinez de même : *Grammatice, ces*, la grammaire ; *epitome,
mes*, abrégé ; *Cybele, les*, Cybèle, déesse des Païens ; *rhetorice,
ces*, la rhétorique.

3.º Il y a des noms dont le nominatif est en
es, qui font au génitif *æ*, à l'accusatif *en*,
comme :

SING.			
Nom	Comet es,	*la Comète.*
Gén.	Comet æ,	*de la Comète.*
Dat.	Comet æ,	*à la Comète.*
Acc.	Comet en,	*la Comète.*
Voc.	ô Comet e,	ô *Comète.*
Abl.	Comet e,	*de la Comète.*

4.° Il y a des noms dont le nominatif est en *as*, qui font à l'accusatif *an*, comme :

SING.			
Nom.		Æne as,	*Enée.* (Nom d'hom)
Gén.		Æne æ,	*d'Enée.*
Dat.		Æne æ,	*à Enée.*
Acc.		Æne an,	*Enée.*
Voc.	ô	Æne a,	ô *Enée.*
Abl.		Æne â,	*d'Enée.*

Le pluriel de tous ces noms se décline comme *rosæ*, *rosarum*; mais les noms propres n'ont point de pluriel.

REMARQUE. Le nom *familia* fait aussi au génitif *familiás*; un père de famille, *pater familiás*; un fils de famille, *filius familiás*.

SECONDE DÉCLINAISON.

Il y a des noms de la seconde déclinaison qui ont le vocatif en *i*, comme :

SING.			
Nom.		Fili us,	*le Fils.*
Gén.		Fil ii,	*du Fils.* (Le pl. comme
Dat.		Fil io,	*au Fils.* Domini Do-
Acc.		Fil ium,	*le Fils.* minorum.)
Voc.	ô	Fil i,	ô *Fils.*
Abl.		Fil io,	*du Fils.*

Déclinez de même *Genius*, et les noms propres en *ius* : Antonius, nii, *Antoine*; Horatius, tii, *Horace*; Pompeius, peii, *Pompée*; Virgilius, lii, *Virgile*.

Les noms *Deus*, *Agnus* et *Chorus*, ont le vocatif semblable au nominatif.

SING.			
Nom.		De us,	*Dieu.*
Gén.		De i,	*de Dieu.*
Dat.		De o,	*à Dieu.*
Acc.		De um,	*Dieu.*
Voc.	ô	De us,	ô *Dieu.*
Abl.		De o,	*de Dieu.*

LE PLURIEL (*chez les Païens.*)

Nom.		Di i,	*les Dieux.*
Gén.		De orum,	*des Dieux.*
Dat.		Di is,	*aux Dieux.*
Acc.		De os,	*les Dieux.*
Voc.	ô	Di i,	ô *Dieux.*
Abl.		Di is,	*des Dieux.*

Nom de la seconde déclinaison, tiré du grec.

SING.			
Nom.		Orph eus,	Orphée. (nom d'hom.)
Gén.		Orph ei, *ou* Orph eos, d'Orphée.	

Dat.	Orph eo,	à Orphée.
Acc.	Orph eum, Orph eon, Orphea, Orphée.	
Voc.	ô Orph eu,	ô Orphée.
Abl.	Orph eo,	d Orphée.

Déclinez de même : *Perseus*, Persée; *Theseus*, Thésée; *Morpheus*, Morphée.

TROISIÈME DÉCLINAISON.

Il y a des noms de la troisième déclinaison qui ont l'accusatif singulier en *im*, comme :

SING.	Nom.	Secur is,	la hache.
	Gén.	Secur is,	de la hache.
	Dat.	Secur i,	à la hache.
	Acc.	Secur im,	la hache.
	Voc.	ô Secur is,	ô hache.
	Abl.	Secur i,	de la hache.

Déclinez de même : *Sitis*, la soif; *tussis*, la toux; *pelvis*, un bassin; *vis*, *vis*, la force : les noms de fleuves en *is*, comme *Tiberis*, le Tibre; *Tigris*, le Tigre; *Araris*, la Saône.

Les noms *clavis*, *sementis*, ont l'accusatif en *em*, ou *im*. *Puppis*, *aqualis*, *restis*, *febris*, *turris*, font plutôt à l'accusatif *puppim* que *puppem*, etc. Au contraire, *navis*, *trigilis*, font plutôt *navem* que *navim*, etc.

L'ablatif singulier de la troisième déclinaison se forme de l'accusatif en retranchant *m*. Ainsi il y a des noms de la troisième déclinaison qui font l'ablatif singulier en *i*, comme *securi*, *siti*, etc.

De plus, les noms neutres dont le nominatif est en *e*, ou en *al* ou en *ar*, font l'ablatif singulier en *i*, comme :

SING.	Nom.	n Cubil e,	le lit.
	Gén.	Cubil is,	du lit.
	Dat.	Cubil i,	au lit.
	Acc.	Cubil e,	le lit.
	Voc.	ô Cubil e,	ô lit.
	Abl.	Cubil i,	du lit.

Les noms neutres qui ont l'ablatif en *i* ont le pluriel en *ia*, comme :

PLUR.			
Nom.	Cubil ia,		*les lits.*
Gén.	Cubil ium,		*des lits.*
Dat.	Cubil ibus,		*aux lits.*
Acc.	Cubil ia,		*les lits.*
Voc.	ô Cubil ia,		ô li s.
Abl.	Cubil ibus,		*des lits.*

Il y a des noms de la troisième déclinaison qui ont le génitif pluriel en *ium*, savoir :

1.º Les noms qui ont l'ablatif singulier en *i*, comme *cubilium*, *securium*, etc.

2.º Les noms en *es* et en *is* qui n'ont pas plus de syllabes au génitif qu'au nominatif, comme *clades*, *cladis*, *mensis*, *mensis*, etc., ont le génitif pluriel en *ium*, quoiqu'ils aient l'ablatif en *e*.

3.º Les monosyllabes, c'est-à-dire ceux qui n'ont qu'une seule syllabe au nominatif, comme *ars*, *lis*, *dos*, *nox*, etc., ont la plupart le génitif pluriel en *ium*.

L'usage apprendra les exceptions.

Les noms neutres terminés en *ma* ont un double datif et ablatif pluriels.

SING.			
Nom.	Poem a,		*le poëme.*
Gén.	Poem atis,		*du poëme.*
Dat.	Poem ati,		*au poëme.*
Acc.	Poem a,		*le poëme.*
Voc.	ô Poem a,		ô *poëme.*
Abl.	Poem ate,		*du poëme.*
PLUR.			
Nom.	Poem ata,		*les poëmes.*
Gén.	Poem atum,		*des poëmes.*
Dat.	Poem atis, *ou* Poem atibus,		*aux poëmes.*
Acc.	Poem ata,		*les poëmes.*
Voc.	ô Poem ata,		ô *poëmes.*
Abl.	Poem atis *ou* Poem atibus,		*des poëmes.*

Déclinez ainsi : *Ænigma*, *matis*, énigme; *diadema*, *matis*, diadème; *dogma*, *matis*, dogme; *stratagema*, *matis*, stratagème.

Le nom *bos*, *bovis*, fait au pluriel : nom. *boves*, gén. *boum*, dat. *bobus*, acc. *boves*, voc. *ô boves*, abl. *bobus*.

Noms de la troisième déclinaison, tirés du grec, en esis, isis.

SING.	*Nom.*	Hæres is,	*l'Hérésie.*
	Gén.	Hæres is, *ou* Hæres eos,	*de l'Hérésie.*
	Dat.	Hæres i,	*à l'Hérésie.*
	Acc.	Hæres im, *ou* Hæres in,	*l'Hérésie.*
	Voc.	ô Hæres is,	*ô Hérésie.*
	Abl.	Hæres i,	*de l'Hérésie.*
PLUR.	*Nom.*	Hæres es,	*les Hérésies.*
	Gén.	Hæres eon,	*des Hérésies.*
	Dat.	Hæres ibus,	*aux Hérésies.*
	Acc.	Hæres es,	*les Hérésies.*
	Voc.	ô Hæres es,	*ô Hérésies.*
	Abl.	Hæres ibus,	*des Hérésies.*

Ainsi se déclinent : *Poesis*, la poésie : *thesis*, la thèse ; *genesis*, la genèse ; *phrasis*, la phrase.

AUTRE NOM.

SING.	*Nom.*	Her os,	*le Héros.*
	Gén.	Her ois,	*du Héros.*
	Dat.	Her oi,	*au Héros.*
	Acc.	Her oem, *ou* Her oa,	*le Héros.*
	Voc.	ô Her os,	*ô Héros.*
	Abl.	Her oe,	*du Héros.*
PLUR.	*Nom.*	Her oes,	*les Héros.*
	Gén.	Her oum,	*des Héros.*
	Dat.	Her oibus,	*aux Héros.*
	Acc.	Her oes, *ou* Her oas,	*les Héros.*
	Voc.	ô Her oes,	*ô Héros.*
	Abl.	Her oibus,	*des Héros.*

Ainsi se déclinent les noms grecs, 1.º en *as*, comme *Pallas*, *Palladis*, acc. *adem*, ou *ada* ; *Arcas*, *Arcadis*, acc. *adem*, ou *ada*. 2.º En *er*, *aër*, *aëris*, l'air., acc. *aërem* ou *aëra* ; *æther*, *ætheris*, acc. *ætherem*, ou *æthera* ; *crater*, *crateris*, coupe. 3.º En *is*, *idis*, comme *Iris*, *Iridis*, arc-en-ciel, acc. *Iridem*, ou *Irida* ; on dit aussi *Irim* ; *Phyllis*, *lidis*, nom de femme, acc. *Philidem*, ou *Ida*. Mais les noms masculins en *is*, *idis*, font mieux *im*, ou *in*, comme *Daphnis*, acc. *Daphnim*, ou *Daphnin* ; *Paris*, acc. *Parim*, ou *Parin*. *Tigris*, *tigridis*, le tigre, *fait* seulement à l'accusatif *tigrin*, *tigrim*, ou *tigridem*. 4.º En *yx*, *ygis* : *Phryx*, *Phrygis*, *Phrygien*, acc. *Phrygem*, ou *Phryga*. 5.º Les noms de pays en *o*, *onis*, comme *Macedo*, *Macedonis*, Macedonien, acc. *Macedonem*, ou *Macedona*.

REMARQUE. Les accusatifs singuliers en *a* ne se disent guère qu'en poésie ; mais les accusatifs pluriels en *as* sont plus usités partout.

QUATRIÈME DÉCLINAISON.

Jésus, nom de Notre Sauveur, fait à l'accusatif *Jesum*, et à tous les autres cas il fait *Jesu*.

Les neuf noms suivans font *ubus* au datif et à l'ablatif pluriels : *arcus*, un arc, *arcubus*; *artus*, les membres du corps, *artubus*; *lacus*, un lac, *lacubus*; *tribus*, une tribu, *tribubus*; *portus*, un port, *portubus*; *quercus*, un chêne, *quercubus*; *specus*, une caverne, *specubus*; *partus*, l'enfantement, *partubus*; *veru*, une broche, *verubus*.

NOM IRRÉGULIER.

SING.	Nom.	Dom us,	la Maison.
	Gén.	Dom ûs et Dom i,	de la Maison.
	Dat.	Dom ui et Dom o,	à la Maison.
	Acc.	Dom um,	la Maison.
	Voc.	ô Dom us,	ô Maisons.
	Abl.	Dom o,	de la Maison.
PLUR.	Nom.	Dom us,	les Maisons.
	Gén.	Dom orum et Dom uum,	des Maisons.
	Dat.	Dom ibus,	aux Maisons.
	Acc.	Dom os et Dom us,	les Maisons.
	Voc.	ô Dom us,	ô Maisons.
	Abl.	Dom ibus,	des Maisons.

L'usage apprendra les autres exceptions.

REMARQUE *sur les Noms composés.*

Si le nom est composé de deux nominatifs, chaque nom se décline dans tous les cas. Ex. : Respublica, *la République*, G. Reipublicæ, D. Reipublicæ, Acc. Rempublicam, Abl. Republicà. *De même* jusjurandum, jurisjurandi, jurijurando.

Mais si le nom est composé d'un nominatif et d'un autre cas, on ne décline que celui qui est

au nominatif. Ex.: Pater familiâs, G. patris familiâs, D. patri familiâs.

NOMS DE NOMBRE.

Les noms de nombre servent à compter ou
à ranger les choses.

Il y a deux sortes de noms de nombre : le
Nombre Cardinal marque simplement le nombre, comme *unus*, *duo*, *tres*, un, deux, trois ;
le *Nombre Ordinal* marque l'ordre et le rang
de chaque chose, comme *primus*, *secundus*,
tertius, le premier, le second, le troisième.

Nombres Cardinaux.

SING. *Nom.* Unus, una, unum ; *Un, une, un.*
Gén. Unius,
Dat. Uni, } *de tout genre.*
Acc. Unum, unam, unum.
Abl. Uno, unâ, uno.

REMARQUE. Ainsi se déclinent :

1.º Ullus, ulla, ullum, *aucun, aucune*, sans négation ; G. ul-
lius ; D. ulli ; *Acc.* ullum, ullam, ullum ; *Abl.* ullo, ullâ, ullo.

2.º Nullus, nulla, nullum, *aucun, aucune, pas un* ; G. nul-
lius, etc.

3.º Solus, sola, solum, *seul, seule* ; G. solius ; D. soli ; *Acc.*
solum, solam, solum ; *Abl* solo, solâ, solo.

4.º Totus, tota, totum, *tout toute* ; G. totius ; D. toti, etc.

5.º Alius, alia, aliud, *autre* ; G. alius ; D. alii.

6.º Alter, altera, alterum, *autre* ; G. alterius ; D. alteri.

7.º Uter, utra, utrum, *lequel des deux* ; G. utrius ; D. utri.

Neuter, neutra, neutrum, *ni l'un ni l'autre* ; G. neutrius ; D.
neutri.

Uterque, utraque, utrumque, *l'un et l'autre* ; G. utriusque ;
D. utrique.

Alteruter, alterutra, alterutrum, *l'un ou l'autre* ; G. alteru-
trius ; D. alterutri.

PLUR. *Nom.* Duo, duæ, duo,   *deux.*
Gén. Duorum, duarum, duorum,   *de deux.*
Dat. Duobus, duabus, duobus,   *à deux.*
Acc. Duos, ou duo, duas, duo,   *deux.*
Abl. Duobus, duabus, duobus.   *de deux.*

Ainsi se décline *ambo, ambæ, ambo*, les deux, tous deux.

PLUR.	Nom.	Tres, tres, tria,	trois.
	Gén.	Trium,	
	Dat.	Tribus, }	de tout genre.
	Acc.	Tres, tres, tria,	trois.
	Abl.	Tribus,	de tout genre.

Les autres noms de nombre jusqu'à cent *, sont indéclinables : *quatuor*, quatre; *quinque*, cinq; *sex*, six; *septem*, sept; *octo*, huit; *novem*, neuf.

* Au dessous de *cent*, quand il y a deux mots pour exprimer un nombre, le moindre nombre se met le premier : ainsi l'on dit *unus et viginti, duo et viginti, tres et viginti*, etc.

SUPPLÉMENT AUX ADJECTIFS.

On distingue dans les adjectifs et les adverbes trois degrés de signification, le *positif*, le *comparatif* et le *superlatif*.

Le positif n'est autre chose que l'adjectif ou l'adverbe simple, comme saint, saintement, *sanctus, sanctè*.

Le comparatif est la signification de l'adjectif ou de l'adverbe dans un plus haut degré, comme *plus* saint, *plus* saintement, *sanctior, sanctiùs*. On connaît le comparatif, quand il y a *plus* devant un adjectif ou un adverbe.

Le superlatif est la signification de l'adjectif ou de l'adverbe dans le plus haut degré, comme *le plus* saint, *le plus* saintement, *sanctissimus, sanctissimè*.

On connaît le superlatif quand devant un adjectif ou un adverbe il y a *le plus, la plus, bien, très, fort*, etc. C'est encore un superlat. quand dev   *plus*   a mon, ton, son, notre, votre;   même mon p is fidèle ami.

5

Le comparatif latin se forme du cas de l'adjectif terminé en *i*, auquel on ajoute *or* pour le masculin et le féminin, et *us* pour le neutre et pour le comparatif adverbe : ainsi, du génitif *sancti*, on formera *sanctior*, masculin et féminin, *sanctius*, neutre ; du datif *forti*, on formera *fortior*, masc. et fém., *fortius*, neutre ; *sanctior* se décline sur *soror*, et *sanctius* comme *corpus*.

Le superlatif latin se forme aussi du cas de l'adjectif terminé en *i*, auquel on ajoute *ssimus*, *ssima*, *ssimum*, et pour le superl. adverbe, on ajoute *ssimè* : ainsi du génitif *sancti*, on formera *sanctissimus*, *a*, *um*, et *sanctissimè* : du dat. *forti*, on formera *fortissimus*, *a*, *um*, et *fortissimè*.

OBSERVATIONS.

1.° Les adjectifs en *er* forment leur superlatif du nominatif masc. en ajoutant *rimus* : *pulcher*, *pulcherrimus*, *rima*, *rimum*.

2.° Quelques adjectifs en *lis*, comme *facilis*, *difficilis*, *humilis*, *similis*, *gracilis*, *imbecillis*, forment leur superlatif en *illimus*, comme *facilis*, *facillimus* (mais *utilis* fait *utilissimus*, régulièrement.)

3.° Les adjectifs en *dicus*, *ficus*, *volus*, comme *maledicus*, *mirificus*, *benevolus*, forment leur comparatif en *entior*, et leur superlatif en *entissimus*. Ex. *Maledicus*, Comp. *maledicentior*, Sup. *maledicentissimus* ; *benevolus*, Comp. *benevolentior*, Sup. *benevolentissimus*.

4.º Les quatre adjectifs suivans forment leurs comp. et superl. très-irrégulièrement, *bonus*, bon, *melior*, meilleur, *optimus*, très-bon; *malus*, mauvais, *pejor*, pire, *pessimus*, très-mauvais; *magnus*, grand, *major*, plus grand, *maximus*, très-grand, *parvus*, petit, *minor*, plus petit, *minimus*, très-petit.

REMARQUE. Les adjectifs terminés en *ius*, *eus*, *uus*, n'ont ni comparatif ni superlatif; alors on exprime *plus*, par *magis*, avec le positif; et *le plus* par *maximè*. *Pius*, pieux, *magis pius*, plus pieux, *maximè pius*, très-pieux.

RÈGLE DES COMPARATIFS.

Doctior Petro.

Le comparatif veut à l'ablatif le nom qui suit, en supprimant le *que*; plus savant que Pierre, *doctior Petro*. On peut aussi exprimer le *que* par *quàm*, et mettre après le même cas que devant : Paul est plus savant que Pierre, *Paulus est doctior quàm Petrus*.

RÈGLE DES SUPERLATIFS.

Altissima arborum, ou *ex arboribus*, ou *inter arbores.*

Le superlatif veut le nom pluriel suivant au génitif ou à l'ablatif avec *è*, ou *ex*, ou à l'accusatif avec *inter*.

Ex. Le plus haut des arbres, *altissima arborum*, ou *ex arboribus*, ou *inter arbores*.

REMARQUE. Le superlatif prend le genre du nom *pluriel* qui suit : *altissima* est du féminin, parce que son régime *arborum* est du féminin.

SUPPLÉMENT AUX VERBES.

VERBES IRRÉGULIERS.

On appelle *irréguliers* les verbes qui, dans quelques-uns de leurs temps, ou quelques-unes de leurs personnes, se conjuguent autrement que les quatre dont nous avons parlé.

VERBE NEUTRE PASSIF
De la seconde Conjugaison.

On l'appelle *neutre passif*, parce qu'il a le parfait et les temps qui en sont formés, terminés en *us*, comme le passif. Il se conjugue comme *moneo*, excepté les parfaits, qui se conjuguent comme *monitus sum*, etc. C'est pourquoi on a indiqué seulement la première personne de chaque temps.

INDICATIF.

Présent.	Gaudeo, *je me réjouis*, etc.
Imparfait.	Gaudebam, *je me réjouissais*, etc.
Parfait.	Gavisus sum, *ou* fui, *je me suis réjoui*, etc.
Plus-que-p.	Gavisus eram, *ou* fueram, *je m'étais réjoui*, etc.
Futur.	Gaudebo, *je me réjouirai*, etc.
Futur passé.	Gavisus ero, *ou* fuero, *je me serai réjoui*, etc.

IMPÉRATIF.

Gaude, *ou* Gaudeto, *réjouis-toi*, etc.

SUBJONCTIF.

Présent.	Gaudeam, *que je me réjouisse*, etc.
Imparfait.	Gauderem, *que je me réjouisse, ou je me réjouirais.*
Parfait.	Gavisus sim, *ou* fuerim, *que je me sois réjoui*, etc.
Plus-que-p.	Gavisus essem, *ou* fuissem, *que je me fusse réjoui*, etc.

INFINITIF. — *Présent* et *Imparfait.*

Gaudere, *se réjouir.*

PARFAIT ET PLUS-QUE-PARFAIT.

Gavisum esse, *ou* fuisse, *s'être réjoui.*

FUTUR.

Gavisurum esse, *devoir se réjouir, qu'il se réjouira.*

FUTUR PASSÉ.

Gavisurum fuisse, *avoir dû se réjouir.*

PARTICIPE PRÉSENT.

Gaudens, Gaudentis, *se réjouissant.*

PARTICIPE PASSÉ.

Gavisus, gavisa, gavisum, *s'étant réjoui.*

PARTICIPE FUTUR.

Gavisurus, Gavisura, Gavisurum, *devant se réjouir.*

SUPINS.

Gavisum, *se réjouir.*
Gavisu, *à se réjouir.*

GÉRONDIFS.

Gaudendi, *de se réjouir.*
Gaudendo, *en se réjouissant.*
Gaudendum, *à se réjouir,* ou *pour se réjouir.*

Ainsi se conjuguent : *Audere, audeo, ausus sum,* oser; *solere, soleo, solitus sum,* avoir coutume.

VERBES IRRÉGULIERS
De la troisième Conjugaison.

INDICATIF. — *Présent.*

Sing.	Fero,	*je porte.*
	Fers,	*tu portes,*
	Fert,	*il porte.*
Plur.	Ferimus,	*nous portons.*
	Fertis,	*vous portez.*
	Ferunt,	*ils portent.*
Imparfait.	Ferebam,	*je portais,* etc.
Parfait.	Tuli,	*j'ai porté,* etc.
Plus-que-p.	Tuleram,	*j'avais porté,* etc.
Futur.	Feram,	*je porterai,* etc.
Futur passé.	Tulero,	*j'aurai porté,* etc.

IMPÉRATIF.

Sing.	Fer, *ou* ferto,	*porte.*
	Ferto (ille),	*qu'il porte.*
Plur.	Feramus,	*portons.*
	Ferte, *ou* fertote,	*portez.*
	Ferunto,	*qu'ils portent.*

SUBJONCTIF.

Présent.	Feram,	*que je porte,* etc.
Imparfait.	Ferrem,	*que je portasse,* ou *je porterais;* etc.

Parfait.　　　Tulerim , *que j'aie porté*, etc.
Plus-que-p.　Tulissem , *que j'eusse porté*, ou *j'aurais porté*, etc.

　　　　INFINITIF. — *Présent et Imparfait.*
　　　　Ferre ,　　　　*porter.*
　　　　　　PARFAIT ET PLUS-QUE-PARFAIT.
　　　　Tulisse ;　　　*avoir porté.*
　　　　　　　　　　FUTUR.
Laturum esse, *devoir porter*, *qu'il portera*, ou *qu'il porterait.*
　　　　　　　　FUTUR PASSÉ.
Laturum fuisse , *avoir dú porter* , *qu'il aurait porté.*
　　　　　　　PARTICIPE PRÉSENT.
　　　　Ferens ,　　　*portant.*
　　　　　　　PARTICIPE FUTUR.
Laturus , latura , laturum , *devant porter.*
　　　　　　　　　SUPIN.
　　　　Latum ,　　　　*porter.*
　　　　　　　　GÉRONDIFS.
　　　Ferendi ,　　　*de porter.*
　　　Ferendo ,　　　*en portant.*
　　　Ferendum ,　　*à porter* , ou *pour porter.*

　　Ainsi se conjuguent les composés de *fero*, comme *offero , offers* , *obtuli, oblatum, offerre , offrir* ; *differo, differs, distuli, dilatum* , *differre*, différer , etc.

━━━━━━━━━━━━━━━━━━━━━━━━━━━━

PASSIF, FEROR.

INDICATIF. — *Présent.*

Sing.　Feror ,　　　　　　*je suis porté.*
　　　　Ferris, *ou* ferre ,　*tu es porté.*
　　　　Fertur ,　　　　　*il est porté.*
Plur.　Ferimur ,　　　　*nous sommes portés.*
　　　　Ferimini ,　　　　*vous êtes portés.*
　　　　Feruntur ,　　　　*ils sont portés.*
Imparfait.　Ferebar ,　　*j'étais porté.*
Parfait.　Latus sum , *ou* fui , *j'ai été porté.*
Plus-que-p. Latus eram , *ou* fueram , *j'avais été porté*, etc.
Futur.　Ferar ,　　　　　*je serai porté*, etc.
Futur passé. Latus ero , *ou* fuero , *j'aurai été porté*, etc.

IMPÉRATIF.

Sing.　Ferre , *ou* fertor ,　*sois porté.*
　　　　Fertor (ille),　　　*qu'il soit porté.*
Plur.　Feramur ,　　　　*soyons portés.*
　　　　Ferimini ,　　　　*soyez portés.*
　　　　feruntur ,　　　　*qu'ils soient portés.*

SUBJONCTIF.

Présent.　Ferar , *que je sois porté*, etc.
Imparfait.　Ferrer , *que je fusse porté*, ou *je serais porté*, etc.

Parfait. Latus sim, *ou* fuerim, *que j'aie été porté*, etc.
Plus-que-p. Latus essem, *ou* fuissem, *que j'eusse été porté.*

INFINITIF. — *Présent et Imparfait.*

Ferri,   *être porté.*

PARFAIT et PLUS-QUE-PARFAIT.

Latum esse, *ou* fuisse, *avoir été porté.*

FUTUR.

Latum iri, *ou* ferendum esse, *devoir être porté.*

FUTUR PASSÉ.

Ferendum fuisse, *qu'il eût, ou qu'il aurait été porté.*

PARTICIPE PASSÉ.

Latus, lata, latum, *porté, ayant été porté.*

PARTICIPE FUTUR.

Ferendus, ferenda, ferendum, *devant être porté.*

SUPIN.

Latu,   *à être porté.*

VERBES IRRÉGULIERS
De la quatrième Conjugaison.

INDICATIF. — *Présent.*

Sing.	Eo,	*je vais, ou je vas.*
	Is,	*tu vas.*
	It,	*il va.*
Plur.	Imus,	*nous allons.*
	Itis,	*vous allez.*
	Eunt,	*ils vont.*
Imparfait.	Ibam,	*j'allais,* Ibas, etc.
Parfait.	Ivi,	*je suis allé.* Ivisti, etc.
Plus-que-p.	Iveram,	*j'étais allé.* Iveras, etc.
Futur.	Ibo,	*j'irai.* Ibis, etc.
Futur passé.	Ivero,	*je serai allé.* Iveris, etc.

IMPÉRATIF.

Sing.	I, *ou* ito,	*va.*
	Ito (ille),	*qu'il aille.*
Plur.	Eamus,	*allons.*
	Ite, *ou* itote,	*allez.*
	Eunto,	*qu'ils aillent.*

SUBJONCTIF.

Présent.	Eam,	*que j'aille.* Eas, etc.
Imparfait.	Irem,	*que j'allasse.* Ires, etc.
Parfait.	Iverim,	*que je sois allé.*
Plus-que-p.	Ivissem,	*que je fusse allé.*

INFINITIF. — *Présent et Imparfait.*

Ire,   *aller.*

PARFAIT et PLUS-QUE-PARFAIT.

Ivisse,   *être allé.*

FUTUR.

Iturum esse, *devoir aller, qu'il ira, ou qu'il irait.*

FUTUR PASSÉ.

Iturum fuisse, *avoir dû aller, qu'il serait allé.*

PARTICIPE PRÉSENT.

Iens, euntis, *allant, qui va.*

PARTICIPE FUTUR.

Iturus, itura, iturum, *devant aller, qui ira.*

SUPIN.

Itum, *aller;* itu, *à aller.*

GÉRONDIFS.

Eundi,   *d'aller.*
Eundo,   *en allant.*
Eundum,   *à aller, ou pour aller.*

Ainsi se conjuguent : *Exire, exeo, is,* sortir; *perire, pereo, is,* périr; *redire, redeo, is,* revenir; *adire, adeo, is,* aller trouver; *transire, transeo, is; præterire, prætereo, is,* passer outre, *ou* auprès.

VERBE FIO.

Quand le verbe *Fio* signifie *je deviens*, il est verbe substantif; et quand il signifie *être fait*, c'est le passif du verbe *facere.*

INDICATIF. — *Présent.*

Sing.	Fio,	*je deviens, ou je suis fait.*
	Fis,	*tu deviens.*
	Fit,	*il devient.*
Plur.	Fimus,	*nous devenons.*
	Fitis,	*vous devenez.*
	Fiunt,	*ils deviennent.*
Imparfait.	Fiebam,	*je devenais.* Fiebas, etc.
Parfait.	Factus sum, *ou* fui,	*je suis devenu.*
Plus-que-p.	Factus eram, *ou* fueram,	*j'étais devenu.*
Futur.	Fiam,	*je deviendrai.*
Futur passé.	Factus ero, *ou* fuero,	*je serai devenu.*

IMPÉRATIF.

Sing. Fi ,   deviens.
Plur. Fite , *ou* fitote ,   devenez.

SUBJONCTIF.

Présent.   Fiam , *que je devienne.* Fias, etc.
Imparfait. Fieram , *que je devinsse,* ou *je deviendrais.*
Parfait.   Factus sim , *ou* fuerim , *que je sois devenu.*
Plus-que-p. Factus essem , *ou* fuissem , *que je fusse devenu.*

INFINITIF — *Présent et Imparfait.*

Fieri ,   devenir.

PARFAIT et PLUS-QUE-PARFAIT.

. Factum esse , *ou* fuisse , *être devenu.*

FUTUR.

Factum iri , *ou* faciendum esse , *qu'il deviendra , ou qu'il devien-
drait.*

FUTUR PASSÉ.

Faciendum fuisse , *qu'il serait, ou qu'il fût devenu.*

PARTICIPE PASSÉ.

Factus, a , um , *étant devenu, ou ayant été fait.*

PARTICIPE FUTUR.

Faciendus , a , um , *devant être fait*

SUPIN.

Factu , *à faire , ou à être fait.*

VERBES, VOLO, NOLO, MALO.

INDICATIF. — *Présent.*

Sing.	Volo ,	*je veux.*
	Vis ,	*tu veux.*
	Vult ,	*il veut.*
Plur.	Volumus ,	*nous voulons.*
	Vultis ,	*vous voulez.*
	Volunt ,	*ils veulent.*
Imparfait.	Volebam ,	*je voulais,* etc.
Parfait.	Volui ,	*j'ai voulu,* etc.
Plus-que-p.	Volueram ,	*j'avais voulu ,* etc.
Futur.	Volam ,	*je voudrai.* Voles, etc.
Futur passé.	Voluero ,	*j'aurai voulu,* etc.

SUBJONCTIF. — *Présent.*

Sing.	Velim ,	*que je veuille.*
	Velis,	*que tu veuilles*
	Velit ,	*qu'il veuille.*
Plur.	Velimus ,	*que nous voulions.*
	Velitis ,	*que vous vouliez.*
	Velint.	*qu'ils veuillent.*

5...

Imparfait.   Vellem,   *que je voulusse, ou je voudrais.*
Parfait.   Voluerim,   *que j'aie voulu.*
Plus-que-p. Voluissem, *que j'eusse voulu, ou j'aurais voulu.*

INFINITIF. — *Présent et Imparfait.*

Velle,   *vouloir.*

PARFAIT ET PLUS-QUE-PARFAIT.

Voluisse,   *avoir voulu.*

PARTICIPE PRÉSENT.

Volens,   *voulant, qui veut.*

Ainsi se conjuguent : *Nolo*, je ne veux pas, et *malo*, j'aime mieux.

INDICATIF. — *Présent.*

Sing. Nolo,   *je ne veux pas.*
         Non vis,   *tu ne veux pas.*
         Non vult,   *il ne veut pas.*
Plur. Nolumus,   *nous ne voulons pas.*
         Non vultis,   *vous ne voulez pas.*
         Nolunt,   *ils ne veulent pas.*

IMPÉRATIF.

Sing. Noli, *ou* nolito,   *ne veuille pas.*
         Nolito (ille),   *qu'il ne veuille pas.*
Plur. Nolimus,   *ne veuillons pas.*
         Nolite, *ou* nolitote,   *ne veuillez pas.*
         Nolunto,   *qu'ils ne veuillent pas.*

SUBJONCTIF. — *Présent.*

Nolim,   *que je ne veuille pas.*

INFINITIF. — *Présent.*

Nolle,   *ne vouloir pas.*

INDICATIF. — *Présent.*

Sing. Malo,   *j'aime mieux.*
         Mavis,   *tu aimes mieux.*
         Mavult,   *il aime mieux.*
Plur. Malumus,   *nous aimons mieux.*
         Mavultis,   *vous aimez mieux.*
         Malunt,   *ils aiment mieux.*

SUBJONCTIF. — *Présent.*

Malim,   *que j'aime mieux.*

INFINITIF. — *Présent et Imparfait.*

Malle,   *aimer mieux.*

VERBES IRRÉGULIERS,

Composés de SUM.

INDICATIF. — *Présent.*

Sing.	Possum,	je peux ou je puis.
	Potes,	tu peux.
	Potest,	il peut.
Plur.	Possumus,	nous pouvons.
	Potestis,	vous pouvez.
	Possunt,	ils peuvent.
Imparfait.	Poteram,	je pouvais. Poteras, etc.
Parfait.	Potui,	j'ai pu. Potuisti, etc.
Plus-que-p.	Potueram,	j'avais pu. Potueras, etc.
Futur.	Potero,	je pourrai. Poteris, etc.
Futur passé.	Potuero,	j'aurai pu, etc.

SUBJONCTIF.

Présent.	Possim,	que je puisse. Possis, etc.
Imparfait.	Possem,	que je pusse, ou je pourrais.
Parfait.	Potuerim,	que j'aie pu.
Plus-que-p.	Potuissem,	que j'eusse pu, ou j'aurais pu, etc.

INFINITIF. — *Présent* et *Imparfait.*

Posse,	pouvoir.

PARFAIT et PLUS-QUE-PARFAIT.

Potuisse,	avoir pu.

PROSUM, JE SERS.

Sing.	Prosum,	je sers.
	Prodes,	tu sers.
	Prodest,	il sert.
Plur.	Prosumus,	nous servons.
	Prodestis,	vous servez.
	Prosunt,	ils servent.
Imparfait.	Proderam,	je servais, etc.
Parfait.	Profui,	j'ai servi, etc.
Plus-que-p.	Profueram,	j'avais servi, etc.
Futur.	Prodero,	je servirai, etc.
Futur passé.	Profuero,	j'aurai servi, etc.

IMPÉRATIF.

Sing. Prodes, ou prodesto, *sers.*
　　　Prodesto (ille), 　　　*qu'il serve.*
Plur. Prosimus, 　　　　　*servons.*
　　　Prodeste, *ou* prodestote, *servez.*
　　　Prosunto, 　　　　　　*qu'ils servent.*

SUBJONCTIF.

Présent. 　Prosim, 　　　　　*que je serve.*
Imparfait. Prodessem, *que je servisse, ou je servirais, etc.*
Parfait. 　Profuerim, 　　　*que j'aie servi, etc.*
Plus-que-p. profuissem, *que j'eusse, ou j'aurais servi, etc.*

INFINITIF. — *Présent et Imparfait.*

Prodesse, 　　　　　*servir.*

PARFAIT ET PLUS-QUE-PARFAIT.

Profuisse, 　　　　　*avoir servi.*

FUTUR.

Profuturum esse, *devoir servir, qu'il servira.*

FUTUR PASSÉ.

Profuturum fuisse, *qu'il eût, ou qu'il aurait servi.*

PARTICIPE FUTUR.

Profuturus, a, um, *devant servir.*

AUTRE VERBE IRRÉGULIER.

Queo, *n'a guère que les temps et les person-*
nes qui suivent :

INDICATIF. — *Présent.*

Sing. 　　Queo, 　　　　　*je peux, ou je puis.*
　　　　　Quis, 　　　　　*tu peux.*
　　　　　Quit, 　　　　　*il peut.*
Plur. 　　Quimus, 　　　　*nous pouvons.*
　　　　　Quitis, 　　　　*vous pouvez.*
　　　　　Queunt, 　　　　*ils peuvent.*
Imparfait. Quibam, 　　　*je pouvais.* Quibamus.
Parfait. 　Quivi, 　　　　*j'ai pu.*
　　　　　Quivimus, 　　　*nous avons pu.*
Plus-que-p. Quiveram, 　　*j'avais pu.*
Futur. 　　Quibo, 　　　　*je pourrai.*
Futur passé. Quivero, 　　*j'aurai pu.*

SUBJONCTIF. — *Présent.*

Sing.	Queam,	*que je puisse.*
	Queas,	*que tu puisses.*
	Queat,	*qu'il puisse.*
Plur.	Queamus,	*que nous puissions.*
	Queatis,	*que vous puissiez.*
	Queant,	*qu'ils puissent.*
Imparfait.	Quirem,	*que je puisse, ou je pourrais.*
	Quiremus,	*que nous pussions.*
Parfait.	Quiverim,	*que j'aie pu.*
	Quiverimus,	*que nous ayons pu.*
Plus-que-p.	Quivissem,	*que j'eusse pu.*
	Quivissemus,	*que nous eussions pu.*

INFINITIF. — *Présent* et *Imparfait.*

Quire,	*pouvoir.*

PARFAIT ET PLUS-QUE-PARFAIT.

Quivisse,	*avoir pu.*

Ainsi se conjugue *nequire, nequeo,* ne pouvoir pas.

VERBES DÉFECTUEUX.

On appelle *défectueux*, les verbes auxquels il manque plusieurs personnes ou plusieurs temps.

INDICATIF. — *Présent.*

Sing.	Memini,	*je me souviens.*
	Meministi,	*tu te souviens.*
	Meminit,	*il se souvient.*
Plur.	Meminimus,	*nous nous souvenons.*
	Meministis,	*vous vous souvenez.*
	Meminerunt, *ou* meminêre,	*ils se souviennent.*
Imparfait.	Memineram,	*je me souvenais.*
	Memineras,	*tu te souvenais.*

Point de parfait ni de plus-que-parfait.

FUTUR.

Sing.	Meminero,	*je me souviendrai.*
	Memineris,	*tu te souviendras.*
	Meminerit,	*il se souviendra.*
Plur.	Meminerimus,	*nous nous souviendrons.*
	Memineritis,	*vous vous souviendrez.*
	Meminerint,	*ils se souviendront.*

IMPÉRATIF.

Sing.	Memento,	*souviens-toi.*
	Memento (ille),	*qu'il se souvienne.*
Plur.	Mementote,	*souvenez-vous.*

SUBJONCTIF.

Présent.	Meminerim,	*que je me souvienne.*
	Memineris,	*que tu te souviennes.*
Imparfait.	Meminissem,	*que je me souvinsse, ou je me (souviendrais.*
	Meminisses,	*que tu te souvinsses, ou tu te (souviendrais, etc.*

INFINITIF. — *Présent* et *Imparfait.*

Meminisse,	*se souvenir.*

Ainsi se conjuguent *novi*, je connais; *cœpi*, je commence; *odi*, je hais : ce dernier fait au prétérit *osus sum*, ou *fui*, j'ai haï, etc., et au plus-que-parfait *osus eram*, ou *fueram*; j'avais haï, etc. mais ils n'ont pas d'impératif.

AIO, JE DIS.

INDICATIF. Présent.

S. Aio, *je dis.*
    Ais, *tu dis.*
    Ait, *il dit.*
P. Aiunt, *ils disent.*

IMPARFAIT.

S. Aiebam, *je disais.*
    Aiebas, *tu disais.*

PARFAIT.

S. Aisti, *tu as dit.*
P. Aistis, *vous avez dit.*

SUBJONCTIF. Présent.

S. Aias, *que tu dises.*
    Aiat, *qu'il dise.*

PARTICIPE PRÉSENT.

Aiens, aientis, *disant.*

INQUAM, DIS-JE.

INDICATIF.
PRÉSENT.

S. Inquam, *dis-je.*
    Inquis, *dis-tu.*
    Inquit, *dit-il.*
P. Inquimus, *disons-nous.*
    Inquitis, *dites-vous.*
    Inquiunt, *disent-ils.*

IMPARFAIT.

Inquiebat, *disait-il.*
Inquiebant, *disaient-ils.*

PARFAIT.

Inquisti, *as-tu dit.*
Inquit, *a-t-il dit.*
Inquistis, *avez-vous dit.*

FUTUR.

Inquies, *diras-tu.*
Inquiet, *dira-t-il.*

IMPÉRATIF.

Inque, inquito, *dis.*

SUBJONCTIF.

Inquiat, *qu'il dise.*

VERBES IMPERSONNELS *.

On appelle *impersonnels* les verbes qui n'ont que la troisième personne du singulier.

OPORTET, IL FAUT.

INDICATIF.	SUBJONCTIF.
PRÉSENT.	PRÉSENT.
Oportet, *il faut.*	Oporteat, *qu'il faille.*
IMPARFAIT.	IMPARFAIT.
Oportebat, *il fallait.*	Oporteret, *qu'il fallût,* ou (*qu'il faudrait.*
PARFAIT.	PARFAIT.
Oportuit, *il a fallu.*	Oportuerit, *qu'il ait fallu.*
PLUS-QUE-PARFAIT.	PLUS-QUE-PARFAIT.
Oportuerat, *il avait fallu.*	Oportuisset, *qu'il eût fallu.*
FUTUR.	INFINITIF. Présent.
Oportebit, *il faudra.*	Oportere, *falloir.*
FUTUR PASSÉ.	PARFAIT.
Oportuerit, *il aura fallu.*	Oportuisse, *avoir fallu.*

Ainsi se conjuguent *decet*, il convient; *licet*, il est permis; *libet*, il plaît ; *liquet*, il est clair.

VERBE POENITET.

Ce verbe se conjugue dans tous ses temps avec les pronoms accusatifs *me, te, illum, illam* (ou un nom) au singulier; et *nos, vos, illos, illas* (ou un nom) au pluriel.

INDICATIF. — *Présent.*

Sing.	me Pœnitet,	*je me repens.*
	te Pœnitet,	*tu te repens.*
illum, illam Pœnitet,		*il, elle se repent.*
Plur.	nos Pœnitet,	*nous nous repentons.*
	vos Pœnitet,	*vous vous repentez.*
illos, illas Pœnitet,		*ils, elles se repentent.*
Imparfait me Pœnitebat,		*je me repentais.*

* C'est-à-dire, auxquels il manque des personnes ont été plus exactement appelés *unipersonnels.*

Parfait.	me Pœnituit,	*je me suis repenti.*
Plus-que p.	me Pœnituerat,	*je m'étais repenti.*
Futur.	me Pœnitebit,	*je me repentirai.*
Futur passé.	me Pœnituerit,	*je me serai repenti.*

SUBJONCTIF.

Présent.	me Pœniteat,	*que je me repente.*
Imparfait.	me Pœniteret,	*que je me repentisse, ou je me (repentirais.*
Parfait.	me Pœnituerit,	*que je me sois repenti.*
Plus-que-p.	me Pœnituisset,	*que je me fusse repenti, ou je (me serais repenti.*

INFINITIF. — *Présent* et *Imparfait.*

Pœnitere, *se repentir.*

PARFAIT ET PLUS-QUE-PARFAIT.

Pœnituisse, *s'être repenti.*

PARTICIPE PRÉSENT.

Pœnitens, pœnitentis, *se repentant.*

PARTICIPE FUTUR PASSIF.

Pœnitendus, pœnitenda, pœnitendum, *dont on doit se repentir.*

GÉRONDIFS.

Pœnitendi, *de se repentir;* pœnitendo, *en se repentant;* pœni-
(tendum, *à se repentir,* ou *pour se repentir.*
  Ainsi se conjuguent *me pudet,* j'ai honte; *me piget,* je suis fâché; *me tædet,* je m'ennuie; *me miseret,* j'ai compassion.

IMPERSONNEL PASSIF.

L'impersonnel passif est la troisième personne du singulier passif dans tous les temps.

INDICATIF. — *Présent.*
Dicitur, *on dit.*

IMPARFAIT.
Dicebatur, *on disait.*

PARFAIT.
Dictum est *ou* fuit.

PLUS-QUE-PARFAIT.
Dictum erat *ou* fuerat.

FUTUR.
Dicetur, *on dira.*

FUTUR PASSÉ.
Dictum erit *ou* fuerit.

SUBJONCTIF. — *Présent.*
Dicatur, *qu'on dise.*

IMPARFAIT.
Diceretur, *qu'on dît.*

PARFAIT.
Dictum sit *ou* fuerit.

PLUS-QUE-PARFAIT.
Dictum esset *ou* fuisset.

On peut faire impersonnels tous les verbes actifs et neutres.

SECONDE PARTIE.

SYNTAXE LATINE.

La Syntaxe est la manière de joindre ensemble les mots d'une phrase, et les phrases entr'elles.

Il y a deux sortes de Syntaxe; la Syntaxe d'*accord*, par laquelle on fait accorder deux mots en genre, en nombre, etc., et la Syntaxe de *régime*, par laquelle un mot régit un autre mot à tel cas, à tel mode, etc.

SYNTAXE DES NOMS.

Accord des deux Noms.

Ludovicus Rex. — *Règle.* Quand deux ou plusieurs noms désignent une seule et même personne, une seule et même chose, ces noms se mettent au même cas.

Exemple. Louis roi, *Ludovicus Rex* ; de Louis roi, *Ludovici Regis*, etc. — Esope auteur, *Æsopus auctor* ; à Esope auteur *Æsopo auctori* ; la ville de Rome, *urbs Roma* : les Latins disaient : *la ville Rome.*

REMARQUE. *De* entre deux noms n'empêche pas de mettre ces deux noms au même cas, lorsqu'on peut tourner *de* par *qui s'appelle* : la ville de Rome ; *tournez*, la ville *qui s'appelle* Rome.

Régime des Noms.

I. Liber *Petri.* — *Règle.* Lorsque *de, du, des*, entre deux noms, ne peuvent pas se tourner par *qui s'appelle*, on met le second au génitif.

Ex. Le livre de Pierre, *liber Petri ;* la bonté de Dieu, *bonitas Dei.*

Souvent au lieu du génitif on se sert d'un adjectif qui a la même valeur. Ex. La bonté de Dieu ; *tournez,* la bonté divine, *bonitas divina :* le parlement de Paris ; *tournez,* le parlement parisien, *Senatus parisiensis.*

REMARQUE. Quand le nom qui suit *de* exprime une qualité bonne ou mauvaise, on peut mettre ce nom ou à l'ablatif ou au génitif : un enfant d'un bon naturel, *puer egregiâ indole,* ou *egregiæ indolis ;* d'un mauvais naturel, *pravâ indole,* ou *pravæ indolis.*

II. Tempus *legendi.* — *De* entre un nom de chose inanimée et un infinitif français, se rend en latin par le gérondif en *di,* qui est un véritable génitif.

Ex. Le temps de lire, *tempus legendi ;* de lire l'histoire, *tempus legendi historiam.*

(Les gérondifs gouvernent le même cas que les verbes d'où ils viennent.)

REMARQUE. Si le verbe latin gouverne l'accusatif, au lieu du gérondif en *di,* il est mieux d'employer le participe en *dus, da, dum,* que l'on met au génitif, en le faisant accorder avec le nom en genre, en nombre et en cas ; ainsi au lieu de dire *tempus legendi historiam,* on dit mieux, *tempus legendæ historiæ.*

De entre un nom et un infinitif se rend quelquefois par l'infinitif latin ; c'est lorsque cet infinitif peut servir de nominatif à la phrase. Ex. C'est un péché de mentir ; *tournez,* mentir est un péché, *culpa est mentiri.*

SYNTAXE DES ADJECTIFS.

Accord de l'adjectif avec le nom.

I. Deus *sanctus.* — *Règle.* L'adjectif s'accorde en genre, en nombre et en cas avec le nom auquel il se rapporte.

Ex. Dieu saint, *Deus sanctus ;* du Dieu saint, *Dei sancti ;* Vierge sainte, *Virgo sancta ;* de la Vierge sainte, *Virginis sanctæ ;* temple saint, *templum sanctum ;* du temple saint, *templi sancti.*

II. Pater et filius *boni*, mater et filia *bonæ.*
— Quand un adjectif se rapporte à deux noms, on met cet adjectif au pluriel, parce que deux singuliers valent un pluriel.

Ex. Le père et le fils bons, *pater et filius boni ;* la mère et la fille bonnes, *mater et filia bonæ.*

III. Pater et mater *boni.* — Quand un adjectif se rapporte à deux noms de différens genres, l'adjectif prend le plus noble des deux genres. (Le masculin est plus noble que les deux autres ; le féminin est plus noble que le neutre.)

Ex. Le père et la mère bons, *pater et mater boni.*

IV. Virtus et vitium *contraria.* — Quand les deux noms sont des choses inanimées, c'est-à-dire sans vie, l'adjectif qui s'y rapporte se met au pluriel neutre. (*Il n'y a d'animé que les hommes et les bêtes.*)

Ex. La vertu et le vice contraires, *virtus et vitium contraria* (1).

V. Turpe est *mentiri.* — L'adjectif qui ne se rapporte à aucun nom précédent se met au neutre.

Ex. Il est honteux de mentir, *turpe est mentiri* (2).

_____

(1) Lorsque deux adjectifs sont joints ensemble, le premier se change en adverbe Ex. Les vrais sages, *veré sapientes*, c'est-à-dire, les hommes vraiment sages.

(2) L'infinitif *mentiri* est un véritable nom avec lequel s'accorde l'adjectif *turpe :* le mentir est honteux.

Il est honteux d'être paresseux, *turpe est esse pigrum*.

DEUS EST SANCTUS. — Credo Deum esse sanctum.

L'adjectif qui suit immédiatement le verbe *sum* se met au même cas que le nom ou pronom qui précède le verbe, et auquel il se rapporte.

Ex. Dieu est saint, *Deus est sanctus*.

Je crois que Dieu est saint, *credo Deum esse sanctum*. (En latin on dit, *je crois Dieu être saint.*)

Il ne m'est pas permis d'être paresseux, *mihi non licet esse pigro*.

Si cependant le nom qui précède était au génitif, il faudrait mettre l'adjectif à l'accusatif. Ex. Il importe à un jeune homme d'être laborieux, *refert adolescentis esse impigrum*.

Remarque. On observe la même règle après tout autre verbe, quand l'adjectif le suit immédiatement. Ex. Le geai revint tout chagrin, *graculus rediit mœrens* ; Aristide mourut pauvre, *Aristides mortuus est pauper* ; je m'appelle lion, *ego nominor leo*.

RÉGIME DES ADJECTIFS.

I. *Adjectifs qui gouvernent le génitif.*

Avidus *laudum*. — *Règle.* Les adjectifs *avidus*, avide, *cupidus*, qui désire, *studiosus*, qui a du goût pour, *peritus*, habile dans, *expers*, qui manque, *patiens*, qui souffre, *rudis*, qui ne sait pas, *memor*, qui se souvient, *immemor*, qui ne se souvient pas, *plenus*, plein, *etc.*, gouvernent le génitif.

Ex. Avide de louanges, *avidus laudum* ; ha

bile dans la musique, *peritus musicæ ;* plein de vin, *plenus vini.* (On trouve quelquefois *plenus* avec un ablatif : *plenus vino.*)

Cupidus *videndi.* — Quand les adjectifs *avide,* etc. sont suivis d'un infinitif français, on met en latin cet infinitif au gérondif en *di.*

Ex. Curieux de voir, *cupidus videndi :* de voir la ville, *videndi urbem,* et mieux, *videndæ urbis,* comme nous avons dit plus haut, page 114.

II. *Adjectifs qui gouvernent le génitif,* ou *le datif.* Similis *patris,* ou *patri.* — *Similis,* semblable, *par, æqualis,* égal, *affinis,* allié, gouvernent le génitif ou le datif.

Ex. Semblable à son père, *similis patris,* ou *patri ;* allié au roi, *affinis regis,* ou *regi.*

III. *Adjectifs qui gouvernent le datif seulement.* Mihi utile *est.* — *Utilis,* utile à, *commodus,* avantageux à, *infensus, iratus,* irrité contre, *assuetus,* accoutumé à, *aptus, idoneus,* propre à, gouvernent le datif.

Ex. Cela m'est utile, *id mihi utile est ;* corps accoutumé au travail, *corpus assuetum labori.*

Quand ces adjectifs sont suivis d'un infinitif français, on met en latin cet infinitif au gérondif en *do.* (Le gérondif en *do* est ici un véritable datif.)

Ex. Corps accoutumé à supporter le travail, *corpus assuetum tolerando laborem,* ou mieux, *tolerando labori,* en se servant du participe en *dus, da, dum,* et le faisant accorder avec le nom.

REMARQUE. Après *aptus*, *idoneus* et *natus*, on peut mettre l'accusatif avec *ad*. Ex. Propre à la guerre, *aptus ad militiam*; né pour les armes, *natus ad arma*.

IV. *Adjectifs qui gouvernent l'accusatif avec ad.* Propensus *ad lenitatem.* — *Propensus, pronus, proclivis,* porté à.... et tous les adjectifs qui marquent un penchant ou une inclination à quelque chose, gouvernent l'accusatif avec *ad*.

Ex. Porté à la douceur, *propensus ad lenitatem.*

Quand ces adjectifs sont suivis d'un infinitif en français, on met en latin cet infinitif au gérondif en *dum* (le gérondif en *dum* est un véritable accusatif.)

Ex. Prompt à se mettre en colère, *pronus ad irascendum;* à venger une injure, *ad ulciscendum injuriam*, et mieux *ad ulciscendam injuriam.*

V. *Adjectifs qui gouvernent l'accusatif sans préposition.* — Populabundus *agros.*

Les adjectifs en *bundus* gouvernent l'accusatif quand ils viennent d'un verbe qui régit ce cas.

Ex. Ravageant les campagnes, *populabundus agros.*

VI. *Adjectifs qui gouvernent l'ablatif.* — Præditus *virtute. Præditus,* doué de; *dignus,* digne de; *indignus,* indigne de; *contentus,* content de, *etc.,* gouvernent l'ablatif.

Ex. Jeune homme doué de vertu, *adolescens virtute præditus;* digne de louange, *dignus laude;* content de son sort, *contentus suâ sorte.*

Remarque. On trouve quelquefois *dignus* avec le génitif.

VII. Mirabile *visu*. —. Après les adjectifs *admirable à*, *facile à*, *difficile à*, etc., l'infinitif français se rend en latin par le supin en *u*.

Ex. Chose admirable à voir (tournez à être vue), *res visu mirabilis*, ou *mirabile visu*. (Quand on n'exprime pas le mot chose, l'adjectif latin se met au neutre.)

Chose facile à dire, *res dictu facilis ;* à trouver, *inventu*.

Remarque. Si le verbe latin n'a point de supin, tournez la phrase de cette manière : ma leçon est difficile à étudier : dites, il est difficile d'étudier ma leçon, *difficile est studere lectioni meæ*.

SYNTAXE DES COMPARATIFS
Et Superlatifs.
COMPARATIFS.

I. Doctior *Petro*. — Après le comparatif exprimé par un seul mot latin, on met le nom à l'ablatif en supprimant le *que*.

Ex. Plus savant que Pierre, *doctior Petro*.

La vertu est plus précieuse que l'or, *virtus est pretiosior auro*. (On sous-entend *præ*, en comparaison de.)

Remarque. On peut après le comparatif exprimer *que* par *quàm*, et mettre après même cas que devant.

Ex. Paul est plus savant que Pierre, *Paulus est doctior quàm Petrus*. — Je ne connais personne plus savant que Paul, *neminem novi doctiorem quàm Paulum*.

II. Felicior *quàm prudentior*. — Felicius, *quàm prudentiùs*.

Qand après un comparatif le *que* est suivi d'un adjectif ou d'un adverbe, cet adjectif ou cet adverbe se met encore au comparatif et au même cas que le premier.

Ex. Il est plus heureux que prudent, *felicior est quàm prudentior.*

Ils envoyèrent un général plus hardi qu'habile, *miserunt ducem audaciorem quàm peritiorem.*

III. Magìs pius *quàm tu.* — Quand l'adjectif latin n'a point de comparatif, on exprime *plus* par *magis*, et alors le *que* s'exprime toujours par *quàm* avec même cas après que devant.

Ex. Il est plus pieux que vous, *magis pius est quàm tu.*

REMARQUE. Presque tous les adjectifs qui finissent par *eus*, *ius*, *uus*, n'ont ni comparatif ni superlatif en latin.

IV. Majori virtute *præditus.* — Quand l'adjectif français se rend en latin par deux mots (un adjectif et un nom), l'on exprime *plus* par *major, majus ; moins* par *minor, minus*, que l'on fait accorder avec le nom.

Ex. Plus vertueux, *majori virtute præditus*, et non pas *magis virtute præditus ;* moins vertueux, *minori virtute præditus.*

V. Doctior est *quàm putas.* — Si le *que* après le comparatif est suivi d'un verbe, on exprime toujours *que*, et l'on met en latin le même temps que dans le français.

Ex. Il est plus savant que vous ne pensez, *doctior est quàm putas.* (*Ne* qui suit le comparatif français ne s'exprime point en latin.)

Rien n'est plus honteux que de mentir, *nihil turpius est quàm mentiri.*

SUPERLATIF.

I. *Altissima arborum*, ou *ex arboribus*, ou *inter arbores*. — *Règle*. Le superlatif veut le nom *pluriel* qui le suit au génitif, ou à l'ablatif avec *ex*, ou à l'accusatif avec *inter*.

Ex. Le plus haut des arbres, *altissima arborum*, ou *ex arboribus*, ou *inter arbores*.

REMARQUE. Le superlatif prend le même genre que le nom pluriel qui le suit : *altissima* est du féminin, parce que son régime *arborum* est du féminin.

Mais si le régime du superlatif était un nom *singulier*, le superlatif ne s'accorderait pas en genre avec ce nom, et alors il ne gouverne que le génitif.

Ex. Le plus riche de la ville, *ditissimus urbis* ; (on sous-entend *homo*), c'est-à-dire, l'homme le plus riche de la ville.

II. *Validior manuum*. Quand on ne parle que de deux choses, au lieu du superlatif qui est dans le français, on met le comparatif en latin.

Ex. La plus forte des deux mains, *validior manuum*.

III. Maximè omnium *conspicuus*. Quand l'adjectif latin n'a point de superlatif, on se sert de *maximè* avec le positif.

Ex. Le plus remarquable de tous, *maximè omnium conspicuus.**

REMARQUE. Les noms que l'on appelle *partitifs*, c'est-à-dire, qui marquent la partie d'un plus grand nombre, comme *unus*, *quis*, *aliquis*, *nemo*, *etc.*, gouvernent le même cas que le superlatif.

* Quand le superlatif pluriel en français n'est pas suivi d'un génitif, il faut ajouter *quisque* au superlatif latin : les plus honnêtes gens le favorisent, *optimus quisque illi favet*.

Ex. Un des soldats, *unus militum*, ou *ex militibus*, ou *inter milites.*

Qui de nous, *quis nostrûm*, et non pas *nostrí*; qui de vous, *quis vestrûm :* (on ne se sert de *nostrí*, *vestrí*, qu'après un verbe ou un nom qui n'est point partitif.)

SYNTAXE DES VERBES.

Accord du verbe avec le nominatif, ou *sujet.*

I. Ego *audio.* — *Règle.* Tout verbe, quand il n'est pas à l'infinitif, s'accorde avec son nominatif en nombre et en personne.

Ex. J'écoute, *ego audio;* vous enseignez, *tu doces;* il lit, *ille legit.*

REMARQUE. On sous-entend ordinairement le pronom nominatif : ainsi l'on dit simplement *audio*, *doces*, *legit*; il faut cependant l'exprimer, quand il y a des verbes dont le sens est opposé, ou quand la phrase contient quelque chose de vif.

Ex. Vous riez, et je pleure, *tu rides, ego fleo.*

Vous osez parler ainsi? *tu loqui sic audes?*

II. Petrus et Paulus *ludunt.* — *Règle.* Quand un verbe a deux nominatifs singuliers, on met ce verbe au pluriel, parce que deux singuliers valent un pluriel.

Ex. Pierre et Paul jouent, *Petrus et Paulus ludunt.*

III. Ego et tu *valemus.* — *Règle.* Si les nominatifs d'un même verbe sont de différentes personnes, le verbe prend la plus noble des deux personnes; la première est plus noble que les deux autres, la seconde est plus noble que la troisième.

Ex. Vous et moi nous nous portons bien, *ego et tu valemus.*

Vous et votre frère vous causez, *tu frater-que garritis.*

REMARQUE. En français la première personne se nomme après les autres : c'est le contraire en latin.

IV. Turba *ruit*, ou *ruunt.* — *Règle.* Quand le nominatif est un nom *collectif,* le verbe peut se mettre au pluriel. (On appelle *collectif* un nom qui, quoiqu'au singulier, signifie plusieurs personnes ou plusieurs choses.) Exemple. La foule se précipite, *turba ruunt,* ou *ruit.*

RÉGIME DES VERBES.

Verbes qui gouvernent l'accusatif.

I. Amo *Deum.* — *Règle.* Tout verbe actif gouverne l'accusatif.

Ex. J'aime Dieu, *amo Deum;* vous instruisez les enfans, *docés pueros;* il écoute le maître, *audit magistrum.*

II. Imitor *patrem.* — Plusieurs verbes déponens ont la force des verbes actifs, et gouvernent l'accusatif.

Ex. J'imite mon père, *imitor patrem;* nous admirons la vertu, *miramur virtutem.*

III. Musica *me juvat,* ou *delectat.* — Les verbes *juvat, delectat,* il fait plaisir ; *manet,* il est réservé; *decet,* il convient, et *fugit, fallit, præterit,* employés pour exprimer le verbe français *ignorer;* veulent au nominatif le nom

de la chose qui fait plaisir, qui convient, etc.,
et le nom de la personne à l'accusatif.

Ex. La musique me fait plaisir, *mot à mot*,
me réjouit, *musica me juvat*, ou *delectat*.

Une gloire éternelle nous est réservée, *mot
à mot*, nous attend, *gloria æterna nos manet*.

Quand *attendre* a pour nomin. un nom de chose on l'exprime
par *manere*; quand c'est un nom de personne, par *expectare*.

Nous ignorons bien des choses, *mot à mot*,
bien des choses nous échappent, nous trom-
pent, nous passent, *multa nos fugiunt, fallunt,
prætereunt*.

Vous savez cela, *ou* vous n'ignorez pas cela,
id te non fugit, fallit, præterit.

Verbes qui gouvernent le datif.

I. Studeo *grammaticæ*. — *Règle*. La plupart des verbes neutres gouvernent le datif.

Ex. J'étudie la grammaire, *studeo grammaticæ*.

Nous favorisons la noblesse, *favemus nobilitati*.

Il a contenté le maître, *satisfecit præcep-
tori*.

II. Defuit *officio*. — Les composés du verbe
sum gouvernent le datif, excepté *absum*, qui
veut l'ablatif avec *à* ou *ab*.

Ex. Il a manqué à son devoir, *defuit officio*.

Il était présent à ce spectacle, *aderat huic
spectaculo*.

III. Les trois verbes *imminere, impendere,
instare*, gouvernent le datif.

Ex. Un grand malheur vous menace, *magna calamitas tibi imminet, impendet, instat.*

REMARQUE. Quand le verbe *menacer* a pour nominatif un nom de chose inanimée, c'est-à-dire, sans vie, on l'exprime par *imminere, impendere, instare.*

IV. Id mihi *accidit, evenit, contingit.* — Les verbes *accidit, evenit, contingit,* il arrive; *conducit, expedit,* il est avantageux; *placet,* il plaît, etc., veulent le nom de la personne au datif.

Ex. Cela m'est arrivé, *id mihi accidit;* cela vous est avantageux, *hoc tibi expedit.*

V. Homo irascitur *mihi.* — Les verbes déponens *irasci,* se mettre en colère; *blandiri,* flatter; *opitulari,* secourir; *minari,* menacer, etc., gouvernent le datif.

Ex. Cet homme se fâche contre moi, *homo irascitur mihi;* il me menace, *minatur mihi.*

REMARQUE. Le verbe *menacer* s'exprime par *minari* quand il a pour nominatif un nom de personne.

VI. Est *mihi* liber. — Quand on se sert du verbe *sum* pour signifier *avoir,* on met le nom de la personne au datif.

Ex. J'ai un livre; *tournez,* un livre est à moi, *liber est mihi.*

VII. Hoc erit *tibi dolori.* — Quand on se sert du verbe *sum* pour signifier *causer, apporter, procurer,* il gouverne deux datifs.

Ex. Cela vous causera de la douleur; *tournez,* cela sera à douleur à vous, *hoc erit tibi dolori.*

Les verbes *do, verto, tribuo,* suivent la même règle.

Ex. Il m'a fait un crime de ma bonne foi, *crimini dedit mihi meam fidem.*

Blâmer quelqu'un de quelque chose, *vitio vertere aliquid alicui;* c'est-à-dire, tourner à défaut à quelqu'un.

Verbes qui gouvernent l'ablatif.

I. Abundat *divitiis, nullâ re* caret.

Règle. Les verbes neutres qui signifient *abondance* ou *disette*, gouvernent ordinairement l'ablatif.

Ex. Il regorge de biens, *abundat divitiis.*

Il ne manque de rien, *nullâ re caret.*

Le verbe *gaudere*, se réjouir, gouverne aussi l'ablatif : se réjouir du bonheur d'autrui, *gaudere felicitate alienâ.*

II. Fruor *otio.* — Les sept verbes déponens qui suivent, et leurs composés, gouvernent l'ablatif; *fruor otio*, je jouis du repos; *fungor officio*, je m'acquitte du devoir; *potior urbe*, je suis maître de la ville; *vescor pane*, je me nourris de pain; *utor libris*, je me sers de livres; *gloriari alienis bonis*, se glorifier des avantages d'autrui; *lætor hâc re*, je me réjouis de cela.

Verbes qui gouvernent le génitif.

Le verbe *misereri*, avoir pitié, gouverne le génitif.

Ex. Ayez pitié des pauvres, *miserere pauperum.*

Oblivisci, oublier; *recordari, meminisse*, se souvenir, gouvernent le génitif ou l'accusatif.

Ex. Je me souviens des vivans, et je ne puis

oublier les morts, *vivorum memini, nec possum oblivisci mortuorum.*

RÉGIME INDIRECT DES VERBES.

Il y a des verbes qui, outre l'accusatif, que l'on appelle *régime direct*, gouvernent un autre nom, que l'on appelle leur *régime indirect* : ce régime indirect des verbes est marqué en français par *à, au, aux*, ou par *de, du, des*.

I. Do vestem *pauperi.* — *Règle.* Les verbes qui signifient *donner, dire, promettre, etc.* veulent au datif leur régime indirect marqué par *à.*

Ex. Je donne un habit au pauvre, *do vestem pauperi.*

Dieu promet une vie éternelle au juste, *Deus vitam æternam justo promittit.*

Minari mortem *alicui.* — *Même règle.* Les verbes déponens *minari*, menacer, *gratulari*, féliciter, veulent le nom de la chose à l'accusatif, et le nom de la personne au datif.

Menacer quelqu'un de la mort ; *tournez,* menacer la mort à quelqu'un, *minari mortem alicui.*

Féliciter quelqu'un d'une victoire, *tournez,* complimenter la victoire à quelqu'un, *gratulari victoriam alicui.*

II. Hæc via ducit *ad virtutem.* — Quand le verbe signifie quelque mouvement, comme *conduire à...* ou une inclination vers quelque chose, comme *exhorter à, exciter à, etc.* le régime indirect se met à l'accusatif avec *ad.*

Ex. Ce chemin conduit à la vertu, *hæc via ducit ad virtutem.*

Je vous exhorte au travail, *te hortor ad laborem.*

III. Doceo *pueros grammaticam.* — Les verbes *docere*, instruire; *rogare*, prier; *celare*, cacher, veulent deux accusatifs, le nom de la personne et celui de la chose.

Ex. J'enseigne la grammaire aux enfans; *tournez*, j'instruis les enfans sur la grammaire, *doceo pueros grammaticam.*

REMARQUE. *Grammaticam* est à l'accusatif, à cause d'une préposition sous-entendue, *ad*, ou *secundùm.*

IV. Scribo *ad te*, ou *tibi* epistolam. — Les trois verbes *scribo*, j'écris; *mitto*, j'envoie; *fero*, je porte, veulent leur régime indirect à l'accusatif avec *ad* ou au datif.

Ex. Je vous écris une lettre, *scribo ad te*, ou *tibi epistolam.*

V. Accepi litteras *à patre meo.* — Les verbes *demander*, *recevoir*, *emprunter*, *acheter*, *espérer*, *attendre*, *obtenir*, etc. veulent leur régime indirect à l'ablatif, avec *à* ou *ab.*

Ex. J'ai reçu une lettre de mon père, *accepi litteras à patre meo.*

Il a demandé une grâce au roi, *petivit beneficium à rege.*

Si le régime indirect du verbe *recevoir* est une chose inanimée, on le met à l'ablatif avec *è* ou *ex* : on fait de même après les verbes *allumer à, prendre à, juger à, puiser à,* etc.

Ex. J'ai reçu une grande joie de votre lettre, *accepi magnam voluptatem ex tuis litteris.*

Puiser de l'eau à une fontaine, *haurire aquam ex fonte.*

VI. Id audivi *ex amico,* ou *ab amico meo.*

Les verbes *audire,* apprendre, *quœrere,* s'informer, veulent leur régime indirect à l'ablatif avec *à* ou *ab, è* ou *ex ;* mais après *cognoscere,* apprendre, c'est toujours *è, ex.*

Ex. J'ai appris cela de mon ami, *id audivi ex,* ou *ab amico meo.*

J'ai connu par votre lettre, *ex litteris tuis cognovi.*

VII. Christus redemit hominem *à morte.*

Les verbes *délivrer, racheter, éloigner, arracher, ôter, séparer, détourner,* etc. veulent leur régime indirect à l'ablatif, avec *à* ou *ex,* et quelquefois sans préposition.

Ex. Jésus-Christ a racheté l'homme de la mort, *Christus redemit hominem à morte.*

Délivrer quelqu'un de la servitude, *eximere aliquem à,* ou *ex servitute,* ou *servitute* sans préposition.

VIII. Implere dolium *vino.* — Les verbes d'*abondance,* de *disette* et de *privation,* veulent leur régime indirect à l'ablatif sans préposition.

Ex. Emplir un tonneau de vin, *implere dolium vino.*

Combler quelqu'un de bienfaits, *cumulare aliquem beneficiis.*

6*

Priver quelqu'un de secours, *nudare aliquem præsidio.*

IX. Admonui eum *periculi*, ou *de periculo.* — Les verbes *avertir, informer,* veulent leur régime indirect marqué par *de* au génitif, ou à l'ablatif avec *de.*

Ex. Je l'ai averti du danger, *admonui eum periculi*, ou *de periculo.*

Plût à Dieu que j'eusse été informé de votre dessein. *Utinam factus essem tui consilii certior.*

Remarque. Avec *moneo* l'on met bien les accusatifs neutres, *hoc, id, illud, unum;* je les avertis de cela *hoc eos, moneo;* d'une chose, *unum.*

X. Insimulare aliquem *furti*, ou *furto.*

Les verbes *accuser, condamner, absoudre, convaincre,* veulent leur régime indirect au génitif ou à l'ablatif, mais mieux au génitif.

Ex. Accuser quelqu'un de larcin, *insimulare aliquem furti*, ou *furto.*

Absoudre quelqu'un d'un crime, *absolvere aliquem criminis*, ou *crimine.*

I.re Remarque. Avec le verbe *condamner*, le nom de la peine particulière et déterminée se met à l'accusatif avec *ad.*

Ex. Condamner quelqu'un aux galères, *damnare aliquem ad triremes ;* à tourner la meule, *ad molam.*

II.e Remarque. Les verbes *accuser, condamner,* suivis d'un infinitif, s'expriment, *accuser* par *arguere,* et *condamner* par *jubere,* avec l'infinitif latin.

Ex. Il est accusé d'avoir trahi la république, *arguitur prodidisse rempublicam ;* il fut condamné à sortir de la ville, *tournez,* il reçut ordre de sortir de la ville, *jussus est ab urbe discedere.*

Deus *amat* virum bonum , *illique favet.*

Quand deux verbes n'ont qu'un régime en français , et que les verbes latins gouvernent différens cas ; on met le nom au cas du premier verbe , et l'on se sert d'un des pronoms *is*, *ille*, *ipse*, pour le mettre au cas du second.

Ex. Dieu aime et favorise l'homme de bien; *dites*, Dieu aime l'homme de bien , et le favorise , *Deus amat virum bonum , illique favet.*

RÉGIME DES VERBES PASSIFS.

I. Amor *à Deo* — *Règle.* Le régime du verbe passif se met à l'ablatif avec *à* ou *ab*, quand c'est un nom de chose inanimée.

Ex. Je suis aimé de Dieu , *amor à Deo.*

II. *Mœrore* conficior. — Quand le régime du verbe passif est un nom de chose inanimée, on met l'ablatif sans préposition.

Ex. Je suis accablé de chagrin , *mœrore conficior.*

REMARQUE. Avec *probor*, *improbor*, *videor*, et les participes en *dus*., *da*, *dum*, l'on met mieux le nom au datif qu'à l'ablatif. Ex. Ce sentiment n'est approuvé ni de lui, ni de nous, *hæc sententia neque nobis, neque illi probatur.* Je dois pratiquer la vertu, *mihi colenda est virtus.*

RÉGIME DES VERBES.
PERTINET, ATTINET, SPECTAT.

Hoc *ad me* pertinet. — Les trois verbes *pertinere* , appartenir, *attinere*, *spectare* , regarder, avoir rapport à, veulent le nom de la personne à l'accusatif avec *ad.*

Ex. Cela me regarde ou m'appartient, *hoc ad me pertinet*, ou *spectat* ; pour ce qui me regarde, *quod ad me attinet.*

RÉGIME DES IMPERSONNELS.

POENITET, PUDET, PIGET, etc.

I. Me *pœnitet culpœ meœ.* — Les cinq verbes *pœnitet, pudet, piget, tœdet, miseret,* veulent à l'accusatif le nom ou pronom qui précède le verbe français, et au génitif le nom qui le suit.

Ex. Je me repens de ma faute, *me pœnitet culpœ meœ.*

Le roi a pitié de cet homme, *regem miseret hominis.*

II. *Incipit me pœnitere culpœ meœ.* Tous les verbes, excepté *volo, nolo, malo, audeo, cupio,* deviennent impersonnels devant *pœnitet, pudet,* etc., c'est-à-dire, qu'on les met à la troisième personne du singulier, et le nom qui les précède se met à l'accusatif. Ex. Je commence à me repentir de ma faute, *incipit me pœnitere culpœ mœ.*

Vous devez avoir honte de votre paresse, *debet te pudere tuœ negligentiœ.*

Régime des verbes Refert, Interest, *il importe à, il est important à, il est de l'intérêt de.*

I. Refert, interest, *regis.* — Les verbes *refert, interest,* veulent au génitif le nom qui suit le verbe français *il importe.*

Ex. Il importe au roi, *refert* ou *interest regis.*

REMARQUE. L'on sous-entend *re* ou *causâ* devant ce génitif. *Interest* (causâ) *regis,* il importe pour le roi.

II. Refert, interest *meá*, *tuá*, *nostrá*, *vestrá*, *suá*.

Avec *refert*, *interest*, ces pronoms *me*, *te*, *nous*, *vous*, *lui*, *leur*, s'expriment par *meá*, *tuá*, *nostrá*, *vestrá*, *suá*; on sous-entend *causá*.

Ex. Il m'importe, *refert*, *interest meá*; il vous importe, *tuá*; il nous importe, *nostrá*.

Le maître croit qu'il lui importe, *en latin on dit* : le maître croit importer à soi, *magister credit suá referre*. (On ne met *suá* que quand *lui* se rapporte au nominatif de la phrase; autrement ce serait *ejus*.)

III. Si après *il importe* ces pronoms *à moi*, *à toi*, etc. sont suivis d'un adjectif ou d'un nom, l'on met au génitif cet adjectif ou ce nom.

Ex. Il importe à vous seul, *interest tuá unius*.

Il importe à moi César, *refert meá Cæsaris*.

IV. Ces phrases : il nous importe *à tous deux*, il vous importe, il leur importe *à tous deux*, se tournent ainsi :

Il importe *à l'un et à l'autre* de nous, de vous, d'eux, *utriusque nostrúm*, *vestrúm*, *illorum interest*.

V. Lorsque les verbes *refert*, *interest*, ont pour régime un nom de chose inanimée, on met ce nom à l'accusatif avec *ad*.

Ex. Il importe à notre honneur, *ad honorem nostrum interest*.

Régime du verbe Impersonnel Est : il·appar-
tient à.

I. Est *regis*. — Le verbe impersonnel *est*
veut au génitif le nom qui suit le verbe français.

Ex. Il est d'un roi, il appartient à un roi de
défendre ses sujets, *est regis tueri subditos*.

REMARQUE. On sous-entend *negotium* devant ce génitif, c'est
comme s'il y avait : *est negotium regis*, c'est l'affaire d'un roi.

II. *Est meum*, *tuum*, *nostrum*, *vestrum*,
suum.

Quand on se sert du verbe *est* pour exprimer *il appartient à*, *c'est à*, ces pronoms *à
moi*, *à toi*, *à nous*, *à vous*, *à lui*, *à eux*, se
rendent en latin par *meum*, *tuum*, *nostrum*,
vestrum, *suum*.

Ex. C'est à moi de parler, *ou* il m'appartient de parler, *meum est loqui* (sous-entendu
negotium.)

Le maître croit que c'est à lui de... ou qu'il
lui appartient de.... *tournez*, le maître croit
être son affaire, *magister credit suum esse*.
(On ne met *suum* que quand *lui* se rapporte
au nominatif de la phrase, autrement ce serait *ejus.*)

III. Mais si ces pronoms *à moi*, *à toi*, etc.
peuvent se tourner par *mien*, *tien*, *notre*, *votre*, on les exprime par *meus*, *tuus*, *noster*,
vester, que l'on fait accorder avec le nom.

Ex. Ce livre est à moi; *tournez*, ce livre
est le mien, *hic liber est meus*.

Régime de l'Impersonnel. Opus est, il est besoin.

Mihi opus est *amico.* — *Règle.* Quand on exprime *avoir besoin* par l'impersonnel *opus est*, on met en latin au datif le nom ou pronom qui précède le verbe français, et à l'ablatif le nom qui le suit.

Ex. J'ai besoin d'un ami, *tournez*, besoin est à moi, *mihi opus est amico.*

Régime du verbe Interdico.

Interdico tibi *domo meâ.* — Le verbe *interdico* veut le nom de la personne au datif, et le nom de la chose à l'ablatif.

Ex. Je vous interdis ma maison, *interdico tibi domo meâ.*

Régime d'un verbe sur un autre verbe.

I. Amat *ludere.* — *Règle.* Quand deux verbes sont de suite, et que le premier ne marque point de mouvement, on met le second à l'infinitif.

Ex. Il aime à jouer, *amat ludere.*

Il cessa de parler, *desiit loqui.*

II. Eo *lusum.* — Si le premier verbe signifie mouvement pour aller ou venir en quelque lieu, on met le second au supin en *um.*

Ex. Je vais jouer, *eo lusum.* Je viens jouer, *venio lusum.*

Rem. Quand le second verbe n'a point de supin il faut le tourner par *pour*, et l'exprimer par *ad* avec le gérondif en *dum*, ou par *afin que*, et l'exprimer par *ut* avec le subjonctif.

Ex. Je viens étudier; *tournez*, pour étudier, *venio ad studendum*, ou afin que j'étudie, *venio ut studeam* : (le verbe *studeo* n'a point de supin).

III. Redeo *ab ambulando*. — Lorsque deux verbes sont de suite, et que le premier signifie mouvement pour venir de quelque lieu, on met le second au gérondif en *do*, avec *à* ou *ab*.

Ex. Je reviens de me promener, *redeo ab ambulando*.

REMARQUE. Si le second verbe a un régime, et qu'il gouverne l'accusatif, il est mieux de se servir du participe en *dus*, *da*, *dum*, et alors on met le participe et le régime à l'ablatif avec *à* ou *ab*, en les faisant accorder.

Ex. Je revenais de visiter mes terres, *redibam ab agris invisendis*.

IV. Te hortor *ad legendum*. — *Règle.* Après les verbes qui signifient mouvement vers quelque lieu, ou inclination vers quelque chose, comme *pousser à*, *exhorter à*, etc., on exprime *à* par *ad*, et l'on met le verbe au gérondif en *dum*.

Ex. Je vous exhorte à lire, *te hortor ad legendum* ; à lire l'histoire, *ad legendum historiam*.

REMARQUE. Si le second verbe a un régime, et qu'il gouverne l'accusatif, il est mieux de se servir du participe en *dus*, *da*, *dum*, que l'on met à l'accusatif avec *ad*, en le faisant accorder avec son régime.

Ex. Je vous exhorte à lire l'histoire, *te hortor ad legendam historiam*.

V. Consumit tempus *legendo*. — Quand *à* devant un infinitif français peut se tourner par *en* et le participe présent, on met cet infinitif au gérondif en *do*, avec ou sans la préposition *in*.

Ex. Il passe son temps à lire, *tournez*, en

lisant, *consumit tempus legendo* ; à lire l'histoire, *legendo historiam*, et mieux, *in legendâ historiâ*.

VI. Dedit mihi libros *legendos*. — Quand *à* devant un infinitif français peut se tourner par *pour* avec l'infinitif passif, on se sert du participe en *dus, da, dum*, que l'on fait accorder avec le nom qui précède.

Ex. Il m'a donné des livres à lire, *c'est-à-dire*, pour être lus, *dedit mihi libros legendos*.

VII. Vidi eum *ingredientem*. — Après les verbes *voir, sentir, écouter, entendre, admirer*, l'infinitif français se met en latin au participe présent, que l'on fait accorder avec le régime des verbes *voir, sentir*, etc.

Ex. Je l'ai vu entrer; *tournez*, j'ai vu lui entrant, *vidi eum ingredientem* : vous l'entendrez parler, *illum loquentem audies*.

SYNTAXE DES PRONOMS.
Accord du pronom avec l'antécédent.

I. Deus *qui* regnat. — *Règle*. Le pronom relatif *qui, quæ, quod*, s'accorde en genre et en nombre avec le nom ou pronom qui précède, et que l'on nomme *antécédent*.

Ex. Dieu qui règne, *Deus qui regnat*; ma mère qui est malade, *mater mea quæ ægrotat*; l'animal qui court, *animal quod currit*.

Il importe à moi qui enseigne, *refert meâ qui doceo* (*meâ* tient lieu du génitif *mei*).

II. Pater et mater *quos amo*. — Quand le relatif *qui, quæ, quod*, a deux antécédens, on le met au pluriel, et si les antécédens sont de différens genres, le relatif s'accorde avec le plus noble.

Ex. Le père et la mère que j'aime, *pater et mater quos amo*

III. Virtus et vitium *quæ* sunt *contraria*.

Si les deux antécédens sont des choses inanimées, le relatif se met au pluriel neutre.

Ex. La vertu et le vice qui sont opposés, *virtus et vitium quæ sunt contraria*.

A quel cas faut-il mettre le relatif *qui, quæ, quod* ? *

* Règle générale. Le relatif se met au cas où l'on mettrait l'antécédent, dont il tient la place; pour le connaître il n'y a qu'à exprimer cet antécédent au lieu du relatif qui le représente.

RÈGLES PARTICULIÈRES.

I. Qui *relatif*. — *Qui* se met au nominatif, comme on voit par l'exemple, *Deus qui regnat*.

Cependant lorsque le verbe latin veut à un autre cas le nom qui est au nominatif en français, alors le *qui* relatif se met au cas que le verbe latin demande.

Ex. L'enfant qui se repent, *puer quem pœnitet;* je mets *quem*, parce que les verbes *pœnitet, pudet, tædet*, etc. veulent à l'accusatif latin le nom ou pronom qui précède le verbe français *se repentir*, etc.

Le maître qui a besoin, *magister cui opus est :* je mets *cui*, parce qu'avec *opus est* le nominatif français se met au datif en latin; le roi qui a intérêt, c'est-à-dire, à qui il importe, *rex cujus interest*.

REMARQUE. Si le *qui* français peut se tourner par *celui que*, mettez-le au cas que gouverne le verbe précédent.

Ex. Envoyer qui vous voudrez, *tournez*, celui que vous voudrez, *mitte quem voles*. (Sous-entendu *mittere*).

II. *Que relatif.* — *Que* relatif se met toujours au cas du verbe suivant :

Ex. Dieu que j'aime, *Deus quem amo ;* la grammaire que j'étudie, *grammatica cui studeo.*

La grammaire que je veux étudier, *grammatica cui volo studere* (*cui*, parce qu'il est régime du second verbe.)

REMARQUE. Si le *que* relatif est gouverné par deux verbes qui veulent différens cas, on l'exprime deux fois, et on le met au cas de chaque verbe.

Ex. Les pauvres que nous devons aimer et secourir, *pauperes quos amare et quibus opitulari debemus.* *

III. *Dont*, ou *de qui.* — *Dont*, *de qui*, est toujours gouverné par le mot de la phrase après lequel on peut mettre par interrogation *de qui, de quoi.* Ce mot est ou un nom, ou un adjectif, ou un verbe.

1.º Quand *dont* est gouverné par un nom, il se met au génitif.

Ex. Dieu dont nous admirons la providence : (on peut demander *la providence de qui ? Deus cujus providentiam miramur.*)

* *Qui, quæ, quod*, entre deux noms auxquels il se rapporte également, s'accorde mieux avec celui qui suit. *Ex.* L'animal que nous appelons lion, *animal quem vocamus leonem.*

Il est élégant de n'exprimer l'antécédent qu'après le *qui* ou *que* relatif, et alors on met l'antécédent au même cas que le relatif. *Ex.* La lettre que vous avez écrite m'a été très-agréable, Au lieu de dire : *litteræ quas scripsisti, mihi fuerunt jucundissimæ*, dites : *quas scripsisti litteras, eæ mihi fuerunt jucundissimæ.*

2.º Quand *dont* est gouverné par un adjectif, il se met au cas que régit cet adjectif.

Ex. La récompense dont vous êtes digne : (on peut demander *digne de quoi*)? *merces quâ dignus es.*

3.º Quand *dont* est gouverné par un verbe, il se met au cas du verbe.

Ex. Les livres dont je me sers, *libri quibus utor.*

IV. *A qui.* — *A qui* se met au cas que demande le verbe ou l'adjectif auquel il se rapporte.

Ex. L'homme à qui vous avez rendu service, *homo cui officium præstitisti*, ou par un autre cas, *homo in quem officium contulisti.*

L'enfant à qui cela est utile, *puer cui id utile est.*

V. *Par qui.* — *Par qui*, suivi d'un verbe passif, se met à l'ablatif avec *à.*

Ex. Romulus par qui Rome fut fondée, *Romulus à quo Roma condita fuit.*

Par qui signifiant *par le moyen duquel*, s'exprime par *per* avec l'accusatif.

Ex. Celui par qui j'ai obtenu ma grâce, *c'est-à-dire*, par le moyen duquel; *is per quem veniam impetravi.*

PRONOMS *me, te, se, nous, vous, le, la, les, en, y.*

I. Les pronoms *me, te, se, nous, vous*, se mettent au cas que gouverne le verbe ou l'adjectif auquel ils se rapportent.

Ex. Il m'a obéi, *c'est-à-dire*, il a obéi à moi, *mihi paruit*. Je vous ai donné un livre, *c'est-à-dire*, j'ai donné à vous, *tibi dedi librum*. Cela nous sera utile, *id nobis erit utile*. Vous me louez, *me laudas*. Vous me favorisez, *mihi faves*

II. *Le*, *la*, *les* se mettent toujours au cas du verbe suivant; ils s'accordent en genre et en nombre avec le nom auquel ils se rapportent.

Ex. Je vous ai promis un livre, je vous le donnerai, *tibi promisi librum*, *hunc tibi dabo*.

Si *le* n'est pas précédé d'un nom auquel il se rapporte, on le tourne par *cela*, et on l'exprime par *hoc*, *id*, *illud*.

Ex. Je ne le ferai pas; *tournez*, je ne ferai pas cela, *hoc non agam*.

III. *Lui*, *leur*, se tournent toujours par *à lui*, *à elle*, *à eux*, et ils sont gouvernés par un verbe ou par un adjectif.

Ex. Vous lui direz; *tournez*, vous direz à lui, *dices ei*.

Cela leur est facile; *tournez*, est facile à eux, *id illis facile est*.

IV. *En* se tourne par *de lui*, *d'elle*, *d'eux*, *d'elles*, et il est gouverné ou par un nom, ou par un adjectif, ou par un verbe.

Ex. J'ai vu votre maison, et j'en ai admiré la beauté, *c'est-à-dire*, la beauté d'elle, *vidi tuam domum*, *et illius pulchritudinem miratus sum*.

Vous en êtes bien content, *illâ sanè contentus es*.

J'aime cet enfant, et j'en suis aimé, *c'est-à-*

dire, je suis aimé de lui, *puerum diligo*, *et ab eo diligor*.

V. *Y* se tourne par *à lui*, *à elle*, *à eux*, *à elles*, et se met au cas du verbe suivant.

Ex. L'affaire est très-importante, j'y donnerai mes soins, *c'est-à-dire*, à elle; *res est gravissima*, *huic operam dabo*.

(Voyez *en*, *y*, dans les adverbes de lieu.)

VI. SE. — 1.º On exprime SE par *sui*, *sibi*, *se*, en le mettant au cas du verbe, quand le nominatif est une chose animée, qui fait sur elle-même l'action que marque le verbe.

Ex. L'orgueilleux se loue; comme c'est l'orgueilleux qui se loue lui-même, dites : *superbus se laudat;* il se flatte, *sibi blanditur.*

2.º Si le pronom *se* a rapport à un nominatif de chose inanimée, ou même animée, qui ne fasse pas sur elle-même l'action marquée par le verbe, on tourne ce verbe par le passif.

Ex. Ce mot se trouve dans Phèdre; *tournez*, ce mot est trouvé, *vox illa invenitur apud Phœdrum.*

Il ne s'ébranle pas de vos menaces, *tournez*, il n'est pas ébranlé, *minis non movetur tuis.*

REMARQUE. Dans les trois phrases suivantes, les nominatifs sont regardés comme des choses animées.

Le poison se glisse dans les veines, *venenum sese in venas insinuat.* Si l'occasion se présente, *si se dederit occasio.* Si la chose se passe ainsi, *si res ità se habeat.*

3.º Quand *se* a rapport à deux nominatifs qui font l'un sur l'autre l'action que marque le verbe, on ajoute l'adverbe *invicem* au pronom *suí*, *sibi*, *se*, à moins qu'il ne soit gouverné par une préposition.

Ex. Pierre et Jean se louent, *Petrus et Joannes se invicem laudant;* ils se battent, *inter se pugnant.*

Qui *interrogatif.*

Le *Qui* interrogatif n'a point d'antécédent; on le connaît quand il peut se tourner par *quelle personne.*

I. Quis *vestrûm*, ou *ex vobis*, ou *inter vos.* — Le *qui* interrogatif s'exprime par *quis*, *quæ*, *quod*, ou *quisnam*, *quænam*, *quodnam*, et le nom pluriel qui suit se met au génitif, ou à l'ablatif avec *è*, *ex*, ou à l'accusatif avec *inter.*

Ex. Qui de vous? *Quis vestrûm*, ou *ex vobis*, ou *inter vos?*

Qui est content de son sort? *Quis suâ sorte contentus est?*

II. Uter est doctior, *tu ne*, *an frater.*

Qui des deux, ou *lequel des deux*, s'exprime par *uter*, *utra*, *utrum*, et les deux noms qui suivent se mettent au même cas que *uter;* on met *ne* après le premier, et *an* devant le second : le superlatif français se met au comparatif en latin.

Ex. Lequel des deux est le plus savant de vous ou de votre frère? *uter est doctior, tu ne*, *an frater?*

III. *Qui* interrogatif est tantôt le nominatif, et tantôt le régime du verbe suivant.

1.º Il est le nominatif quand on peut le tourner par *qui est celui qui...* Ex. qui vous a ap-

pelé? *c'est-à-dire*, qui est celui qui vous a...
quis te vocavit?

2.° Il est le régime, quand on peut le tourner par *qui est celui que*... Ex. Qui appelez-
vous? *c'est-à-dire*, qui est celui que vous...
quem vocas?

QUE *interrogatif.*

Le *que* interrogatif se tourne par *quelle
chose*, et il s'exprime par *quid*, lorsque le
verbe suivant gouverne l'accusatif.

Ex. Que faites-vous? *tournez*, quelle chose
faites-vous? *Quid agis?*

Mais si le verbe suivant gouverne un autre
cas, il faut exprimer le mot *chose.*

Ex. Qu'étudiez-vous? *c'est-à-dire*, quelle
chose étudiez-vous? *Cui rei studes?*

Quoi ou *que* au commencement d'une phrase, se tourne par *quelle chose*, et s'exprime
par *quid*. Ex. Quoi de plus beau que la vertu?
Quid virtute pulchrius? Que sera-ce, si... *Quid
futurum est, si?*

QUEL, QUELLE.

I. *Quel, quelle* s'expriment aussi par *quis,
quæ, quod*, ou *quisnam, quænam, quodnam*,
et s'accordent avec le nom suivant en genre,
en nombre et en cas.

Ex. Quelle mère n'aime pas ses enfans? *Quæ*
ou *quænam mater liberos suos non amat?*

Quel avantage y a-t-il dans la vie? *Quod
commodum habet vita?* ou mieux, *quid com-*

modi habet vita? (*Quel*, suivi d'un nom de chose, s'exprime mieux par *quid* avec le génitif.)

II. *Quel*, *quelle*, signifiant *quantième*, s'expriment par *quotus*, *quota*, *quotum*, et l'on répond par le nombre ordinal.

Ex. Quelle heure est-il? sept heures. *Quota hora est? septima.*

III. *Quel*, *quelle*, quand on peut ajouter le mot *grand*, s'expriment par *quantus*, *quanta*, *quantum*.

Ex. Quel malheur nous menace, *c'est-à-dire*, quel grand malheur. *Quanta nobis instat pernicies!*

QUIS TE REDEMIT? Jesus-Christus.

Règle. La réponse se met ordinairement au même cas que la demande.

Ex. Qui vous a racheté? Jésus-Christ. *Quis te redemit? Jesus-Christus.*

Qui a pitié des paresseux? personne. *Quem miseret pigrorum? neminem.*

Remarque. Le verbe de la demande est toujours sous-entendu dans la réponse; ainsi quand on dit : *qui vous a racheté?* et que l'on répond *Jésus-Christ*, c'est comme si l'on disait : *Jésus-Christ m'a racheté.*

Cependant, avec les impersonnels *est*, *refert*, *interest*, la réponse, quand elle se fait par un pronom, se met à un autre cas.

Ex. A qui importe-t-il? à moi. *Cujusnam interest? med.* A qui appartient-il de parler? à vous. *Cujus est loqui? tuum.*

OBSERVATION.

Quand on interroge sans négation on met en

latin *an* ou *nùm* devant le premier mot, ou
ne après, et la réponse se fait par le verbe de
l'interrogation.

Ex. Dormez-vous? *Nùm dormis?* Non. *Non
dormio.* (*Nùm* s'emploie quand la réponse doit
être négative.)

Avez-vous vu le roi? *Vidisti ne regem?* Oui.
Vidi *.

Si l'interrogation se fait par deux négations,
ne je pas, *ne tu pas*, etc., on met *an-non* ou
nonne devant le premier mot.

Ex. N'avez-vous pas vu le roi? *An-non* ou
nonne vidisti regem? Non. *Non vidi.*

Quand on commande, le verbe se met à l'impératif.

Ex. Laquais, chassez les mouches; *puer,
abige muscas.*

Si le verbe est à la troisième personne, on
emploie la troisième person. du prés. du subj.,
et l'on n'exprime pas le *que* français.

Ex. Qu'il s'en aille, le traître, *abeat prodi-
tor.* Quand on défend, on met *ne* avec le subjonctif ou l'impératif; ou bien l'on se sert de *noli*
pour le singulier, de *nolite* pour le pluriel, avec
l'infinitif.

Ex. N'insultez pas les malheureux, *ne insul-
tes* ou *ne insulta miseris*, ou bien *noli, nolite insultare miseris.* (On met *nolite* pour
le pluriel.)

Lorsque le verbe est à la troisième personne,
on se sert toujours de *ne* avec le subjonctif.

---

* Si l'interrogation tient lieu de *lorsque*, on l'exprime par
quùm. Avait-il soupé, il s'en allait, *tournez*, lorsqu'il avait
soupé, il... *Quùm cœnaverat abibat.*

Ex. Qu'il ne dise pas, *ne dicat* : qu'il ne sorte pas de la maison, *domo ne exeat*.

SYNTAXE DES PARTICIPES.

Il y a en latin deux participes de l'actif, comme *amans*, aimant ; *amaturus*, devant aimer ; deux du passif, comme *amatus*, aimé ; *amandus*, devant être aimé.

Les participes sont de véritables adjectifs, qui s'accordent en genre, en nombre et en cas avec le nom auquel ils se rapportent, et de plus ils gouvernent le même cas que les verbes d'où ils viennent.

I. *Participes joints au nominatif.*

Le participe qui se rapporte au nominatif du verbe, s'accorde avec ce nominatif en genre, en nombre et en cas.

Ex. Un coq cherchant de la nourriture, trouva une perle, *gallus escam quærens, margaritam reperit*.

Cicéron devant prononcer un discours, *Cicero orationem habiturus*.

L'enfant ayant été interrogé, répondit, *puer interrogatus, respondit*.

Devant être interrogé, il craignait, *interrogandus, timebat*.

II. *Participes joints au régime du verbe.*

Le participe qui se rapporte au régime du verbe, s'accorde avec ce régime en genre, en nombre et en cas. (Le participe se rapporte ordinairement au régime du verbe, quand ce régime est un des pronoms *le, la, les, lui, leur*.

Ex. La ville ayant été prise, l'ennemi la pilla, *tournez*, l'ennemi pilla la ville prise, *urbem captam hostis diripuit.*

Les citoyens devant être passés au fil de l'épée, le vainqueur leur pardonna, *tournez*, le vainqueur pardonna aux citoyens devant être passés.... *Civibus ferro necandis victor pepercit.*

III. *Ablatif absolu.* Quand le participe ne se rapporte ni au nominatif ni au régime du verbe, on met à l'ablatif ce participe et le nom auquel il est joint, les faisant accorder en genre et en nombre.

Ex. Les parts étant faites, le lion parla ainsi,* *partibus factis, sic locutus est leo.*

La lettre étant déjà écrite, votre esclave est venu, *scriptâ jàm epistolâ, venit puer tuus.* (Voyez *Participes français.*)

* On sous-entend une préposition, *à partibus factis*, après les parts faites.

SYNTAXE DES PRÉPOSITIONS.

On a vu dans la première partie qu'il y a trente prépositions qui gouvernent l'accusatif, et quinze qui gouvernent l'ablatif.

Les prépositions servent principalement à marquer de quelle manière une chose se fait, en quel lieu, dans quel temps, c'est-à-dire, les différentes circonstances de temps, de lieu, de manière, etc. On sous-entend quelquefois les prépositions, quoiqu'elles soient toujours la véritable cause du régime. J'indiquerai entre parenthèses les prépositions sous-entendues.

I. *Noms de matière.* — Vas *ex auro.*

Le nom qui exprime la matière dont une chose est faite se met à l'ablatif avec *è* ou *ex.*

Ex. Un vase d'or, *vas ex auro.*

Une statue d'airain , *signum ex œre.* *

II. *Noms de mesure, de distance et d'espace.*

Velum longum *tres ulnas*, ou *tribus ulnis.*

Le nom qui marque la mesure ou la distance se met à l'accusatif ou à l'ablatif, sans préposition.

Ex. Un voile long de trois aunes ; *velum longum* (ad) *tres ulnas* ou (ex) *tribus ulnis.*

Il est éloigné de vingt pas ; *abest* ou *distat viginti passus*, ou *viginti passibus.*

Si le nom de mesure est précédé d'un comparatif. il se met toujours à l'ablatif.

Ex. Vous n'êtes pas plus grand que moi de deux doigts ; *duobus digitis major me non es.*

Le lieu précis où une chose est arrivée se met à l'ablatif sans préposition, ou à l'accusatif avec *ad*, et alors on se sert du nombre ordinal *primus*, *secundus*, *tertius*, etc.

Il est tombé à dix pas d'ici ; *cecidit decimo abhinc passu*, ou *ad decimum abhinc passum.*

III. *Noms de l'instrument, de la cause, de la manière,* etc.

Le nom de l'instrument dont on se sert pour faire quelque chose, la cause pourquoi elle se

---

* On pourrait aussi du nom de matière faire un adjectif qui doit s'accorder avec le nom *Ex.* Un vase d'or, *vas aureum ;* une statue d'airain, *signum æneum.*

fait, la manière dont elle se fait, et le nom de la partie, se mettent à l'ablatif sans préposition.

Ex. *Du nom d'instrument.*

Frapper de l'épée, *ou* avec l'épée, *ferire* (cum) *gladio.*

Du nom de cause.

Il mourut de faim (præ) *fame interiit.*

Du nom de manière.

Vous l'emportez en beauté, en grandeur, *vincis formâ, vincis magnitudine.*

Du nom de la partie.

Je tiens le loup par les oreilles, *teneo lupum auribus.*

IV. *Noms du prix, de la valeur.* — Hic liber constat *viginti assibus.*

Le nom qui marque le prix, la valeur de quelque chose, se met à l'ablatif sans préposition.

Ex. Ce livre coûte vingt sous, *hic liber constat* (pro) *viginti assibus.*

V. *Noms de temps.*

I. Veniet *die dominicâ.* — Si l'on veut marquer quand une chose s'est faite ou se fera, *quandò*, le nom de temps se met à l'ablatif sans préposition.

Ex. Il viendra dimanche, *veniet* (in) *die dominicâ ;* le mois prochain, *mense proximo ;* à trois heures, *horâ tertiâ.* (A la question *quandò*, l'on se sert du nombre ordinal).

II. Regnavit *tres annos* ou *tribus annis.* — Quand on veut marquer combien de temps une chose a duré ou durera, *quamdiù*, le nom de temps se met à l'accusatif ou à l'ablatif sans préposition, et l'on se sert du nombre cardinal.

Ex. Il a régné trois ans, *regnavit* (per) *tres annos*, ou (in) *tribus annis.*

III. *Tertium annum* regnat. — Quand on veut marquer depuis quel temps une chose se fait, *à quo tempore*, le nom de temps se met à l'accusatif, et l'on se sert du nombre ordinal ou cardinal.

Ex. Il y a trois ans qu'il règne, *tertium annum regnat.* Cic. On dit aussi *à tribus annis.* Il y a plusieurs années que je suis lié avec votre père, *multos annos utor familiariter patre tuo.*

Si le temps est passé, et qu'il ne dure plus, on met le nom de temps à l'accusatif, ou à l'ablatif avec *abhinc*, et l'on se sert du nombre cardinal.

Ex. Il y a trois ans qu'il est mort, (à) *tribus abhinc annis*, ou (antè) *tres abhinc annos mortuus est.*

IV. Id fecit *intrà tres dies.* — Quand on veut marquer en quel espace de temps une chose s'est faite ou se fera, *quanto tempore ;* le nom de temps se met à l'accus. avec *intrà.*

Ex. Dieu a créé le monde en six jours, *Deus mundum creavit intrà sex dies.*

Dans suivi d'un nom de temps s'exprime par *post* avec l'accusatif, quand il peut se tourner par *après.*

Ex. Je partirai dans trois jours, c'est-à-dire, après trois jours, *post tres dies proficiscar.*

Noms de lieu. — Il y a quatre questions de lieu ; *ubi*, où l'on est ; *quò*, où l'on va ; *undè*, d'où l'on vient ; *quà*, par où l'on passe.

I. QUESTION *UBI.*

Quand on marque le lieu où l'on est, où l'on fait quelque chose, c'est la question *ubi.*

Sum *in Galliâ*, *in urbe.*

1.º A la question *ubi*, le nom de lieu se met à l'ablatif avec *in.*

Ex. Je suis en France, *sum in Galliâ ;* dans la ville, *in urbe.*

Il se promène dans le jardin, *ambulat in horto.* (On met *horto* à l'ablatif, parce qu'il ne sort pas du lieu.)

Natus est *Avenione, Athenis.*

2.º On sous-entend la préposition quand c'est un nom propre de ville.

Ex. il est né à Avignon, *Natus est Avenione ;* à Athènes, *Athenis.*

Habitat *Lugduni, Romæ.*

3.º Si le nom propre de ville est au singulier, et de la première ou seconde déclinaison, on le met au génitif (parce qu'on sous-entend *in urbe*).

Ex. Il demeure à Lyon, *habitat Lugduni ;* à Rome, *Romæ.*

Les noms *domus, humus*, se mettent aussi au génitif, *domi, humi....* Est-il à la maison ? *Est-ne domi ?* On dit aussi *militiæ, belli*, en temps de guerre (sous-entendu *tempore.*)

Cœnabam *apud patrem.*

4.º Le nom de la personne se met à l'accusatif avec *apud.*

Ex. Je soupais chez mon père, *cœnabam apud patrem.*

II. Question *QUO.*

La question *quò* se connaît lorsque le verbe signifie mouvement pour aller, venir en quelque lieu, partir pour quelque lieu.

Eo *in Galliam*, *in urbem.*

1.° A la question *quò*, le nom du lieu où l'on va... se met à l'accusatif avec *in*, quand on entre dans le lieu, et *ad*, quand on ne va qu'auprès.

Ex. Je vais en France, *eo in Galliam ;* à la ville, *in urbem.*

Ils vinrent au même ruisseau ; *venerunt ad eumdem rivum.*

Ibo *Lutetiam*, *Lugdunum.*

2.° On sous-entend la préposition quand c'est un nom propre de ville, et devant *rus*, *domum.*

Ex. J'irai à Paris, *ibo Lutetiam ;* à Lyon, *Lugdunum.*

Je vais à la campagne, *eo rus ;* à la maison, *eo domum.*

Si l'on se sert du Verbe *petere* pour exprimer *aller*, on met toujours le nom du lieu à l'accusatif sans préposition : Je vais au collége, *peto collegium.*

Eo *ad patrem*, *ad sacram concionem.*

2.° Le nom de la personne et celui de la chose se mettent à l'accusatif avec *ad.*

Ex. Je vais chez mon père, *eo ad patrem ;* au sermon, *ad sacram concionem.*

7.

III. Question *UNDE.*

La question *Undè* se connaît lorsque le verbe signifie mouvement pour partir, ou venir de quelque lieu.

Redeo *ex Galliâ, ex urbe.*

1.° A la question *undè*, le nom du lieu d'où l'on part, d'où l'on vient, se met à l'ablatif avec *è* ou *ex.*

Ex. Je reviens de la France, *redeo ex Galliâ;* de la ville, *ex urbe.*

Il est sorti de sa chambre, *egressus est è cubiculo.*

Redeo *Lugduno, Româ.*

2.° On sous-entend la préposition, quand c'est un nom propre de ville, et devant *rure, domo.*

Ex. Je reviens de Lyon, *redeo Lugduno;* de Rome, *Româ;* de la campagne, *rure;* de la maison, *domo.*

Venio *à patre, à venatione.*

3.° Le nom de la personne et celui de la chose se mettent à l'ablatif avec *à* ou *ab.*

Ex. Je viens de chez mon père, *venio à patre;* de la chasse, *à venatione.*

IV. Question *QUA.*

Quand on marque le lieu par où l'on passe, c'est la question *quà.*

Iter feci *per Galliam, per Lugdunum.*

A la question *quà*, tous les noms des lieux par où l'on passe, se mettent à l'accusatif avec *per.*

Ex. J'ai passé par la France, *iter feci per Galliam* ; par Lyon, *per Lugdunum.*

Quand on se sert de *transire*, verbe composé de *ire*, aller, et *trans*, au-delà, on met l'accusatif sans la préposition *per :* il passa par la ville, *transiit urbem.*

Iter faciam *per domum avunculi mei.*

Par chez avec un nom de personne, se tourne ainsi : par la maison de, et se dit en latin *per domum.*

Ex. Je passerai par chez mon oncle, *iter faciam per domum avunculi mei.*

REMARQUE. Quand, après un nom propre de ville, se trouve le nom commun, *ville*, *endroit*, on met d'abord le nom propre au cas marqué dans chaque question ; mais on exprime la préposition devant le nom commun.

Ex. Ils s'arrêtèrent à Corinthe, lieu célèbre, *constiterunt Corinthi, in loco nobili.*

Je vais à Rome, ville d'Italie, *eo Romam, in urbem Italiæ.*

Je reviens de Lyon, ville de France, *redeo Lugduno, ex urbe Galliæ.*

Si le nom commun *ville* est devant le nom propre, il faut exprimer la préposition, et mettre le nom propre au cas de la préposition.

Ex. Il demeure dans la ville de Lyon, *habitat in urbe Lugduno.*

Domus et *rus*, suivis d'un génitif ou d'un adjectif, prennent la préposition. Il demeure dans la maison de César, dans une campagne agréable, *habitat in domo Cæsaris, in rure amœno.*

ADVERBES DE LIEU.

QUESTION Ubi.	QUESTION Quò.	QUESTION Undè.	QUESTION Quà.
Où, *ubi*	Où, *quò.*	D'où , *undè.*	Par où, *quà.*
Ici où je suis, *hìc.*	Ici où je suis, *hùc.*	D'ici où je suis, *hinc.*	Par ici où je suis, *hàc.*
Là où tu es, *is-tic.*	Là où tu es, *is-tùc.*	De là où tu es, *istinc.*	Par là où tu es, *istàc.*
Là où il est, *il-lic.*	Là où il est, *il-lùc.*	De là où il est, *illinc.*	Par là où il est , *illàc.*
Là , y , *ibi.*	Là , y , *eò.*	De là, en, *indè.*	Par là , y , *eà.*
Ailleurs, *alibi.*	Ailleurs , *aliò.*	De quelque part, *alicun-dè.*	Par quelqu'en-droit , *ali-quà.*
Quelque part , *alicubi , us-piam.*	Quelque part, *quopiàm.*	De quelqu'en-droit que ce soit , *unde-cumquè.*	Par quelqu'en-droit que ce soit , *quà-cumque.*
Partout où, en quelque lieu que ce soit, *ubicumque.*	Partout où , en quelque lieu que ce soit , *quòcumque.*		
Là même, *ibi-dem.*	Là même, *eò-dem.*	Du même lieu, *indidem.*	Par le même lieu, *eàdem.*
Nulle part, *nus-quàm.*	Nulle part, *nus-quàm.*		
Dehors , *foris*	Dehors , *foràs.*		
Dedans , *intùs.*	Dedans , *intrò.*		

SYNTAXE DES ADVERBES.

Régime. Les adverbes de quantité gouvernent le génitif.

Ex. Peu de vin, *parùm vini.*
Beaucoup d'eau , *multùm aquœ.*
Plus de force, *plus virium.*
Moins de vertu , *minùs virtutis.*
Assez de paroles , *satis verborum.*
Trop de piéges, *nimis insidiarum.*

Les adverbes de temps et de lieu gouvernent le génitif.

Ex. En quel lieu du monde? *ubi terrarum?*

Nulle part, en aucun lieu du monde, *nusquàm gentium.* *Pridiè*, la veille; *postridiè*, le lendemain, veulent le génitif ou l'accusatif. *Ex.* Le jour de devant les Calendes, *pridiè Calendarum* ou *Calendas.* (On sous-entend *antè*.) Le jour d'après les Ides, *postridiè Iduum* ou *Idus.* (Sous-entendu *post*.)

En, *ecce*, voici, voilà, veulent après eux le nominatif ou l'accusatif : voici, voilà le loup : *en*, *ecce lupus* (sous-entendu *adest*); *en*, *ecce lupum* (sous-entendu *aspice*).

Ergò, employé pour *causâ*, veut le génitif et se met après son régime : à cause de lui, ou pour l'amour de lui, *illius ergò.*

Instar, comme, veut le génitif, et se met après son régime : comme une montagne, *montis instar.*

Obviàm, au-devant, veut le datif : aller au-devant de quelqu'un, *ire obviàm alicui.*

SYNTAXE DES CONJONCTIONS.

Régime. Parmi les conjonctions, les unes gouvernent le subjonctif, les autres gouvernent l'indicatif. Voici celles dont l'usage est le plus fréquent.

Quùm, signifiant *lorsque*, ne veut le subjonctif que devant l'imparfait.

Ex. Lorsque la ville d'Athènes florissait, *quùm Athenæ florerent.*

Quùm, signifiant *puisque*, *vu que*, *comme*, régit toujours le subjonctif.

Ex. Puisque vous le voulez, *quùm id velis*.

Puisque vous l'avez voulu, *quùm id volueris*.

Dùm, signifiant *tandis que*, ne veut le subjonctif que devant l'imparfait.

Ex. Tandis qu'un chien portait de la chair, *dùm canis ferret carnem*.

Dùm, signifiant *pourvu que*, *jusqu'à ce que*, veut toujours le subjonctif.

Ex. Pourvu que je porte mon bât, *clitellas dùm portem meas*.

Si régit le subjonctif devant l'imparfait et le plus-que-parfait.

Ex. Si tu le faisais, si tu l'avais fait à cause de moi, *id si faceres, si fecisses causâ meâ*.

REMARQUE. Quand, après *si*, il y a un second verbe au futur, on met bien le premier verbe au même futur.

Ex. Si vous venez, vous me ferez plaisir, *si veneris, pergratum mihi feceris*.

Si vous lisez ce livre, j'en serai charmé, *quem librum si leges, lœtabor*.

Ut, signifiant *afin que*, *pour*, gouverne toujours le subjonctif : *Ex.* afin que je repose pendant le jour, *luce ut quiescam*.

Ut, signifiant *comme*, *de même que*, veut l'indicatif : *Ex.* comme l'on dit, *ut aiunt*.

Ut, signifiant *aussitôt que*, *dès que*, veut l'indicatif : *Ex.* dès que je fus sorti de la ville, *ut ab urbe discessi*. Voyez *Conjonction française*, ci-après.

TROISIÈME PARTIE.

MÉTHODE ou manière de rendre en latin les *Gallicismes* qui se rencontrent le plus fréquemment.

Les différences qui se trouvent entre les deux langues, relativement aux noms et aux adjectifs, sont indiqués dans le dictionnaire : il suffit d'avertir les enfans de faire attention au genre de chaque nom latin : ils doivent aussi, quand ils cherchent un verbe, remarquer s'il est actif, neutre ou déponent.

CHAPITRE PREMIER.

DES VERBES.

Verbes à l'indicatif ou au subjonctif en français, qu'il faut tourner par l'infinitif en latin, ou que retranché.

ON appelle *que retranché*, celui qui, étant entre deux verbes français, ne peut pas se tourner par *lequel*, *laquelle*, et qui ne s'exprime point en latin.

Je crois que vous pleurez, *tournez*, je crois vous pleurer.

Règle. Après les verbes *croire, savoir, assurer, être persuadé; prétendre, promettre, espérer*, etc., on n'exprime pas *que;* mais on met à l'accusatif le nom ou pronom qui suit, et le second verbe à l'infinitif latin.

Ex. Je crois que vous pleurez, *credo te flere.*

Quand le *que* retranché est suivi d'une phrase *incidente*, ce n'est pas le verbe de la phrase incidente qui se met à l'infinitif, mais c'est l'autre verbe qui est ordinairement le dernier. *Ex.* Soyez persuadé qu'un enfant (qui honore ses parens) sera aimé de Dieu : *persuasum habeto puerum (qui parentes veretur) à Deo amatum iri.* On appelle *phrase incidente* celle qui est jointe à une autre par un de ces mots, *qui, pour, si*, etc.

A quel temps de l'infinit. latin faut-il mettre le verbe français qui suit le *que* retranché (1)?

(1) *RÈGLE GÉNÉRALE* Comparez les temps que marquent les deux verbes.

1.º Si les deux actions exprimées par les deux verbes se font ou ont été faites dans le même temps, mettez le second verbe français au présent de l'infinitif latin.

2.º Si l'action du second verbe était déjà faite dans le temps que marque le premier verbe, mettez le parfait de l'infinitif.

3.º Si l'action du second verbe était encore à faire dans le temps du premier verbe, mettez le futur de l'infinitif.

RÈGLES PARTICULIÈRES.

I. *Temps du verbe francais qu'il faut mettre au présent de l'infinitif latin.*

1.º Mettez au présent de l'infinitif le présent de l'indicatif français.

Ex. Je crois qu'il lit, *credo illum legere.*

2.º Mettez au présent de l'infinitif l'imparfait de l'indicatif, quand le premier verbe est à l'un des trois parfaits.

Ex. Je croyais, j'ai cru, j'avais cru qu'il lisait, *credebam, credidi, credideram illum legere* (2).

3.º Mettez encore au présent de l'infinitif le présent du subjonctif, quand on peut le tourner par le présent de l'indicatif en transportant la négation du premier verbe au second.

Ex. Je ne crois pas qu'il lise, *on peut tourner*, je crois qu'il ne lit pas, *non credo illum legere.*

II. *Après un* que *retranché, mettez au parfait de l'infinitif latin les trois temps suivans.*

1.º Le parfait et plus-que-parfait de l'indicatif français.

(2) Si cependant le second verbe marque un temps plus ancien que le premier, mettez ce second verbe au parfait de l'infinitif. latin. *Ex.* Je vous ai dit que Phèdre était esclave : *tibi dixi Phædrum fuisse servum.*

Ex. Je crois qu'il a lu , qu'il avait lu , *credo illum legisse.*

2.º L'imparfait de l'indicatif, quand le premier verbe est au présent ou au futur.

Ex. Je crois, je croirai qu'il lisait, *credo , credam illum legisse.*

3.º Le futur passé et le parfait du subjonctif, quand on peut le tourner par le parfait de l'indicatif.

Ex. Je crois qu'il aura déjà dîné, *tournez,* je crois qu'il a déjà dîné, *credo illum jàm prandisse.*

Je ne crois pas qu'il ait encore dîné, *tournez,* je crois qu'il n'a pas encore dîné, *non credo illum jàm prandisse.*

III. *Après un* que *retranché mettez au futur de l'infinitif latin les trois temps suivans :*

1.º Le futur de l'indicatif français.

Ex. Je crois qu'il viendra demain, *credo illum cras venturum esse.*

2.º Le présent du subjonctif, quand on peut le tourner par le futur de l'indicatif, en transportant la négation du premier verbe au second.

Ex. Je ne crois pas qu'il vienne demain, *on peut tourner ,* je crois qu'il ne viendra pas demain : *non credo illum cras venturum esse.*

3.º L'imparfait du subjonctif terminé en *rais.*

Ex. Je croyais qu'il viendrait demain, *putabam eum cras venturum esse.*

IV. *Après un* que *retranché mettez au futur passé de l'infinitif latin :*

Le plus-que-parfait du subjonctif français.

Ex. Je crois qu'il serait venu, si... *credo il-lum venturum fuisse, si...*

Cependant s'il peut se tourner par le plus-que-parfait de l'indicatif, mettez-le au parfait de l'infinitif : *Ex.* Je ne savais pas que vous fussiez arrivé, *tournez*, que vous étiez arrivé, *nesciebam te advenisse.*

REMARQUE. L'imparfait du subjonctif terminé en *asse*, *insse*, *isse*, *usse*, se tourne quelquefois par l'imparfait de l'indicatif, et alors il en suit la règle.

Ex. Je ne croyais pas, je n'ai pas cru, je n'avais pas cru que vous fussiez malade, *tour-nez*, que vous étiez... *non credebam, non cre-didi, non credideram te ægrotare.* (Je mets le présent *ægrotare*, parce que le premier verbe est à l'un des trois parfaits.)

Je ne crois pas, je ne croirai pas que vous fussiez malade, *tournez*, que vous étiez, *non credo, non credam te ægrotavisse.* (Je mets le parfait de l'infinitif, parce que le premier verbe est au présent ou au futur.)

Quelquefois l'imparfait en *asse*, *insse*... se tourne par le futur de l'indicatif, et alors il suit la règle du futur.

Ex. Si je croyais que vous vinssiez bientôt, je vous attendrais, *tournez*, que vous viendrez, *si putarem te brevi venturum esse, te expec-tarem.*

PREMIÈRE OBSERVATION.

Lorsqu'après un *que* retranché, on doit met-tre le verbe à l'un des deux futurs de l'infini-tif, et que le verbe latin n'en a point.

1.º Exprimez le futur de l'indicatif et le pré-sent du subjonctif français par *fore ut*, ou *fu-*

turum esse ut, avec le présent du subjonctif latin.

Ex. Je crois que vous vous repentirez, *credo fore ut te pœniteat.*

2.º Exprimez l'imparfait du subjonctif français par *fore ut*, avec l'imparfait du subjonctif latin.

Ex. Je croyais que vous vous repentiriez, *credebam fore ut te pœniteret.*

3.º Exprimez le plus-que-parfait du subjonctif français par *futurum fuisse ut*, avec l'imparfait du subjonctif latin.

Ex. Je croyais que vous vous seriez repenti, *credebam futurum fuisse ut te pœniteret.*

On se sert encore de *fore ut*, avec le parfait du subjonctif, pour exprimer le futur passé, et le parfait du subjonctif, quand ils marquent l'avenir.

Ex. Vous croyez qu'il aura bientôt terminé cette affaire, *credis fore ut brevi illud negotium confecerit.*

Je ne crois pas qu'il ait sitôt terminé cette affaire, *non credo fore ut tam citò illud negotium confecerit.*

SECONDE OBSERVATION.

Quand les verbes *croire, espérer, promettre, menacer, se souvenir*, etc., sont suivis d'un infinitif français, tournez la phrase de manière qu'il y ait un *que* entre les deux verbes, et alors vous suivrez la règle du *que* retranché.

Ex. Je crois avoir lu, *tournez*, que j'ai lu, *credo me legisse.*

Vous croyez être heureux, *tournez*, que vous êtes heureux, *credis te esse beatum.*

Il espère partir bientôt, *tournez*, qu'il partira bientôt, *sperat se brevi profecturum.*

Je me souviens d'avoir lu, *tournez*, que j'ai lu, *memini me legere* (après *memini* on met mieux le présent que le parfait de l'infinitif). *

> * Il faut éviter, dans les matières de composition que l'on donne aux enfans, ces locutions : je crois qu'il part demain, *pour*, qu'il partira ; je croyais que vous partiez demain, *pour*, que vous partiriez ; je dirai que vous serez sage, *pour*, que vous êtes sage ; je n'aurais pas cru que vous fussiez devenu si savant *pour*, que vous deviendriez, etc. Le bon sens leur indiquera dans la suite la véritable valeur de ces temps, beaucoup mieux que toutes nos règles.

VERBES *après lesquels le* QUE *ou* DE *français se rend en latin par plusieurs conjonctions.*

Conseiller de, *suadere ut.*

Conseiller de ne pas, *suadere ne.*

Règle. Après les verbes *conseiller, persuader, souhaiter, faire en sorte, commander, prier, avoir soin, il faut, il est juste, il est nécessaire, il arrive, il importe,* etc., le *de* ou *que* s'exprime par *ut* avec le subjonctif, et, s'il suit une négation, par *ne* ou *ut ne.*

Ex. Je vous conseille de lire, *tournez*, que vous lisiez, *suadeo tibi ut legas ;* de ne pas jouer, *ne ludas.*

Ayez soin de vous bien porter, *cura ut valeas ;* de ne pas tomber malade, *ne in morbum incidas.* *

> * Après *curare*, avoir soin, on met élégamment le participe du futur en *dus, da, dum,* si le verbe a un régime avec lequel on puisse le faire accorder *Ex.* Il a eu soin de me faire tenir la lettre, *litteras ad me perferendas curavit.*
>
> Après *oportet, volo, nolo, malo,* on met élégamment le participe passé en *us, a, um.* Je veux vous avertir d'une chose, *unum te monitum volo.*

Dites-lui, avertissez-le de prendre garde à lui, *tournez*, qu'il prenne garde...... *dic illi, mone illum ut sibi caveat.*

REMARQUE. Après *dire, avertir, persuader, écrire*, le *que* se retranche quand il ne peut pas se tourner par *de.*

Ex. Dites-lui, avertissez-le que je suis arrivé, *dic illi, mone illum me advenisse.* (De même après *jubere*, commander, le *que* se retranche presque toujours, et le verbe suivant se met au présent de l'infinitif.)

IL N'IMPORTE pas que... *ou* que... *nihil... refert utrùm.... an...*

Règle. Quand après *il n'importe pas*, *il importe peu*, *qu'importe*, il y a deux *que* ou deux *de*, on les tourne par si, et on exprime le premier par *utrùm*, et le second par *an*, avec le subjonctif.

Ex. Il ne m'importe pas, que m'importe d'être riche ou pauvre ? *tournez*, si je suis riche.... *nihil meâ refert, quid meâ refert utrùm dives sim an pauper ?* (Au lieu d'*utrùm* on peut mettre *ne* après le premier mot, *divesne sim an pauper.*)

Après se mettre peu en peine, *parùm curare*, les deux *que* s'expriment aussi par *utrùm, an*, et si à la place du second *que* il y a ces mots, *ou non*, on les exprime par *an-non*, ou *nec-ne.*

Ex. Je me mets peu en peine que vous m'écoutiez ou non, *parùm curo utrùm me audias nec-ne.*

OBSERVATION.

A quel temps du subjonctif latin faut-il mettre l'infinitif français qui suit *de* exprimé par *ut ne*, *an*, *utrùm*, *quin ?*

Si le premier verbe est au présent ou au futur, on met en latin le second au présent du subjonctif, et le régime du premier verbe devient le nominatif du second.

Exemples :

Je vous conseille	de lire	*Tibi suadeo*	ut legas.
Je vous conseillerai		*Tibi suadebo*	

Mais si le premier verbe est à l'un des trois parfaits, on met le second à l'imparf. du subj.

Exemples :

Je vous conseillais	de lire	*Tibi suadebam*	ut legeres.
Je vous ai conseillé		*Tibi suasi*	
Je vous avais conseillé		*Tibi suaseram*	

CRAINDRE de, *ou* que ne... *timere ne.*

CRAINDRE de ne pas, *ou* que ne pas... *timere ut*, ou *ne non.*

Règle. Après *craindre*, *appréhender*, *avoir peur*, etc. *de* ou *que* suivi de *ne* seulement, s'exprime par *ne* avec le subjonctif.

Ex. Je crains que le maître ne vienne, *timeo ne præceptor veniat.*

Mais après ces verbes, *que* ou *de*, suivi de *ne pas*, ou *ne point*, s'exprime par *ut*, ou *ne non.*

Ex. Je crains que le maître ne vienne pas, *timeo ut præceptor veniat*, ou *ne non præceptor veniat.*

Quand le verbe *craindre* signifie *faire difficulté*, on l'exprime par *dubitare*, avec l'infinitif, et s'il signifie *ne pas oser*, on l'exprime par *non audere*. *Ex.* Il ne craint pas d'avouer ; *tournez*, il ne fait pas difficulté d'avouer, *fateri non dubitat : je crains de dire, *tournez*, je n'ose dire, *non audeo dicere*.

PRENDRE GARDE de *ou que ne*, *cavere ne*.

Règle. Après les verbes *prendre garde*, *dissuader*, *de* ou *que ne* s'exprime par *ne*, avec le subjonctif.

Ex. Prenez garde de tomber, *ou* que vous ne tombiez, *cave ne cadas*.

Dissuadez-le de partir, *illi dissuade ne proficiscatur*.

Prendre garde, signifiant, *avoir soin*, *faire en sorte*, s'exprime par *curare*, *dare operam*, et *que* par *ut*, *avec le subjonctif*.

Ex. Prenez garde que tout soit prêt, *c'est-à-dire*, ayez soin que.... *da operam ut omnia sint parata*.

Si *prendre garde* signifie *remarquer*, on l'exprime par *animadvertere*, et le *que* se retranche *Ex.* Il ne prend pas garde qu'on se moque de lui ; c'est-à-dire, il ne remarque pas. . *non animadvertit se derideri*.

N'AVOIR GARDE de..... se garder bien de.... non committere ut.

Règle. Après *se garder bien de.... n'avoir garde de*, on exprime *de* par *ut*, avec le subjonctif.

Ex. Je me garderai bien de vous quitter, *non committam ut à te discedam*.

MÉRITER, être digne de, *ou que*..... dignum esse ut.

Règle. Après *mériter*, *être digne*, *de* ou *que* s'exprime par *ut*, avec le subjonctif. *

* *Ut conjux essem tua digna videbar*. Ovid. *Respondit se maluisse ut...* Cic. de Orat. 481.

Ex. Il mérite de commander, *tournez*, qu'il commande, *dignus est ut imperet ;* on dit mieux *dignus est qui imperet.* (*Qui* tient lieu de *ut ille.*)

Il mérite que j'aie pitié de lui, *dignus est ut illius me misereat*, ou *cujus me misereat.* (*Cujus* tient lieu de *ut illius.*)

Vous méritez qu'il vous favorise, *dignus es ut tibi faveat*, ou *cui faveat.* (*Cui* tient lieu de *ut tibi.*)

Il mérite que je l'honore, *dignus est ut eum colam*, ou *quem colam.* (*Quem* tient lieu de *ut eum.*)

Vous méritez qu'il vous rende service, *dignus es ut de te benè mereatur*, ou *de quo benè mereatur.* (*De quo* tient lieu de *ut de te.*)

REMARQUE. *Qui, quæ, quod*, est employé pour *ut* et un pronom ; et il se met au cas où l'on mettrait le pronom ; ainsi quand après *mériter* il n'y a point de pronom qui se rapporte au nominatif du verbe *mériter*, on ne peut pas employer *qui, quæ, quod*, mais il faut se servir de *ut. Ex.* Vous méritez bien que j'agisse ainsi, *dignus sanè es ut sic agam*, et non pas *qui sic agam.*

EMPÊCHER, DÉFENDRE DE *ou* QUE NE, *prohibere ne.*

Ne pas empêcher, ne pas défendre de, *ou* que, *non prohibere quin, quominùs.*

Règle. Après les verbes empêcher, défendre, quand ils ne sont pas accompagnés d'une négation ou d'une interrogation, *de* ou *que ne* s'exprime par *ne* avec le subjonctif, et le régime de la personne sert de nominatif au second verbe.

Ex. Dieu nous défend de mentir; *tournez*, défend que nous mentions. *Deus prohibet ne mentiamur.*

Cela m'a empêché de partir, *id impedivit ne proficiscerer.*

Mais quand il y a une négation ou une interrogation jointe au verbe *empêcher*, *défendre*, *de* ou *que ne* s'exprime par *quin* ou *quominùs*.

Ex. Je ne vous empêche pas, qui vous empêche de partir? *tournez*, que vous partiez, *non impedio, quis impedit quin proficiscaris?*

Après *il ne tient pas à moi*, à quoi tient-il? *que ne* s'exprime aussi par *quin*, avec le subjonctif.

Ex. Il ne tient pas à moi que vous ne soyez heureux, *per me non stat quin sis beatus.*

Dans cette façon de parler, *je ne puis, je ne saurais m'empêcher, me défendre*, les verbes *s'empêcher, se défendre*, se tournent par *ne pas*, qu'on exprime par *non*, avec l'infinitif.

Ex. Je ne puis m'empêcher de parler, *tournez*, je ne puis ne pas parler, *non possum non loqui* : je ne puis m'empêcher de rire; *tournez*, je ne puis ne pas rire, *non possum non ridere.*

Se réjouir de... ou *que gaudere quòd.*

Règle. Après *se réjouir, se repentir, être fâché, avoir honte, s'étonner, être surpris, remercier, savoir bon gré*, etc., *de* ou *que* se tourne par *de ce que*, et s'exprime par *quòd*, avec le subjonctif ou l'indicatif.

Ex. Je me réjouis de vous avoir été utile, *tournez*, de ce que je vous ai été utile, *gaudeo quòd tibi profuerim.*

8

J'ai honte de ne vous avoir pas encore répondu, *me pudet quòd ad te nondùm rescripserim*.

Remarque. Après ces verbes on peut encore retrancher le *que* ; *gaudeo me tibi profuisse*.

***

Attendre que, *exspectare dùm*, ou *donec*.

Règle. Après *attendre*, *que* se tourne par *jusqu'à ce que*, et s'exprime par *dùm* ou *donec*, avec le subjonctif.

Ex. Attendez que le roi soit arrivé, *exspecta dùm rex advenerit*.

Ne confondez pas *s'attendre* avec *attendre*. Après *s'attendre*, en latin, *existimare, persuasum habere*, on retranche le *que*, et on met toujours le verbe suivant au futur de l'infinitif. *Ex*. Je m'attendais que vous m'écririez, *te ad me scripturum esse existimabam*.

Quand *s'attendre* signifie *prévoir*, il s'exprime par *prævidere*, et l'on retranche le *que*. *Ex*. Je m'étais bien attendu qu'il en serait ainsi, *ità futurum sanè prævideram*.

***

Cela est cause que, *ea causa est cur*.

Règle. Après *être cause*, *que* s'exprime par *cur* avec le subjonctif.

Ex. La maladie a été cause que je n'ai pas été vous voir, *morbus causa fuit cur te non viserim*.

***

Douter que, *dubitare an*.

Ne pas douter que, *non dubitare quin*.

Règle. Quand le verbe *douter* n'est accompagné ni d'une négation ni d'une interrogation, on tourne *que* par *si*, et on l'exprime par *an* avec le subjonctif.

Ex. Je doute qu'il se porte bien, *tournez*, s'il se porte bien, *dubito an valeat*.

Mais quand le verbe *douter* est accompagné

d'une négation ou d'une interrogation, on exprime *que* par *quin*. (*Quin* renferme le *ne* français suivant.)

Ex. Je ne doute pas qu'il ne se porte bien, *non dubito quin valeat.*

Qui doute que la vertu ne soit aimable? *Quis dubitat quin virtus sit amabilis?*

Ne confondez pas *se douter* avec *douter* : après se douter, *suspicari, prævidere*, on retranche le *que*. *Ex.* Je me doutais bien que la chose irait mal, *c'est-à-dire*, je soupçonnais que... *suspicabar rem malè cessuram.*

VERBES *à l'indicatif dans le français, qu'il faut mettre au subjonctif en latin.*

I. Vous ne savez pas qui je suis, *en latin*, qui je sois.

Règle. Qui ou *quel* interrogatif entre deux verbes, veut le second au subjonctif en latin.

Ex. Vous ne savez pas qui je suis, *nescis quis ego sim.*

Dites-moi quelle heure il est, *dic mihi quota hora sit.*

Je ne sais lequel des deux a été le plus éloquent, *nescio uter fuerit eloquentior.*

Ecrivez-moi ce que vous faites, c'est-à-dire, quelle chose vous faites, *ad me scribe quid agas.*

Ecrivez-moi ce qui se passe là où vous êtes, c'est-à-dire, quelle chose se passe...... *ad me scribe quid istic agatur.*

REMARQUE. *Ce qui, ce que*, s'exprime par *quid* quand on peut le tourner par *quelle chose*, comme dans l'exemple précédent; mais *ce qui, ce que*, s'exprime par *quòd* quand on ne peut pas le tourner par *quelle chose*, parce qu'alors il n'est pas interrogatif. *Ex.* Il a fait ce que je lui avais commandé : *fecit quòd ei prœceperam.*

II. Les adv. de lieu, *ubi, quò, quà, undè,*

et les conjonctions *cur.*, *quarè*, *quomodò*, *an*, *utrùm*, etc., entre deux verbes, veulent le second au subjonctif en latin.

Ex. Je voudrais savoir où vous êtes, *scire velim ubi sis ;* d'où vous venez, *undè venias ;* où vous allez, *quò eas ;* s'il a de quoi vous payer, *si habuerit undè tibi solvat.*

Interrogée pourquoi elle disait cela, *interrogata cur hoc diceret.*

III. *Combien*, entre deux verbes, veut toujours le second au subjonctif en latin.

Ex. Vous voyez combien je vous aime, *vides quantùm te amem.*

Je dirai en peu de mots combien la liberté est douce, *quàm dulcis sit libertas breviter proloquar.*

Il y a beaucoup d'autres conjonctions après lesquelles le verbe latin se met au subjonctif ; nous en avertirons dans l'occasion.

Qui interrogatif devant un futur de l'indicatif et un imparfait du subjonctif veut le verbe au présent du subjonctif en latin : Qui croira ? *Quis credat ?* Qui n'admirerait pas cette action. *Quis non illud factum miretur ?*

A quel temps faut-il mettre le verbe latin après les mots qui veulent le subjonctif, comme ut, ne, an, quin, *etc. ?*

I. Mettez tous les temps de l'indicatif français aux mêmes temps du subjonctif, excepté les deux futurs. Exemples :

Je ne sais		Nescio	
ce que vous faites,		*quid agas.*	
ce que vous faisiez,		*quid ageres.*	
ce que vous avez fait,		*quid egeris.*	
ce que vous aviez fait.		*quid egisses.*	

Le futur de l'indicatif après *quin*, *an*, etc., se met au participe du futur en *rus*, *ra*, *rum*; pour l'actif, en *dus*, *da*, *dum*; pour le passif, avec *sim*, *sis*, *sit*.

Ex. Je ne sais s'il écoutera, *nescio an auditurus sit*; s'il sera écouté, *an audiendus sit*.

Si le verbe latin n'a pas de participe du futur, mettez simplement le présent du subjonctif, en y joignant quelque adverbe qui marque le futur.

Ex. Je ne sais s'il se repentira, *nescio an illum pœniteat*.

II. Si le verbe français est au subjonctif, et qu'il marque l'avenir, mettez en latin le participe du futur, avec *sim*, *sis*, *sit*; pour exprimer le présent du subjonctif, avec *essem*, *esses*, *esset*, pour l'imparfait; avec *fuissem*, *fuisses*, *fuisset*, pour le plus-que-parfait du subjonctif.

Ex. Je doute que le roi vienne bientôt, *dubito an rex brevi venturus sit*.

Je ne savais si le roi viendrait, je doutais que le roi vînt bientôt, *nesciebam an*, *dubitabam an brevi rex venturus esset*.

Je ne sais si le roi serait venu, je doute que le roi fût venu, *nescio an rex*, *dubito an rex venturus fuisset*.

Quand le verbe qui est au subjonctif ne marque pas l'avenir, ou qu'il n'a pas de participe du futur en latin, mettez les temps du subjonctif français aux mêmes temps du subjonctif latin.

Ex. Je doute qu'il se repente jamais, *dubito an illum unquàm pœniteat.*

Je ne sais s'il se repentirait, *nescio an illum pœniteret.*

Je ne sais s'il se serait repenti, *nescio an illum pœnituisset.*

Le futur passé après *ne pas savoir si*, et le parfait du subjonctif après *douter que....* se mettent au parfait du subjonctif quand ils marquent le passé.

Ex. Je ne sais s'il aura soupé, je doute qu'il ait soupé de si bonne heure, *nescio an, dubito an tam maturè cœnaverit.*

Mais si ces deux temps marquent l'avenir, ce qui arrive quand ils sont suivis de *lorsque*, mettez-les au futur en *rus, ra, rum*, ou *dus, da, dum*, avec *sim, sis, sit*, en changeant *lorsque* par *avant que.*

Ex. Je ne sais s'il aura terminé, je doute qu'il ait terminé l'affaire lorsque vous viendrez ici, *nescio an, dubito an priùs rem confecturus sit, quàm hùc venias*, c'est-à-dire, s'il terminera avant que vous veniez. *

---

* Si le verbe latin est au passif, on peut mettre le participe passé avec *futurus, a, um, sim, sis, sit. Exemple de Cicéron,* liv. 6.. épître 13. « Je ne doute pas que l'affaire n'ait été réglée « lorsque vous lirez cette lettre, *non dubito quin, te legente has* « *litteras, confecta jam res futura sit.* » Il paraît que les latins évitaient ce tour de phrase.

VERBES *au passif dans le français, qu'il faut tourner par l'actif en latin.*

Je suis favorisé de la fortune, *tournez*, la fortune me favorise.

Règle. Quand un verbe au passif dans le français est neutre ou déponent en latin, il faut
tourner le passif en actif, et pour cela on prend
le régime pour en faire le nominatif, et le nominatif pour en faire le régime.

Ex. Je suis favorisé de la fortune, *mihi favet
fortuna.* (*Faveo* n'a point de passif.)

Il est admiré de tout le monde, *tournez*, tout
le monde l'admire, *illum omnes admirantur.*

REMARQUE. S'il n'y a point de régime dont on puisse faire le
nominatif, mettez le verbe à la troisième personne du pluriel (en
sous-entendant *homines*).

Ex. Cicéron était admiré quand il parlait,
admirabantur Ciceronem quùm diceret.

VERBES *à l'actif dans le français, qu'il faut
tourner par le passif en latin.*

Il faut changer l'actif en passif quand il y a
amphibologie, c'est-à-dire, quand après un *que*
retranché le nominatif français et le régime seraient mis tous deux à l'accusatif latin sans que
l'on pût distinguer l'un de l'autre; alors on tourne
par le passif, en prenant le régime direct pour
en faire le nominatif, et le nominatif pour en
faire le régime.

Ex. Vous dites que Pierre aime Paul : vous
ne pouvez pas mettre : *dicis Petrum amare
Paulum*, parce qu'on ne saurait quel est celui
qui aime, si c'est Pierre qui aime Paul, ou si
c'est Paul qui aime Pierre; il faut donc changer l'actif en passif de cette manière : vous dites que Paul est aimé de Pierre, *dicis Paulum
à Petro amari.*

On change encore l'actif en passif avec le pronom français *on*, *l'on*.

CHAPITRE SECOND.
DES PRONOMS.

I. *Pronom français qui manque en latin*,
on, l'on.

Il y a deux manières de rendre en latin *on*, *l'on*.

Ire MANIÈRE. On aime la vertu, *tournez*, la vertu est aimée.

Règle. Le verbe qui suit *on*, *l'on*, est-il actif, *tournez* par le passif.

Ex. On aime la vertu, *virtus amatur*.

Si le verbe n'a point de régime dont on puisse faire le nominatif du verbe passif, mettez ce verbe à la troisième personne du singulier passif : plusieurs verbes neutres même ont cette troisième personne.

Ex. Non-seulement on ne porte pas envie aux jeunes gens, mais on leur est même favorable, *adolescentibus non modò non invidetur, verùm etiam favetur*.

On raconte, *narratur ;* on rapporte, *fertur ;* on va, *itur ;* on est venu, *ventum est*.

IIe On aime la vertu, *amant virtutem*.

Mettez le verbe qui suit *on*, *l'on*, à la troisième personne du pluriel ; ce qu'il faut toujours faire quand ce verbe est neutre ou déponent en latin. Exemple. On admire la vertu, *admirantur virtutem*.

On hait celui que l'on craint, *oderunt quem metuunt*.

On dit, *aiunt, ferunt, memorant, perhibent.*

REMARQUE. Devant les impersonnels *pœnitet, pudet, tædet, miseret, piget*, il faut exprimer le mot *homines;* on se repent d'avoir mal vécu, *homines pœnitet male vixisse.*

Si le verbe qui suit *on* est accompagné d'une négation, on tourne par *personne ne, nemo*, et le verbe se met à la troisième personne du singulier.

Ex. On ne peut être heureux sans la vertu, *tournez*, personne ne peut... *nemo sine virtute potest esse beatus.*

Quand *on, lorsqu'on*, se tournent par *celui qui, ceux qui.*

Ex. Quand on désire le bien d'autrui *on* perd justement le sien, *tournez*, celui qui désire..... *qui bonum alienum appetit, meritò amittit proprium.*

Si *on, si l'on*, se tournent par *si quelqu'un, si quis.*

Ex. Si l'on vous demande, *si quis te interroget.*

REMARQUE. On ne dit pas *si aliquis*, mais *si quis;* après *si, nisi, ne, nùm, sive, quò*, on retranche *ali* dans les mots qui commencent ainsi : *si quandò* pour *si aliquandò*, *ne quandò*, etc.

On voit, on trouve des gens qui.... s'expriment par *videas, reperias qui...... videre est, reperire est qui.....* et le verbe suivant se met au subjonctif. *Ex.* On voit des gens qui aspirent aux honneurs, *videas homines qui honores appetant.*

On dit que.... on croit que.... il semble,
il paraît que....

On dit, on croit, etc., s'expriment en latin de deux manières.

1.° *Personnellement*, en prenant le nominatif du second verbe, pour en faire le nominatif des verbes *on dit*, *on croit*, etc.

Ex. On lit que les cerfs vivent très-longtemps; *tournez*, les cerfs sont dits vivre..... *cervi dicuntur diutissimè vivere*.

Il paraît que vous êtes malade; *tournez*, vous paraissez être malade, *videris ægrotare*.

2.º *Impersonnellement*, en tournant par la troisième personne du singulier passif, *il est dit que.... il est cru que..... alors le *que* se retranche.

Ex. On dit que les cerfs vivent très-longtemps; *tournez*, il est dit que les cerfs..... *dicitur cervos diutissimè vivere*.

REMARQUE. On exprime toujours de cette seconde manière *on dit*, *on croit*, quand ils sont suivis d'un verbe impersonnel.

Ex. On dit que vous vous repentez de votre faute, *tournez*, il est dit que vous.... *dicitur te tuæ culpæ pœnitere*.

Observation sur le verbe français ON ENSEIGNE.

Pour tourner ce verbe par le passif, il faut faire attention à la signification du verbe latin *doceri*, qui veut dire *être instruit* : comme cela ne peut se dire que d'une personne, et non pas d'une chose, le verbe passif *doceor* veut toujours pour nominatif le nom de la personne.

Ex. On enseigne la grammaire aux enfans, *tournez*, les enfans sont instruits sur la grammaire, *pueri docentur grammaticam*.

Les enfans à qui l'on enseigne la grammaire, *tournez*, les enfans qui sont instruits

sur la grammaire, *pueri qui docentur grammaticam.*

La grammaire que l'on enseigne aux enfans,
tournez, la grammaire sur laquelle les enfans
sont instruits, *grammatica quam pueri docentur.* (*Tournez de même cette phrase :* la grammaire qui est enseignée aux enfans.)

II. PRONOMS *français que l'on exprime d'une
manière différente en latin.*

Il, le, la, lui, leur, qu'il faut quelquefois tourner en latin par *soi, à soi,* etc., et exprimer par
sui, sibi, se.

Le renard dit qu'il n'était pas coupable; *tournez,* dit soi n'être pas...

Règle. Quand les pronoms *il, elle, la, lui,
leur,* après un *que* retranché ou exprimé, se
rapportent au nominatif du premier verbe, on
les exprime par *sui, sibi, se.*

Pour connaître si ces pronoms se rapportent
au nominatif du premier verbe, faites l'interrogation suivante, *qui il? qui elle?*

Ex. Le renard dit qu'il n'était point coupable
de la faute : *qui il?* Réponse : *le renard.* Quand
le mot de la réponse est le même que le
nominatif du premier verbe, exprimez *il* par
se; ainsi dites : *vulpes negavit se esse culpæ
noxiam.*

Diogène ordonna qu'on le jetât à la voirie;
qui le? Réponse : *Diogène.* Comme le mot de
la réponse est le même que le nominatif du
verbe, dites : *Diogenes jussit se projici inhu-
matum.*

Ce philosophe disait qu'il lui importait peu ; *qui lui*? Réponse : *le philosophe. Hic philosophus dicebat suâ parvi referre.*

Mais je crois qu'il mentait; *qui il?* Réponse : *ce philosophe.*

Quand le mot de la réponse n'est pas le même que le nominatif du verbe, exprimez *il* par *ille, illa, illud;* ainsi dites, *at credo illum mentitum fuisse. (Il, elle,* etc. ne peuvent jamais se rapporter à un nominatif de la première ou de la seconde personne.)

———————————————

SON, SA, SES, LEUR, LEURS, qu'il faut quelquefois tourner en latin par *de lui, d'elle, d'eux, d'elles,* et exprimer par *ejus, eorum, earum.*

I.*Son, sa, ses, leur, leurs,* après un seul verbe.
   Pater amat *suos liberos.*

RÈGLE. *Son, sa, ses.....* après un seul verbe, s'expriment par *suus, sua, suum,* quand ils se rapportent au nominatif de ce verbe.

Pour connaître s'ils se rapportent au nominatif du verbe, faites l'interrogation suivante : *de qui?*

Ex. Un père aime ses enfans : les enfans *de qui?* Réponse : *du père.*

Quand le mot de la réponse est le même que le nominatif du verbe, servez-vous de *suus, sua, suum :* ainsi dites, *pater amat suos liberos.*

Quand le mot de la réponse n'est pas le nominatif du verbe, exprimez *son, sa, ses,* par *ejus; leur, leurs,* par *eorum, earum.*

Ex. Mais il n'aime par leurs défauts. Les défauts *de qui?* Réponse : *des enfans.* Comme ce mot *enfans* n'est pas le nominatif du verbe, dites, *at eorum vitia odit.*

Cependant quand le verbe est de première ou seconde personne, on se sert de *suus, a, um,* pourvu qu'il se rapporte à un second régime. *Exemple.* J'ai rendu à César son épée, *suum Cæsari gladium restitui.*

II. *Son, sa, ses, leur, leurs,* après deux verbes.

RÈGLE. Quand *son, sa, ses,* etc., sont après deux verbes, on les exprime par *suus, sua, suum,* pourvu qu'ils se rapportent au nominatif de l'un des deux verbes [*].

Exemple. La mère vous prie de pardonner à son fils, c'est-à-dire, que vous pardonniez, *mater te orat ut filiolo ignoscas suo.* (*Son,* ici, se rapporte au nominatif du premier verbe.)

J'écris à mon ami de me confier son affaire, c'est-à-dire, qu'il me confie, *ad amicum scribo ut mihi negotium committat suum.* (*Son,* ici, se rapporte au nominatif du second verbe.)

Mais on exprime *son, sa, ses,* par *ejus* ou *illius; leur, leurs,* par *eorum earum,* quand ils ne se rapportent ni à l'un ni à l'autre de ces deux nominatifs.

Ex. Je vous prierai de prendre ses intérêts, *te rogabo ut illius commodis inservias.* (*Son, sa, ses,* ne peuvent jamais se rapporter à un

---

[*] A moins que les verbes ne soient tous deux de la troisième personne; car alors il faut que *son, sa....* se rapportent au nominatif du verbe *principal* (c'est-à-dire, celui qui gouverne l'autre), pour éviter l'ambiguïté.

nominatif de première ou de seconde personne.)

III. *Son, sa, ses, leur, leurs,* au commencement d'une phrase.

Ejus indoles est optima.

Ire RÈGLE. *Son, sa, ses,* au commencement
d'une phrase, s'expriment par *ejus* ou *illius ;
leur, leurs,* par *eorum, earum,* quand ils ne
se rapportent pas au régime du verbe suivant.

Exemple. Son caractère est excellent, *tournez,* le caractère de lui..... *ejus indoles est op-
tima.*

Sua eum commendat modestia.

IIe RÈGLE. *Son, sa, ses,* même au commencement d'une phrase, s'expriment par *suus,
sua, suum,* quand il se rapportent au régime
du verbe suivant ; ce qui arrive lorsqu'ils sont
suivis de *le, la, les,* ou précédés d'un *que* relatif.

Ex. Sa modestie le rend recommandable, *sua
eum commendat modestia.*

L'enfant que sa modestie rend recommandable, *puer quem sua commendat modestia.*

On ajoute en latin *suus, a, um,* au nominatif, quand le nominatif français est suivi d'un génitif, et de *le, la, les.*

Exemple. L'ambition de cet homme le perdra, *tournez,* son ambition perdra cet homme, *sua hominem perdet ambitio.*

1.° TEL QUE... telle que ; *is qui, ea quœ.*

RÈGLE. *Tel, telle que,* se tournent en latin

par *celui, celle que*, et s'expriment, *tel, telle*, par *is, ea, id*, et *que* par *qui, quœ, quod*, que l'on met au nominatif devant *sum*, etc., *sim*; et à l'accusatif devant *esse*, mis pour un *que* retranché.

Exemple. Je ne suis pas tel que vous, *tournez*, je ne suis pas celui lequel vous êtes; *non is sum qui tu* (sous-entendu *es*). On peut dire aussi, *non sum talis qualis tu*.

Il n'est pas tel que vous pensez, *tournez*, il n'est pas celui lequel vous pensez qu'il est, *non is est quem putas* (sous-entendu *eum esse*). *Quem* est à l'accusatif, à cause du *que* retranché.

2.º *Tel*, quand il n'est pas suivi de *que*, s'exprime par *is* ou *talis*.

Exemple. Tel a été mon père, *is* ou *talis uit pater meus*.

3.º Lorsque *tel*, au commencement d'une phrase, est suivi de *qui*, on tourne *tel* par quelques-uns, *quidam*, ou par il y en a qui..... *sunt qui*.

Exemple. Tel rit aujourd'hui, qui pleurera demain, *tournez*, quelques-uns rient..... *quidam hodiè rident, qui cras flebunt*.

TEL répété, *quis, is*.

4.º Quand *tel* est répété, le premier s'exprime par *qui, quœ, quod*, et le second par *is, ea, id*; ou bien le premier par *qualis*, et le second par *talis*.

Exemple. Tel père, tel fils: *qui pater est, is est filius*, ou *qualis pater est, talis filius*;

c'est comme s'il y avait *le fils est tel que le père* ; mais la phrase est renversée.

5.º Quand *tel* suivi de *que* ne peut pas se tourner par le *même* ou *semblable*, on exprime *que* par *ut*, avec le subjonctif.

Ex. La libéralité doit être telle qu'elle ne nuise à personne, *ea esse debet liberalitas ut nemini noceat.*

La force de la vertu est telle que nous l'aimons même dans un ennemi, *ea vis est probitatis, ut illam vel in hoste diligamus.*

Quand *tel* peut se tourner par *de cette sorte*, on l'exprime par *hujus modi* en bonne part, et *istius modi* en mauvaise part. *Ex.* Qui n'aimerait de tels enfans ? *Quis hujus modi puerulos non amet ?* Qui ne haïrait de telles gens ? *Quis istius modi homines non oderit !*

1.º LE MÊME que, *idem qui*, ou *ac, atque.*

RÈGLE. *Le même, la même,* s'expriment par *idem, eadem, idem,* et *que* par *qui, quæ, quod,* que l'on met au cas du verbe suivant.

Exemple. Vous n'êtes pas le même à mon égard que vous avez été autrefois, *non idem es ergà me qui fuisti olim.*

Ma mère n'est pas aujourd'hui la même que je l'ai vue autrefois, *non eadem est hodiè mater mea, quam vidi olim* (sous-entendu *eam esse*).

Je me sers des mêmes livres que vous, *iisdem libris utor, quibus tu* (sous-ent. *uteris*).

REMARQUE. *Le même,* devant un nom ou prénom, s'exprime par *idem* ; le même homme, *idem homo.*

Même, après un nom ou pronom, s'exprime par *ipse, ipsa, ipsum.* L'homme même, *homo* *ipse ;* moi - même, *ego ipse ;* vous-même, *tu ipse ** .

2.° *Ne pas même* s'exprime par *ne quidem*, que l'on sépare en mettant un mot entre *ne* et *quidem.*

Exemple. Je ne l'ai pas même vu, *eum ne vidi quidem.*

3.° *De même que si,* signifiant *comme si,* s'exprime par *non secùs ac... perindè ac... tanquàm.*

Exemple. Je l'aime de même que s'il était mon frère, *illum perindè amo ac si esset frater meus.*

4.° *De même,* non suivi de *que,* se rend par *item.* Il n'en est pas de même des Romains, *non item de Romanis. Et même* s'exprime par *imò.... quin etiam.*

---

* Quand le pronom *même* se rapporte au nominatif du verbe, on met toujours le pronom au nominatif, quoiqu'en français il soit joint au régime. *Exemple.* L'avare se nuit à lui-même, *avarus sibi ipse nocet.* Mais si *même* ne se rapporte pas au nominatif, on le fait accorder avec le régime : le temps ronge le fer même, *vetustas ferrum ipsum exedit.*

I. Autre, autrement que... *alius, aliter quàm... ac... atque...*

Règle. *Autre* s'exprime par *alius, alia, aliud,* et *que* par *quàm, ac, atque.*

Exemple. Il n'est pas autre qu'il était autrefois, *non alius est quàm erat olim :* on n'exprime pas *ne* après *autre.*

Il parle autrement qu'il ne pense, *aliter loquitur ac* ou *atque sentit **.*

** Au lieu de *quàm, ac,* on répète quelquefois *alius, aliter.* Il parle autrement qu'il ne pense, *aliter loquitur, aliter sentit.*

II. *Tout autre* signifiant *quelque autre que ce soit*, s'exprime par *quivis alius*, *quilibet alius*; tout autrement, *longè aliter* et *que* par *ac*, *atque*.

Exemple. Tout autre peuple que le peuple romain eût perdu courage, *quivis alius populus ac romanus despondisset animum*.

Mais si *tout autre* signifie *tout différent*, il s'exprime par *longè alius*.

Exemple. Vous êtes tout autre que vous n'étiez, c'est-à-dire, tout différent, *longè alius es atque eras*.

III. Après *lequel des deux* (en latin *uter*), *autre* s'exprime aussi par *uter*, *utra*, *utrum*.

Exemple. Examinez lequel des deux a dressé des embûches à l'autre, *quœrè uter utri insidias fecerit*.

IV. *L'un... l'autre, les uns... les autres*, quand on parle de plus de deux, s'expriment par *alius*, *alia*, *aliud*, que l'on répète.

Exemple. Les uns jouent, les autres chantent, *alii ludunt, cantant alii*.

Mais si l'on ne parle que de deux, on se sert de *alter* répété, ou de *unus*, *alter*.

Exemple. L'un dit oui, l'autre dit non, *alter ou unus ait, negat alter*.

V. Quand *l'un* est répété, et *l'autre* aussi répété, on les tourne par l'adjectif *différent*, et on les traduit par *alius*, *alia*, *aliud*, de cette manière.

Ex. Les uns aiment une chose, les autres une autre, *tournez*, différentes personnes aiment différentes choses, *alii aliis rebus delectantur*.

Les uns s'en allèrent d'un côté, les autres de l'autre, *alii aliò dilapsi sunt.*

VI. *Ni l'un ni l'autre* (quand le nominatif est un pronom) s'expriment par *neuter, neutra, neutrum : l'un l'autre* par *uterque, utraque, utrumque;* et ils sont ordinairement suivis de *alter, altera, alterum*, et alors on n'exprime pas *se.*

Exemple. Ils ne s'aiment ni l'un ni l'autre, *neuter alterum amat.*

Ils se haïssent l'un l'autre, *uterque alterum odit.*

VII. *L'un des deux, l'un ou l'autre*, s'expriment par *alteruter, alterutra, alterutrum.*

Exemple. Je vous enverrai l'un ou l'autre, *alterutrum ad te mittam.*

VIII. *L'un après l'autre* s'exprime par *singuli, singulæ, singula.*

Exemple. Il se mit à les manger l'une après l'autre, *cœpit vesci singulis.*

IX. *Le premier, le second,* quand on ne parle que de deux, s'expriment, *le premier* par *prior*, et *le second* par *posterior*, ou par *alter* répété.

Exemple. Le premier riait toujours, le second pleurait sans cesse, *prior semper ridebat, posterior indesinenter flebat.*

Mais si l'on parle de plus de deux, servez-vous de *primus, secundus.*

Celui-ci, celui-là, s'expriment, *celui-ci* par *hic, celui-là* par *ille.*

Celui-ci riait toujours, celui-là pleurait sans

cesse, *hic semper ridebat, ille indesinenter flebat.*

X. *Celui des deux qui,* s'exprime par *uter, utra, utrum.*

Exemple. Celui des deux qui se dédira paiera l'amende, *uter demutaverit pecuniâ mulctabitur.*

QUEL, QUELLE, suivis de que, *quicumque, quantuscumque.*

RÈGLE. *Quel, quelle que* s'expriment par *quicumque, quæsumque;* et si la chose peut se dire grande, par *quantuscumque, quantacumque...* qui renferme *que,* et veut ordinairement le subjonctif.

Ex. Quelle que soit sa mémoire, il oublie cependant bien des choses, *quantacumque sit ejus memoria, multa tamen obliviscitur.*

Qui que ce soit qui... s'exprime par *quicumque... quilibet..* et si l'on ne parle que de deux, c'est par *utercumque, utracumque.*

Exemple. Qui que ce soit des deux partis qui remporte la victoire, nous périrons, *utracumque pars vicerit, tamen perituri sumus.*

QUELQUE que... suivi d'un nom.

I. Si c'est un nom de choses qui ne se comptent pas, on l'exprime par *quicumque... qualiscumque...* et si la chose peut se dire grande, par *quantuscumque, quantacumque,* etc.

Exemple. Quelque parti que vous preniez, *quodcumque consilium capias*.

II. Si c'est un nom de choses qui se comptent, on exprime *quelque que...* par *quotcumque* ou *quantumvis multi*, *æ*, *a*.

Exemple. Quelques services que vous rendiez à un ingrat, vous ne lui en rendrez jamais assez, *quotcumque apud ingratum officia posueris, nunquàm satis multa contuleris.*

QUELQUE que... suivi d'un adjectif.

Si *quelque... que* est suivi d'un adjectif, d'un adverbe ou d'un participe, on l'exprime par *quantùmvis*, et si c'est le participe d'un verbe de prix, par *quantìcumque*.

Exemple. Quelque savant qu'il soit, il ignore cependant bien des choses, *quantùmvis sit doctius, multa tamen ignorat.*

Quelque estimable que soit la science,.... *quantìcumque æstimanda sit doctrina...*

Quelque grand que... s'exprime par *quantuscumque*, *quantacumque....* quelque petit que, par *quantuluscumque*, *quantulacumque*.

PRONOMS *français qui ne s'expriment pas en latin.*

I. Je crois qu'il faut; *tournez*, je crois falloir.

RÈGLE. *Il* devant un impersonnel ne s'exprime pas, excepté devant *pœnitet, piget, pudet, tædet, miseret.*

Ex. Je crois qu'il faut, *credo oportere.*

Vous savez qu'il est honteux de mentir, *scis mentiri turpe esse.*

II. Quand *celui, celle* ou *ceux*, suivis d'un génitif, sont employés pour un nom précédent, on ne se sert pas de *ille, illa, illud*; mais on répète le nom qui précède.

Exemples. Les qualités de l'âme sont bien préférables à celles du corps, *animi dotes corporis dotibus longè præstant.*

La vie des hommes est plus courte que celle des corneilles, *brevior est vita hominum quàm cornicum vita.* (On peut ne pas répéter le nom quand il doit être mis au même cas, et dire : *brevior est hominum quàm cornicum vita.*)

III. Dans les phrases suivantes, *c'est ainsi que, est-ce ainsi que...* on n'exprime ni *c'est*, ni *que.*

Exemple. C'est ainsi qu'il parla, *tournez*, il parla ainsi, *sic locutus est.*

Est-ce ainsi que vous défendez vos amis? *tournez*, défendez-vous ainsi... *Siccine tuos amicos defendis?*

C'est vous-même que je cherche, *te ipsum quæro.*

IV. *Ce n'est pas que*, se rend en latin par *non quòd; mais c'est que*, par *sed quòd.*

Ex. Ce n'est pas que j'approuve, mais c'est que... *non quòd approbem, sed quòd...*

S'il suit un comparatif, rendez *ce n'est pas que*, par *non quò... sed quò...* Ce n'est pas que l'un me soit plus cher que l'autre, *non quò mihi sit alter altero carior.*

S'il suit une négation, par *non quin.....* Ce n'est pas que je ne pense, *non quin existimen.*

V. *Ce n'est pas à dire pour cela que.... est-ce à dire pour cela que,* se rendent par *non continuò, non ideò... an continuò... an ideò.*

Ex. Quoique j'aie salué des méchans, ce n'est pas à dire pour cela que je sois méchant, *quamvis improbos salutaverim, non continuò sum improbus.*

VI. *Ce qui, ce que,* suivis de *c'est* et d'un nom, ne s'expriment pas en latin.

Ex. Ce qui me chagrine le plus, c'est la mauvaise santé de mon père, *tournez,* la mauvaise santé de mon père me chagrine le plus, *valetudo patris me potissimùm sollicitat.*

Ce qui, ce que, s'expriment par *illud* quand ils sont suivis de *c'est que.*

Ex. Ce que j'espère, c'est que je vivrai éternellement, *illud spero me futurum immortalem.* (Après *espérer* on retranche *que.*)

Ce que je crains, c'est que..... *illud vereor ne.* (Après *craindre,* le *que* s'exprime par *ne.*)

Ce dont je doute, c'est que..... *illud dubito an.* (Après *douter,* le *que* s'exprime par *an.*)

Ce qui me console, c'est que.... *illud me consolatur quòd.*

VII. *C'est,* devant un infinitif suivi de *que de,* se tourne par *celui qui.*

Ex. C'est se tromper que de croire... *tournez,* celui qui croit...... se trompe; *errat, qui putat.*

CHAPITRE TROISIÈME.

DES PARTICIPES.

Participes français qui manquent en latin.

I. Le verbe latin *sum* n'a ni le participe du présent *étant*, ni le participe du passé *ayant été*; on se sert des conjonctions *lorsque, après que, puisque, quùm, postquàm.*

Ex. Cicéron étant consul, la conjuration fut découverte; *tournez*, lorsque Cicéron était consul, la conjuration fut découverte, *quùm Cicero esset consul, detecta fuit conjuratio.**

Cicéron ayant été consul, fut néanmoins envoyé en exil; *tournez*, après que Cicéron eut été consul...... *Cicero postquàm fuisset consul, tamen in exilium actus est.*

II. Le participe passé actif, comme *ayant aimé*, manque en latin (excepté dans quelques verbes déponens); on le tourne par *lorsque, puisque.*

Ex. Un rat ayant rencontré un éléphant, *mus elephanto quùm fuisset obvius.*

III. Le participe passé du passif manque en latin quand le verbe est neutre, et souvent, quand il est déponent. Alors on tourne par l'actif, et l'on se sert des conjonctions *quùm, postquàm.*

Ex. Étant favorisé de Dieu, il vint à bout de son entreprise, *quùm Deus ei favisset, consilium perfecit suum.*

---

* On peut aussi mettre les deux noms à l'ablatif, et dire : *Cicerone consule detecta fuit conjuratio.* (On sous-entend *sub.*)

Ayant été poursuivi des voleurs, il s'échappa, *quùm latrones eum persecuti essent, evasit.*

PARTICIPES *français qui s'expriment en latin par une préposition et un nom.*

Ayant autant de prudence, *tournez*, eu égard à votre prudence.

RÈGLE. *Ayant autant de*..... avec un nom, *étant aussi*, avec un adjectif, se tournent en latin par *eu égard à*...... *pro* avec l'ablatif du nom.

Ex. Ayant autant de prudence que vous en avez, étant aussi prudent que vous l'êtes, *pro tuâ prudentiâ.*

REMARQUE. On peut encore tourner *quelle est votre prudence,* et dire, *quæ tua est prudentia.*

CHAPITRE QUATRIÈME.
DES ADVERBES.

I. QUE *adverbe.* — Que tardez-vous ? *tournez*, pourquoi tardez-vous ?

Le *que* interrogatif adverbe se tourne par *pourquoi*, et s'exprime par *quid* ou *cur*; mais s'il est suivi d'une négation, on tourne par *pourquoi ne*, et on l'exprime par *quin* ou *cur non.*

Ex. Que tardez-vous ? *quid* ou *cur moraris ?*

Que n'accourez-vous ici ? *quin* ou *cur non huc advolas ?*

Si le *que* interrogatif peut se tourner *par combien*, on l'exprime, avec un verbe de prix, par *quanti.*

9

Ex. Que vous a coûté cette maison? *tournez,* combien vous a coûté.... *quanti tibi constitit hæc domus.*

II. Que *de désir.*

Que ne puis-je! Que je voudrais! *utinam!*

Le *que* de désir se connaît lorsqu'on peut le tourner par *plaise à Dieu que...* et se rend en latin par *utinam,* avec le subjonctif sans exprimer *ne.*

Ex. Que ne puis-je vous entretenir! *utinam tecum loqui possim!*

III. Ne *que* signifiant *seulement,* solummodò.

Ne que signifiant *seulement,* se rend en latin par *solummodò,* ou par *solus, sola, solum,* que l'on fait accorder avec le nom qui suit.

Ex. La louange n'est due qu'à la vertu; c'est-à-dire, est due seulement.... *laus virtuti solummodò debetur;* ou bien, est due à la seule vertu, *laus soli virtuti debetur.*

Si *ne que* signifie *rien autre chose que,* on exprime *rien autre chose* par *nihil aliud,* et *que* par *nisi* ou *quàm.*

Ex. Il n'a pris que sa robe; c'est-à-dire rien autre chose que... *nihil aliud nisi togam sumpsit.*

IV. Que entre deux négations.

Si *que* entre deux négations est relatif, c'est-à-dire, s'il est précédé d'un nom auquel il se rapporte, on l'exprime par *qui, quæ, quod,* et on le met au cas du verbe.

Ex. Le sage n'assure rien qu'il ne prouve, *sapiens nihil affirmat quod non probet.*

Mais s'il est adverbe, on l'exprime par *quin*, *nisi*, *priusquàm*, avec le subjonctif.

Ex. Je ne partirai pas d'ici que je ne vous aie vu, *non hinc proficiscar quin*, ou *nisi*, ou *priusquàm te viderim*.

V. QUE *d'admiration*.

Le *que* d'admiration se connaît quand il peut se tourner par *combien*, et il s'exprime de même que *combien*.

REMARQUE. Lorsque le *que* d'admiration ou l'adverbe *combien* est joint au mot *grand*, on l'exprime par *quantus*, *quanta*, *quantum*.

Ex. Que ma joie serait grande! *Quanta esset mea lœtitia!*

Lorsqu'il est joint au mot *petit*, on l'exprime par *quantulus*, *quantula*, *quantulum*. Que cette classe est petite! *quantula hœc est schola *!*

* Après un *que* d'admiration, la négation française ne s'exprime pas en latin. *Exemple*. Que de malheurs n'a-t-il pas essuyés! *Quot et quantas calamitates hausit.*

ADVERBES DE QUANTITÉ.

Les adverbes de quantité s'expriment de différentes manières en latin, selon les différens mots auxquels ils sont joints.

I. Que *ou* combien d'eau, *quantùm aquæ*.

Devant un nom de choses qui ne se comptent

pas,	ON EXPRIME :	
Que *ou* combien,	*Quantùm*,	
Peu,	*Parùm*,	
Beaucoup,	*Multùm*,	
Moins,	*Minùs*,	Avec le génitif.
Plus,	*Plùs*,	
Autant, tant,	*Tantùm*,	
Assez,	*Satis*,	
Trop,	*Nimis*, *nimiùm*,	

Exemples.

Que *ou* combien d'eau,	*Quantùm aquæ.*
Peu d'eau, *	*Parùm aquæ.*
Beaucoup d'eau,	*Multùm aquæ.*
Moins d'eau,	*Minùs aquæ.*
Plus d'eau,	*Plùs aquæ.*
Tant, autant d'eau,	*Tantùm aquæ.*
Assez d'eau,	*Satis aquæ.*
Trop d'eau,	*Nimis, nimiùm aquæ.*

REMARQUE. Quand la chose qui ne se compte pas peut se dire grande,

ON EXPRIME :

Que *ou* combien,	*Quantus, a, um.*
Peu,	*Parvus, a, um.*
Beaucoup,	*Magnus, a, um.*
Moins,	*Minor, us.*
Plus,	*Major, us.*
Autant, tant,	*Tantus, a, um.*
Assez,	*Satis magnus, a, um.*
Trop,	*Nimius, a, um; Nimis magnus, a, uni.*

L'on fait accorder ces adjectifs avec le nom.

Exemples.

Que *ou* combien de science,	*Quanta doctrina.*
Peu de science,	*Parva doctrina.*
Beaucoup de science,	*Magna doctrina.*
Moins de science,	*Minor doctrina.*
Plus de science,	*Major doctrina.*
Autant, tant de science,	*Tanta doctrina.*
Assez de science,	*Satis magna doctrina.*
Trop de science,	*Nimia ou nimis magna doctrina.*

II. Devant un nom pluriel de choses qui se comptent,

---

* *Un peu, quelque peu,* devant un nom s'expriment par *tantillùm, aliquantulùm,* avec le génitif. *Un peu d'eau, tantillùm aquæ.*

Un peu, devant un adjectif ou un adverbe, ou un verbe, s'exprime par *leviter. Un peu blessé; leviter vulneratus.* Il se fâche un peu, *leviter irascitur.*

ON EXPRIME :

Que *ou* combien, *	*Quot* ou *quàm multi, æ, a.*
Peu,	*Pauci, æ, a.*
Beaucoup,	*Multi, æ, a.*
Moins,	*Pauciores, ra.*
Plus,	*Plures, ra.*
Autant, tant,	*Tot* ou *tam multi, æ, a.*
Assez,	*Satis multi, æ, a,*
Trop,	*Nimis multi, æ, a.*

(PAR)

L'on fait accorder ces adjectifs avec le nom pluriel qui suit.

Exemples.

Que *ou* combien de livres,	*Quot* ou *quàm multi libri.*
Peu de livres,	*Pauci libri.*
Beaucoup de livres,	*Multi libri.*
Moins de livres,	*Pauciores libri.*
Plus de livres,	*Plures libri.*
Autant, tant de livres,	*Tot libri.*
Assez de livres,	*Satis multi libri.*
Trop de livres,	*Nimis multi libri.*

REMARQUE. Quand l'adverbe *combien* signifie *combien de personnes*, on l'exprime toujours par *quàm multi.* Vous voyez combien nous sommes ici, *vides quàm multi hic adsimus* et non pas *quot adsimus.* (*Quot* et *tot* ne s'emploient que devant un nom exprimé.)

III. Devant un adjectif ou un adverbe.

ON EXPRIME :

Que *ou* combien,	*Quàm* ou *ut.*
Peu,	*Parùm.*
Beaucoup, bien, fort,	*Multùm, valdè.*
Moins,	*Minùs.*
Plus,	*Magis* ou un comparatif.
Tant, aussi, si,	*Tam.*
Assez, }**	*Satis.*
Trop, }	*Nimis.*

(PAR)

Exemples.

Que *ou* combien il est modeste !	*Quàm* ou *ut modestus est.*
Peu modeste,	*Parùm modestus.*
Bien modeste,	*Multùm modestus,* ou *modestissimus.*
Moins modeste,	*Minùs modestus.*

---

* *Combien* signifiant *combien peu,* s'exprime par *quotusquisque quotaquæque.* Combien y en a-t-il qui soient éloquens? *quotusquisque est disertus?*

** Voyez *assez, trop,* suivis de *pour,* pag. 208 et 209.

Plus modeste,	*Magis modestus* ou *modestior.*
Aussi, si modeste,	*Tam modestus.*
Assez modeste,	*Satis modestus.*
Trop modeste,	*Nimis modestus* ou *modestior.*

REMARQUE. *Si grand, aussi grand,* s'expriment par *tantus, a, um : si petit, aussi petit,* par *tantulus, a, um.*

IV. Devant un comparatif ou un verbe d'excellence, comme *excello, præsto, supero, malo,*

ON EXPRIME :

Que ou combien,	*Quantò,*
Un peu,	*Paulò,*
Bien, beaucoup,	*Multò,* ou *longè.*
Autant, tant,	*Tantò.*

PAR

Ex. Qu'il est *ou* combien est-il plus savant, *quantò doctior est!* un peu plus savant, *paulò doctior :* bien *ou* beaucoup plus savant, *multò doctior.*

Vous l'emportez autant sur les autres, *tantò præstas aliis.*

REMARQUE. *Combien, un peu, beaucoup, autant,* devant les adverbes *antè* et *post,* s'expriment de même : combien auparavant, *quantò antè,* un peu auparavant, *paulo antè,* beaucoup auparavant, *multò antò.*

V. Devant un verbe ordinaire,

ON EXPRIME :

Que ou combien,	*Quàm, quantùm, ut.*
Peu,	*Parùm.*
Beaucoup,	*Multùm, valdè, plurimùm.*
Moins,	*Minùs,*
Plus,	*Magis, plùs, ampliùs.*
Autant, aussi, si,	*Tantùm, tàm.*
Assez,	*Satis,*
Trop,	*Nimis, nimiò, plùs, plùs æquo.*

PAR

Ex. Qu'il *ou* combien il est aimé! *quàm, quantùm amatur!*

Il est peu aimé,	*Parùm amatur.*
Il est beaucoup aimé,	*Multùm, valdè amatur.*
Il est moins aimé,	*Minùs amatur.*
Il est plus aimé,	*Plùs, magis amatur.*

Il est aussi, autant aimé,	*Tantùm, tam amatur.*
Il est assez aimé,	*Satis amatur.*
Il est trop aimé,	*Nimis, nimiò plùs amatur.*

REMARQUE. *Plus, moins, trop*, avec *refert, interest*, s'expriment par *magis, minùs*. Il vous importe plus, *tuâ magis interest*. Il m'importe moins, *meâ minùs interest*.

VI. Devant un verbe de prix ou d'estime,

ON EXPRIME:

Que ou combien,	*Quanti.*
Peu,	*Parvi.*
Beaucoup,	*Magni.*
Moins,	*Minoris.*
Plus,	*Pluris.*
Tant, autant, aussi, si,	*Tanti.*
Assez,	*Satis magni.*
Trop,	*Nimiò pluris.*

Exemples. Qu'il *ou* combien il est estimé, *quanti œstimatur.*

Il est peu estimé,	*Parvi œstimatur.*
Il est fort estimé,	*Magni œstimatur.*
Il est moins estimé,	*Minoris œstimatur.*
Il est plus estimé,	*Pluris œstimatur.*
Il est tant, autant, aussi, si estimé,	*Tanti œstimatur.*
Il est assez estimé,	*Satis magni œstimatur.*
Il est trop estimé,	*Nimiò pluris œstimatur.*

I.ʳᵉ REMARQUE. *Combien, peu, beaucoup, autant, assez*, devant les verbes *refert, interest*, s'expriment par *quanti, parvi, magni, tanti, satis magni*. Il m'importe beaucoup, *meâ magni refert*.

II.ᵉ REMARQUE. *Plus*, devant *odisse et fugere*, se rend par *pejus*. Je le haïssais plus, *eum pejus oderam*.

I. QUE *après* plus, moins.... *Quàm.*

RÈGLE. De quelque manière qu'on exprime *plus, moins*, le *que* suivant se rend toujours par *quàm*.

Exemples :

Plus Moins	de courage que de prudence.
Plùs Minùs	*fortitudinis quàm prudentiæ.*
Plus Moins	de villes que de bourgs.

Plures }
Pauciores }   urbes quàm vici.

Il est }   plus }
          moins }   estimé que son frère.

Pluris }
Minoris }   æstimatur quàm frater.

II. QUE *après* autant, aussi.

1.º S'il est devant un nom de choses qui ne se comptent pas, on l'exprime par *quantùm* avec le génitif.

Ex. Autant de modestie que de science, *tantùm modestiæ quantùm doctrinæ*. On dit aussi, *tanta modestia, quanta doctrina*.

2.º Devant un nom de choses qui se comptent, on l'exprime par *quot*.

Ex. Autant de fruits que de fleurs, *tot fructus quot flores*.

3.º Devant un adjectif ou un adverbe, par *quàm*.

Ex. Il est aussi prudent que brave, *tam prudens est quàm fortis*.

4.º Devant un verbe ordinaire, par *quantùm*.

Ex. Je vous aime autant que vous m'aimez, *tantùm te amo quantùm me amas*.

5.º Devant un verbe de prix ou d'estime, par *quanti*.

Ex. Je vous estime autant que vous m'estimez, *tanti te facio quanti me facis*.

REMARQUE. Après *autant, aussi, que* suivi de *peu* s'exprime par *quàm*, et alors *autant* s'exprime par *tam magni*. Ex. Il vous importe autant qu'il m'importe peu, *tud tam magni refert quàm parvi med*.

III. 6.º *Autant que*, au commencement d'une phrase, s'exprime par *quantùm*. Ex.

Autant que je puis prévoir, *quantùm prospicere possum.*

IV. 7.º *Autant, aussi*, à la fin d'une phrase, s'expriment par les adverbes suivans :

S'il se rapporte

à un nom de choses qui ne se comptent pas,	*Tantùmdem.*
à un nom de choses qui se comptent,	*Totidem.*
à un adjectif,	*Item.*
à un verbe ordinaire,	*Tantùmdem.*
à un verbe de prix,	*Tantidem.*

Ex. Vous avez beaucoup de loisir, je n'en ai pas autant : *habes multùm otii, non habeo tantùmdem.*

J'ai beaucoup de livres, vous n'en avez pas autant : *sunt mihi libri benè multi, non sunt tibi totidem,* etc.

V. Après *aussi, autant, plus,* on exprime de cette manière :

Qu'homme du monde,		*Quàm qui maximè.*
Que qui que ce soit,		
Que chose du monde,	PAR	*Quàm quod maximè.*
Que quoi que ce soit,		
Que jamais,		*Quàm quùm maximè.*
Qu'en aucun lieu du monde,		*Quàm ubi maximè.*

Avec un verbe de prix ou d'estime, mettez *quanti* au lieu de *quàm,* et *plurimi* au lieu de *maximè.*

Ex. Il est aussi prudent qu'homme du monde, *tournez*, que celui qui l'est le plus, *tàm prudens est quàm qui maximè.*

Il est autant estimé que qui que ce soit, *tanti fit quanti qui plurimi.*

Cela m'est aussi agréable que quoi que ce soit, *tournez*, que ce qui me l'est le plus : *id mihi tam gratum est quàm quod maximè.*

Il est aussi paresseux que jamais, *tournez,*

que lorsqu'il l'est le plus : *tam piger est quàm quùm maximè.*

La vieillesse était aussi honorée à Lacédémone qu'en aucun lieu du monde, *senectus tantùm honorabatur Lacedæmone, quantùm ubi maximè.*

VI. AUTANT *répété.* — Quand *autant* est répété, le premier tient lieu de *que*, et s'exprime de même par *quantùm, quot, quanti,* etc.; le second par *tantùm, tot, tanti,* selon les mots auxquels ils sont joints.

Ex. Autant ce jeune homme avait de science, autant il avait de modestie, *quantùm doctrinæ in eo adolescente, tantùm modestiæ inerat.* C'est comme s'il y avait, *ce jeune homme avait autant de modestie que de science;* mais la phrase est renversée.

Autant d'hommes, autant de sentimens, *quot homines, tot sententiæ.*

Autant la politesse plaît, autant la grossièreté déplaît, *quàm delectatur urbanitas, tam offendit rusticitas.*

I. D'AUTANT, devant *plus, moins que*..... *eò, quò ou* quod.

RÈGLE. 1.° *D'autant* devant *plus, moins,* s'exprime par *eò* ou *tantò.* 2.° *Plus, moins,* s'expriment ensuite selon les mots auxquels ils se rapportent. 3.° *Que* s'exprime par *quò* ou *quantò,* s'il est suivi d'un comparatif* auquel il se rapporte.

* Cette règle a lieu, même quand *d'autant plus* est suivi de deux *que* Ex. *Tibi eò plùs debebo quò tua in me humanitas fuerit excelsior, quàm in te mea.* Cic. ad Attic. lib. 3. epist. 20.

Ex. Il est d'autant plus modeste qu'il est plus savant, *tournez*, il est plus modeste, par cela qu'il est plus savant, *eò modestior est, quò doctior*.

Il est d'autant moins estimé qu'il est plus orgueilleux, *eò minoris fit quò superbior est*.

II. *Que*, après *d'autant plus*, s'exprime par *quòd*, s'il n'est pas suivi d'un comparatif.

Ex. Cela a paru d'autant plus surprenant, qu'on ne s'y attendait pas, *id eò mirabilius visum est, quòd à nemine exspectabatur*.

REMARQUE. *A proportion que se tourne par* d'autant plus; *et s'exprime de même.*

Ex. Il est plus modeste à proportion qu'il est plus savant, *eò modestior est quò doctior*: c'est-à-dire, il est d'autant plus modeste qu'il est plus savant.

Devant PLUS *ou* MOINS *répétés…. quò, eò.*

I. *Plus, moins* répétés, sont la même chose que *d'autant plus*, *d'autant moins*, mais la phrase est renversée; ainsi l'on met *quò* devant le premier *plus* ou *moins*, *eò* devant le second en exprimant toujours *plus* et *moins*, selon les mots auxquels ils se rapportent.

Ex. Plus il est savant, plus il est modeste, *quò doctior, eò modestior est*.

II. *Plus on, plus une personne*, se tournent par *plus quelqu'un*, *quò quis*, avec un comparatif: *Plus une chose se tourne par *plus quelque chose*, *quò quid* (*pour* quò aliquis, aliquid; *après* quò *on retranche* ali.)

Ex. Plus on est vicieux, plus on est malheureux, *tournez*, plus quelqu'un est vicieux.... *quò quis vitiosior, eò miserior est*.

Tout le monde convient que plus une chose est difficile, plus il faut y apporter de soin, *fatentur omnes, quò quid difficilius est, eò majorem ad id adhibendam esse curam*. (Lorsqu'il y a un *que retranché* devant le premier *plus* ou *moins*, ce *que* retombe sur le second *plus* ou *moins*.)

* Le premier *plus* on peut encore s'exprimer par *ut quisque* avec un superlatif, et le second par *itâ* avec un superlatif encore. Ex. Plus on est vicieux, plus on est malheureux : *ut quisque vitiosissimus, itâ miserrimus est*.

LE PLUS, LE MOINS.

I. Devant un adjectif,

Le plus s'exprime par un superlatif, ou par *maximè*, avec le positif.	*Le moins* s'exprime par *minimè*, avec le positif.
Exemple.	*Exemple.*
Le plus savant de tous, *omnium doctissimus*, ou *maximè doctus.*	Le moins savant de tous, *omnium minimè doctus.*

Servez-vous aussi de *maximè*, *minimè*, avec un verbe ordinaire.

II. Devant un verbe de prix, d'estime,

Le plus s'exprime par *maximi*, *plurimi*.	*Le moins* s'exprime par *minimi*.
Exemple.	*Exemple.*
L'enfant que j'estime le plus, *puer quem plurimi omnium facio*.	L'enfant que j'estime le moins, *puer quem minimi omnium facio*.

III. Devant un adjectif ou un adverbe suivi d'un *que* adverbe,

Le plus s'exprime par le superlatif, devant lequel on met *quàm*.	*Le moins* s'exprime par *quàm minimè*, avec le positif.
Exemple.	*Exemple.*
Soyez le plus indulgent que vous pourrez, *esto quàm facillimus*.	Soyez le moins indulgent que vous pourrez, *esto quàm minimè facilis*.

IV. Devant un nom singulier, suivi d'un *que* adverbe,

Le plus s'exprime par *quàm plurimùm*, avec le génitif, ou par *quàm plurimus*, *a*, *um*, que l'on fait accorder avec le nom.

Exemple.

Il a employé le plus de diligence qu'il a pu, *adhibuit quàm plurimùm potuit diligentiæ* ou *quàm plurimam potuit diligentiam.*

Le moins s'exprime par *quàm minimùm*, avec le génitif, ou par *quàm minimus*, *a*, *um*, que l'on fait accorder avec le nom.

Exemple.

Il a employé le moins de diligence qu'il a pu, *adhibuit quàm minimùm potuit diligentiæ*, ou *quàm minimam potuit diligentiam.*

V. Devant un nom pluriel de choses qui se comptent, suivi d'un *que* adverbe.

Le plus s'exprime par *quàm plurimi*, *mæ*, *ma*, que l'on fait accorder avec le nom.

Exemple.

Il a lu le plus de livres qu'il a pu, *quàm plurimos potuit libros legit.*

Le moins s'exprime par *quàm paucissimi*, *mæ*, *ma*, que l'on fait accorder avec le nom.

Exemple.

Il a lu le moins de livres qu'il a pu, *quàm paucissimos potuit libros legit.*

VI. Devant un adjectif suivi d'un *qui* ou *que* relatif,

Le plus s'exprime par le superlatif; *qui* ou *que*, par *qui*, *quæ*, *quod*, avec le subjonctif.

Exemple.

Il est le plus savant que je connaisse, c'est-à-dire, le plus savant de tous ceux que je connaisse, *est omnium quos noverim doctissimus.*

Le moins s'exprime par *minimè*, avec le positif; *qui* ou *que*, par *qui*, *quæ*, *quod*, avec le subjonctif.

Exemple.

Il est le moins savant que je connaisse, c'est-à-dire, de tous ceux que je connaisse, *est omnium quos noverim minimè doctus.*

TANT QUE.

I.re RÈGLE. Si *tant que* est précédé d'une négation, on le tourne ordinairement par *autant que*, et on l'exprime de même.

Ex. Il n'a pas tant de science que de présomption, *c'est-à-dire*, autant de science que de présomption : *non in eo inest tantùm doctrinæ quantùm arrogantiæ.*

Il n'y a pas tant de fruits que de fleurs, *non sunt tot fructus quot flores.*

Tant, devant un comparatif, se rend par *tantò.* Tant pis, *tantò pejus;* tant mieux, *tantò meliùs.*

II. Deuxième règle. Si *tant* ne peut pas se tourner par *autant**, le *que* suivant s'exprime toujours par *ut* avec le subjonctif.

Ex. Il a reçu tant de coups qu'il en est mort, *tot plagas accepit, ut mortuus sit.*

J'estime tant la vertu, que je la préfère à tous les trésors, *tanti facio virtutem, ut eam thesauris omnibus anteponam.*

III. *Tant que*, signifiant *tandis que, tant de temps que*, s'exprime par *dùm, donec, quandiù.*

Ex. Tant que vous serez heureux, vous compterez beaucoup d'amis, *donec eris felix, multos amicos numerabis.*

Tant qu'il a vécu, *quamdiù vixit.*

IV. *Tant... que*, signifiant *non-seulement... mais encore*, s'exprime par *tùm* répété, ou par *cùm, tùm.*

Ex. Les philosophes tant anciens que modernes, *philosophi tùm veteres, tùm recentiores,* ou *cùm veteres, tùm recentiores.*

V. *Non pas tant pour... que pour...* s'exprime par *non tam ut... quàm ut...* avec le subjonctif.

Ex. Je vous écris, non pas tant pour vous

---

* C'est-à-dire, s'il n'y a pas de comparaison.

louer que pour vous féliciter, *ad te scribo*, *non tam ut te laudem quàm ut tibi gratuler.*

VI. *Tant... tant il est vrai...* se rend en latin par *adeò* devant un adjectif ou un verbe ordinaire; par *tanti* devant un verbe de prix, *tantò*, devant un comparatif.

Ex. Tant est rare une amitié fidèle, *adeò rara est fidelis amicitia.*

Tant la sagesse l'emporte sur les richesses, *tantò præstat divitiis sapientia.*

Si *Adverbe.*

I. Quand *si... que...* peut se tourner par *aussi... que*, on l'exprime de même. (Voyez *que* après *aussi*, pag. 200.)

II. Quand *si* ne peut pas se tourner par *aussi*, on l'exprime par *tam*, *adeò*, *ità*, devant un adjectif, un adverbe et un verbe ordinaire; par *tanti*, devant un verbe de prix ou d'estime; et le *que* s'exprime toujours par *ut*.

Ex. Dieu est si bon qu'il aime les hommes, *Deus est tam bonus, ut amet homines.*

Il fut si frappé de cette nouvelle, qu'il mourut, *eo nuncio ità perculsus est, ut mortuus sit.*

Il est si estimé que... *tanti fit, ut...*

III. *Si grand* s'exprime par *tantus, ta, tum*; *si petit*, par *tantulus, la, lum*; et quand *si* ne peut pas se tourner par *aussi*, le *que* suivant se rend par *ut* avec le subjonctif.

Ex. la bonté de Dieu est si grande, qu'il nous aime, *tanta est Dei bonitas, ut nos amet.*

Cette étoile est si petite qu'on ne peut la voir ; *stella hæc tantula est, ut perspici non queat.*

Mais quand *si grand* peut se tourner par *aussi grand*, on exprime *que* par *quantus, ta, tum*, et quand *si petit* peut se tourner par *aussi petit*, on exprime *que* par *quantulus, la, lum.*

Ex. La terre n'est pas si grande que le soleil, *tournez*, n'est pas aussi grande... *non tanta est terra quantus sol.*

Cette classe n'est pas si petite que la nôtre, c'est à dire, aussi petite... *hæc schola non tantula est quantula est nostra.*

Assez... pour... *en latin,* Tant... *ou si...* que...

Ire Règle. Quand *assez* est suivi de *pour* on tourne *assez* par *tant* ou *si*, qu'on exprime selon les mots auxquels il se rapporte : *pour* se tourne par *que*, et s'exprime par *ut* avec le subjonctif.

Ex. Avez-vous assez de loisir pour lire, même des fables ? *tournez*, avez vous tant de loisir, que vous lisiez... *est-ne tibi tantùm otii, ut etiam fabulas legas ?*

Je ne suis pas assez insolent pour me croire roi, *tournez*, si insolent, que je me croie...

non sum tam insolens, ut regem me esse putem *.

Il n'est pas assez estimé pour que je me fie à lui, *tournez*, si estimé, que je me fie... *non tanti fit, ut ei confidam.*

II. *Assez peu* suivi de *pour*... se tourne par *si peu que*... et s'exprime, *assez* par *tam*, *peu* selon le mot auquel il se rapporte, et *pour* par *ut*.

Ex. J'ai assez peu d'ambition pour mépriser les honneurs, *tournez*, j'ai si peu d'ambition que je méprise... *inest in me tam parùm ambitionis, ut honores despiciam.*

---

* Au lieu de *ut* on peut se servir de *qui*, *quæ*, *quod*, comme après mériter... *non sum tam insolens, qui regem esse me putem.*

I. Trop... Pour... *en latin*, Plus que (*il ne faut*) pour...

Règle. Quand *trop* est suivi de *pour*, on tourne *trop* par *plus*, qu'on exprime selon les mots auxquels il se rapporte, et *pour* s'exprime par *quàm ut* avec le subjonctif.

Ex. Il a avalé trop de poison pour recouvrer la santé : *plus veneni hausit, quàm ut sanitati restituatur.* On peut dire aussi, *quàm qui sanitati restituatur.*

Il a commis trop de crimes pour que les juges aient pitié de lui, *plura admisit scelera, quàm ut illius judices misereat.* On peut dire aussi, *quàm cujus judices misereat.*

Je suis trop élevé pour que la fortune puisse me nuire : *major sum, quàm ut fortuna mihi nocere possit* (ou *quàm cui.*)

Je vous estime trop pour vous blâmer, *plu-ris te facio, quàm ut te vituperem.*

II. *Ne pas assez. pour.* ⎱ en latin *moins que*
Trop peu......... pour. ⎰ (*il ne faut*) *pour.*

RÈGLE. *Trop peu* se tourne par *moins*, et s'exprime de même : *pour* s'exprime par *quàm ut.*

Ex. Il a trop peu d'esprit pour conduire cette affaire, *tournez*, il a moins d'esprit que... *mi-nùs habet ingenii, quàm ut rem gerat.*

Il avait trop peu de soldats pour vaincre, *pauciores habebat milites, quàm ut vinceret.*

Il était trop peu estimé pour... *minoris æsti-mabatur, quàm ut...*

ADVERBES DE TEMPS.

À PEINE... QUE... *Vix... Quùm...* AUSSITÔT
QUE... *Statìm ut...*

I. *A peine* s'exprime par *vix*, et le *que* sui-vant, par *quùm* avec l'indicatif.

Ex. A peine fut-il arrivé, qu'il tomba ma-lade : *vix advenit, quùm in morbum incidit.*

Aussitôt que s'exprime par *statim ut ; ne pas plus tôt que* est la même chose.

Ex. Aussitôt qu'il fut arrivé, il tomba ma-lade, *statim ut advenit, in morbum incidit.*

II. *Plus tôt*, signifiant *de meilleure heure*, s'exprime par *maturiùs ;* s'il signifie *plus vite*, par *citiùs, celeriùs.*

Ex. Il s'est levé plus tôt qu'à l'ordinaire, *maturiùs solito surrexit.*

Il est arrivé plus tôt qu'on ne pensait ; *citiùs venit quàm putabant.*

III. Quand *plutôt* marque la préférence d'une chose sur une autre, on l'exprime par *potiùs*, et *que de* par *quàm* avec le subjonctif. Ex. Combattez plutôt que de devenir esclave, *depugna potiùs quàm servias*.

Après les adverbes et les noms de temps, on exprime *que* par *quùm* (ou *ex quo* quand il se peut tourner par *depuis que*.)

Ex. Présentement que... *nunc quùm*.

Hier que... *Heri quùm*.

La dernière fois que je vous vis, *proximè quùm te vidi*.

Un jour que j'étais avec vous, *quâdam die quùm tecum essem*.

Il y a long-temps que je vous attends, *diù est quùm te exspecto*. (*Il y a, il y avait* se tournent par le verbe *être*.)

Du temps que Rome florissait, *tùm quùm Roma floreret*.

Un jour viendra que... *veniet* ou *erit tempus quùm*...

Il y a des temps que... *incidunt sæpè tempora quùm*.

Il y a deux ans qu'il est mort, *duo anni effluxere, ex quo mortuus est*, (sous-entendu *tempore*, et non pas *ex quibus*.)

CHAPITRE CINQUIÈME.
PRÉPOSITIONS FRANÇAISES.
I. *Préposition* DE.

De au commencement d'une phrase s'exprime par *è* ou *ex* avec l'ablatif.

Ex. De tous les vices, il n'en est pas de plus

grand que l'orgueil : *ex omnibus vitiis, nullum est majus superbiâ.*

II. De, entre un nom et le présent de l'infinitif actif, veut le gérondif en *di.*

Ex. Le temps de prier, *tempus orandi.*

De, entre un nom et l'infinitif passif, ou tout autre verbe qui n'a point de gérondif, s'exprime par différentes conjonctions, selon le verbe d'où le nom est dérivé.

Ex. Il tremblait de crainte d'être surpris, *contremiscebat ne deprehenderetur.* (Après craindre, de s'exprime par *ne.*)

Il a une grande joie d'être le premier, *summâ perfunditur lœtitiâ quòd primas teneat.* (Après se réjouir, de s'exprime par *quòd.*)

III. Quand *de*, suivi d'un infinitif, peut se tourner par *si*, on l'exprime en latin par *si.*

Ex. Vous me ferez plaisir de lui écrire; tournez, si vous lui écrivez : *pergratum mihi feceris, si ad eum scripseris.*

IV. Quand *de*, suivi d'un infinitif, peut se tourner par *moi qui, vous qui...* on l'exprime par *qui, quæ, quod*, avec le subjonctif.

Ex. Que vous êtes malheureux d'avoir couru de vous-même à la mort ! *ó te infelicem qui ultrò ad necem cucurreris !*

Préposition à devant un infinitif.

I. Quand la préposition *à*, précédée d'un nom, peut se tourner par *qui, que*, on l'exprime par *qui, quæ, quod*, avec le subjonctif.

Ex. Je n'avais rien à vous écrire; *tournez*, que je vous écrivisse. *Nihil habebam quod ad te scriberem.*

II. Quand *à* peut se tourner par *si*, on l'exprime en latin par *si*.

Ex. A l'entendre parler, vous diriez... *tournez*, si vous l'entendiez parler... *Quem si loquentem audias, dicas...*

REMARQUE On met élégamment en latin le présent du subjonctif au lieu de l'imparfait.

III. Quand *à* peut se tourner par *pour*, on l'exprime par *ut* avec le subjonctif et s'il suit une négation, c'est par *ne*.

Ex. A dire vrai; *tournez*, pour dire vrai; *ut verum dicam.*

A ne pas mentir, *ne mentiar.*

ETRE *homme à.... femme à...* tournez, *être celui, celle qui...*

RÈGLE. *N'être pas homme à... femme à...* *capable de...* se tourne par *n'être pas celui, celle qui*, et s'exprime par *non is... qui, non ea quæ*, avec le subjonctif, et le second verbe est toujours à la même personne que le premier.

Ex. Je ne suis pas homme à reculer, *non is sum qui pedem referam.*

Votre mère n'est pas femme à élever mal ses enfans, *non ea est tua mater, quæ liberos suos malè instituat.*

Si *être* ou *n'être pas capable*, a pour nominatif un nom de chose inanimée, on l'exprime par *posse, possum.* Ex. Tous les trésors du mônde ne sont pas capables de satisfaire son avarice, *thesauri quilibet illius avaritiam satiare non possunt.*

Préposition. POUR.

Pour s'exprime de différentes manières, suivant ses différentes significations.

I. Quand *pour* signifie *envers*, il s'exprime par *in* ou *ergà*, avec l'accusatif.

Ex. Mon zèle pour vous, *meum in te* ou *ergà te studium.*

II. Quand *pour* peut se tourner par *de*, on le rend par le génitif.

Ex. L'amour pour la liberté nous est naturel; *tournez;* l'amour de la liberté.... *amor libertatis nobis est innatus.*

III. Quand *pour* signifie *au lieu de*, il s'exprime par *pro* avec l'ablatif, ou par *loco* avec le génitif.

Ex. Pour une épée il prit un bâton, *pro gladio*, ou *loco gladii, fustem sumpsit.*

IV. Quand *pour* signifie *à cause de*, il s'exprime par *ob* ou *propter* avec l'accusatif.

Ex. Je l'aime pour sa modestie, *illum propter modestiam amo.*

V. Quand *pour* signifie *pour l'amour de*, il se rend par *causá* ou *gratiá* avec le génitif.

Ex. Je ferai volontiers cela pour lui, *id libenter illius causá faciam;* pour vous, *tuá causá.* (Au lieu des génitifs, *meí, tuí,* on dit *meá, tuá,* devant *causá.*)

VI. Quand *pour* marque l'intention, le motif, il se rend par *in* avec l'accusatif.

Ex. Employez tous vos soins pour votre santé, *omnem curam in valetudinem confer.*

VII. *Pour*, signifiant *à l'avantage*, *au désavantage de*, se rend en latin par le datif.

Ex. Je craignais pour votre vie, *vitæ tuæ metuebam.*

Demander grâce pour quelqu'un, *veniam alicui petere.*

VIII. *Pour*, devant un infinitif, s'exprime par *ad* avec le gérondif en *dum*, ou par *ut* avec le subjonctif, ou par *causâ*, *gratiâ*, avec le gérondif en *di*.

Ex. Il se leva pour répondre, *surrexit ad respondendum*, ou *ut responderet*, ou *respondendi causâ*

On se sert aussi quelquefois du futur en *rus, ra, rum*, que l'on fait accorder avec le nominatif : *surrexit responsurus.*

Si *pour* est suivi d'un comparatif, au lieu de *ut*, on se sert de *quò*.

Ex. Reposez-vous pour mieux travailler, *otiare quò meliùs labores.*

Quand *pour* est accompagné d'une négation, il se rend par *ne* avec le subjonctif.

Ex. Pour ne pas vous ennuyer, *ne vobis tædium afferam.*

IX. Si *pour* devant un infinitif peut se tourner par *qui*, *que*, on l'exprime par *qui*, *quæ*, *quod*, avec le subjonctif.

Ex. Il m'envoya quelqu'un pour m'avertir, tournez, quelqu'un qui m'avertît, *misit hominem qui me moneret.*

X. *Pour*, devant le parfait de l'infinitif, suivi

de ces mots, *ce n'est pas à dire pour cela que...* se tourne par *quoique.*

Ex. Pour avoir salué des méchans, ce n'est pas à dire pour cela que je sois méchant, *quamvis improbos salutaverim, non continuò sum improbus.*

XI. *Pour peu que* se tourne par *si peu que,* et s'exprime par *si vel minimùm.*

Ex. Pour peu que vous vouliez réfléchir, vous comprendrez la chose, *si vel minimùm cogitare volueris, rem percipies.*

XII. *Pour,* dans ces façons de parler, *pour moi, pour vous,* se rend par *verò,* que l'on met après le pronom.

Ex. Pour moi, je suis prêt, *ego verò sum paratus.*

Pour vous, il vous importe, *tud verò interest.*

XIII. *Pour,* signifiant *eu égard à....* se rend en latin par *ut,* et quelquefois par *pro,* qui gouverne l'ablatif.

Ex. Il avait assez de littérature pour un Romain, *c'est-à-dire,* eu égard à un Romain, *erant multæ ut in homine Romano litteræ.*

Il était habile pour ce temps-là, *erat ut illis temporibus eruditus.*

Il est assez savant pour son âge, *pro ætate satis est eruditus.*

Préposition SANS *devant un infinitif français.*

I. PREMIÈRE RÈGLE. Quand le verbe qui précéde *sans* n'a ni négation ni interrogation, on tourne *sans* par *et ne pas*, et on l'exprime par *nec*.

Ex. Il est sorti sans fermer la porte, *tournez*, et il n'a pas fermé la porte, *exiit*, *nec fores clausit*.

II. Deuxième règle. Quand le premier verbe est accompagné d'une négation, ou d'une interrogation, on tourne *sans* par *que ne*, et on l'exprime par *quin*, ou *nisi*.

Ex. Personne ne devient savant, qui peut devenir savant sans lire beaucoup? *tournez*, qu'il ne lise... *Nemo fit doctus, quis potest doctus fieri, quin multa legat?*

Remarque. On tourne aussi quelquefois *sans* par *avant que*, *priusquàm*. Je ne partirai pas sans vous avoir dit adieu, *tournez*, avant que je vous aie dit adieu, *non proficiscar priusquàm tibi vale dixerim*.

Différentes manières d'exprimer la Préposition Sans devant un infinitif.

1.º Par un nom dérivé d'un verbe. Sans pleurer, *sine lacrymis*; sans craindre, *sine metu*.

2.º Par un adjectif. Passer la nuit sans dormir, *noctem insomnem ducere*; sans blesser sa conscience, *salvâ fide*; sans se plaindre, *æquo animo*.

3.º Par un adverbe. Sans faire semblant de rien, *dissimulanter*; sans y penser, *temerè, imprudenter*.

4.º Par un participe. Vous comprenez cela sans que je vous le dise, *id etiam me tacente, intelligis*; sans rire, *remoto joco*, sans tarder, *nullâ interpositâ morâ*.

10

I. Après, *suivi d'un nom.*

Après s'exprime par *post* avec l'accusatif. Après le dîner, *post prandium.*

Quand *après* marque la seconde place, le second rang, on l'exprime par *secundùm* avec l'accusatif, ou par *ab* avec l'ablatif.

Ex. Après Cicéron, il est sans contredit, le premier des orateurs : *secundùm Ciceronem,* ou bien *à Cicerone est oratorum facilè princeps* *.

---

* *Après* signifiant *immédiatement après*, se rend par *sub* avec l'accusatif. Ex. Après cette lettre on lut la vôtre, *sub eas litteras, recitatæ sunt tuæ.*

II. Après, *suivi d'un infinitif français.*

RÈGLE. *Après*, suivi d'un parfait de l'infinitif actif, se tourne par *après que*, et s'exprime par *postquàm, quùm*; et le verbe se met à différens temps de l'indicatif, de cette manière :

Ex. Après avoir lu, j'écris; *c'est-à-dire*, après que j'ai lu... *postquàm legi, scribo.*

Après avoir lu, j'écrivais; *c'est-à-dire*, après que j'avais lu.... *postquàm legeram, scribebam.*

Après avoir lu, j'ai écrit; *c'est-à-dire*, après que j'eus lu... *postquàm legi, scripsi.*

Après avoir lu, j'écrirai; *c'est-à-dire*, après que j'aurai lu... *postquàm legero, scribam.*

AVANT, *suivi d'un infinitif français.*

RÈGLE. *Avant*, suivi d'un infinitif, se tourne par *avant que*, *antequàm*, *priusquàm*, avec le subjonctif, de cette manière :

Ex. Je lis, je lirai avant d'écrire ; *tournez*, avant que j'écrive : *lego, legam antequàm scribam*.

Je lisais, j'ai lu, j'avais lu avant d'écrire ; *tournez*, avant que j'écrivisse : *legebam, legi, legeram antequàm scriberem* *.

> * *Avant* suivi d'un parfait de l'infinitif, peut se rendre par un participe du passé, en y ajoutant une négation. Ex. Il est parti avant d'avoir terminé l'affaire, *c'est-à-dire*, l'affaire n'étant pas terminée, *infecto negotio profectus est. In*, ajouté à un adjectif, équivaut à *non*.

AU LIEU DE, *suivi d'un nom.*

I. *Au lieu de* s'exprime par *pro* avec l'ablatif, ou par *loco* avec le génitif.

Ex. Au lieu d'épée, il se servit d'un bâton, *pro gladio* ou *loco gladii, fuste usus est*.

II. AU LIEU DE, *suivi d'un infinitif.*

1.º On le tourne par *lorsque je devrais, tu devrais, il devrait...* quand il y a obligation de faire la chose.

Ex. Au lieu de lire, il joue ; *tournez*, lorsqu'il devrait lire... *quàm legere deberet, ludit*.

2.º On le tourne par *lorsque je pourrais, tu pourrais ; il pourrait...* quand il n'y a qu'une simple permission de faire la chose.

Ex. Au lieu de jouer, il lit ; *tournez*, lorsqu'il pourrait jouer... *quàm posset ludere, legit*.

III. *Au lieu de...* précédé d'un verbe à l'impératif, s'exprime par *non autem*, et le second verbe se met aussi à l'impératif en latin.

Ex. Lisez au lieu de badiner, *tournez*, lisez et ne badinez pas, *lege, non autem nugare*.

IV. *Au lieu que* se tourne par *au contraire*, et s'exprime par *verò, autem*, que l'on met après un mot.

Ex. Il lit, au lieu que vous badinez, *tournez*, vous au contraire, vous badinez, *legit ille, tu verò nugaris*.

V. Quand *au lieu de* suivi d'un infinitif peut se tourner par *bien loin de*, on l'exprime de même.

BIEN LOIN DE, *suivi d'un infinitif.*

RÈGLE. *Bien loin de*, suivi d'un infinitif, s'exprime par *nedùm* avec le subjonctif, et le membre de phrase où il se trouve devient le second.

Ex. Bien loin de m'aimer, il me regarde à peine, *tournez*, il me regarde à peine, bien loin qu'il m'aime, *vix me aspicit, nedùm amet*.

———

CHAPITRE SIXIÈME.

CONJONCTIONS FRANÇAISES.

La principale conjonction française est *que ;*
nous en avons parlé dans différens articles.

Si conditionnel. — I. *Si*, au commencement
d'une phrase, se traduit par *si*, et veut le subjonctif devant un imparfait ou un plus-que-
parfait.

Ex. Si vous le faisiez, si vous l'aviez fait pour
l'amour de moi, *id si faceres, si fecisses causâ
meâ.*

Ire REMARQUE. Quelquefois au lieu de répéter *si*, on met *que*
en français.

Ex. Si vous aviez voulu, et que vous eussiez
pu, *si voluisses et potuisses.*

IIe REMARQUE. Quand le second verbe est au futur, il vaut
mieux mettre aussi le premier au futur en latin. *Ex.* Si vous lisez
ce livre, j'en serai charmé, *quem librum si leges, lætabor.*

II. Quand *si* est suivi de *ne* seulement, on le
traduit par *nisi* avec le subjonctif.

Ex. Si vous ne prenez garde, *nisi caveas.*

III. Quand *si* est suivi de *ne pas, ne point,*
on le traduit par *si non, si minùs,* et ces mots,
au moins, du moins, pour le moins, s'expriment par *saltem, at certè, ut minimùm.*

Ex. Si vous ne craignez pas les hommes, au
moins craignez Dieu, *si non homines, at certè
Deum time.*

IV. *Si*, signifiant *quand*, *parce que*, ne veut
pas le subjonctif : ce qui arrive lorsqu'il est
suivi de deux imparfaits, ou de deux parfaits.

Ex. Si je l'appelais, il s'en allait, *tournez*,
quand je l'appelais... *quem si arcessebam, abibat.*

REMARQUE. *Que si* s'exprime par *quod si*; *mais si*, par *sin*, *sin
autem*; *si au contraire*, *si cela n'était pas*, par *sin aliter*, *sin
minùs*.
Si ce n'est que, *à moins que*, par *nisi*, *nisi forte*, *nisi verò*, *nisi
si*; *si ce n'est* suivi d'un nom, par *nisi*, et même cas que devant ;
ou par *præter* avec l'accusatif.

Si *dubitatif.* — *Si*, après les verbes de doute,
comme *douter si*, *examiner si*, *ne pas savoir
si*, *délibérer si*, *demander*, *juger*, *dire*, *s'informer si*, etc. s'exprime par *an*, *utrùm*. *Ou
si* s'exprime par *an*. *Ou non* s'exprime par *an-
non*, *nec-ne*.

Ex. Elle demanda si elle était plus grosse que
le bœuf, *interrogavit an esset latior bove.*

Je ne sais s'il dort, ou s'il écoute, *nescio
utrùm dormiat, an audiat.* S'il dort, ou non,
an dormiat, nec-ne.

COMME, DE MÊME QUE.

I. *Comme*, *de même que*, dans le premier
membre d'une comparaison, s'exprime par *ut*,
ou *quemadmodum* avec l'infinitif ; et *de même*,
dans le second membre, s'exprime par *sic* ou
ità.

Ex. Comme le feu éprouve l'or, de même
l'adversité éprouve l'homme courageux, *ut* ou

quemadmodùm ignis aurum probat, sic ou
ità miseria fortes viros.

II. *Comme*, signifiant *pendant que, puisque,*
se rend par *quùm*, et il veut le subjonctif.

Ex. Comme on le menait au supplice... *tournez*, pendant qu'on le... *quùm ad supplicium
duceretur.*

Comme la chose est ainsi, c'est-à-dire, *puisque* la chose est ainsi, *quùm ità res se habeat.*

Différentes locutions françaises.

ALLER, DEVOIR, IL FAUT, *suivis d'un infinitif.*

Quand *aller*, *devoir*, suivis d'un infinitif,
marquent seulement qu'une chose est près de se
faire, on n'exprime pas le verbe *aller*, *devoir*,
mais on met le verbe suivant au participe du
futur, avec le verbe *sum*, *es*, *est*, que l'on met
au même temps où le verbe *aller* est en français.

Ex. Je vais *ou* je dois partir. *Mox profecturus sum.*

Il devait partir, *profecturus erat.*

La ville doit être pillée demain, *urbs cras
diripienda est.*

II. Quand les verbes *devoir*, *il faut*, marquent obligation, on tourne la phrase par le
passif, et l'on se sert du futur en *dus, da, dum.*

Exemple. Il faut réprimer ses passions, *tournez*, les passions doivent être réprimées, *com-
primendæ sunt libidines* *.

---

*Exprimez de même par le participe en *dus*, *da*, *dum*, AVOIR
BESOIN, suivi d'un infinitif... Il a besoin d'être excité au travail,
is ad laborem est incitandus.

III. Si le verbe qui suit *devoir*, *il faut*, ne gouverne pas l'accusatif, servez-vous du participe neutre en *dum*, avec *est;* et mettez au cas du verbe le nom ou le pronom suivant.

Ex. Il faut servir Dieu, *serviendum est Deo.* (Le verbe *servir* gouverne le datif.)

(On peut aussi se servir de *debere*, *oportet*: *Oportet Deo servire*)

———————————————————

TANT S'EN FAUT QUE... ÊTRE SI ÉLOIGNÉ DE...

Tant s'en faut s'exprime par *tantùm abest*, et les deux *que* suivans par *ut* avec le subjonctif.

Ex. Tant s'en faut qu'il vous haïsse, qu'au contraire il vous aime, *tantùm abest ut te oderit, ut contrà te amet.*

On peut exprimer *tant s'en faut que* par *adeò non*, et le second *que* par *ut*. *Adeò non te odit, ut contrà te amet.* On peut encore le tourner par *bien loin de*, et l'exprimer de même : *te amat, nedùm oderit.*

———————————————————

PEU S'EN FAUT... IL S'EN FAUT PEU QUE.

Peu s'en faut, il ne tient à rien que, s'expriment par *parùm abest*, et *que* par *quin* avec le subjonctif.

Ex. Peu s'en faut que je ne sois très-malheureux, *parùm abest quin sim miserrimus.*

Peu s'en est fallu qu'il ne tombât, *parùm abfuit quin caderet* *.

* On peut encore exprimer *peu s'en est fallu* par *tantùm non*, ou par *penè*. Peu s'en est fallu qu'il ne tombât, tournez, seulement il n'est pas tombé, *tantùm non cecidit ;* ou il est presque tombé, *penè cecidit.*

Penser, faillir, manquer, suivis d'un infinitif, c'est la même chose que *peu s'en faut.* Il a
pensé tomber...

Il s'en faut beaucoup que... *Être bien éloigné de...*

Il s'en faut beaucoup s'exprime par *multùm abest... combien s'en faut-il,* par *quantùm abest,* et le *que* suivant par *ut* avec le subjonctif.

Ex. Il s'en faut beaucoup que vous surpas-
siez vos condisciples, *multùm abest ut tuos su-
peres condiscipulos.*

Cette façon de parler, *faut-il que,* mise par exclamation, ne
s'exprime pas; on met le nom ou pronom à l'accusatif, et le verbe
suivant à l'infinitif. *Ex.* Faut-il que je sois si malheureux! *Me ne
ità miserum esse!*

Faire, *suivi d'un infinitif français.*

I. Quand le verbe *faire* signifie *faire en sorte,* on l'exprime par *facere* ou *dare operam
ut,* avec le subjonctif.

Ex. Faites-moi savoir, *tournez,* faites en sorte
que je sache, *fac ut sciam.*

Faire connaître, quand il a pour nominatif
un nom de chose inanimée, se tourne de la manière suivante.

Ex. Votre lettre m'a fait connaître, *tournez*
j'ai connu par votre lettre, *ex litteris tuis cognovi.*

II. Quand *faire* signifie *contraindre,* com-

10*

mander, *engager*, on l'exprime par *cogere*, *jubere*, *impellere*.

Ex. Vous me faites mourir, *c'est-à-dire*, vous me contraignez... *Mori me cogis.*

Il le fit tuer, *c'est-à-dire*, il ordonna qu'il fût tué, *jussit eum occidi.* (Après *jubeo* on met toujours le verbe au présent de l'infinitif.)

Cela m'a fait croire, *c'est-à-dire*, cela m'a engagé à croire, *id me impulit ut crederem.*

III. *Ne faire que de...* se tourne par *tout à l'heure*, et s'exprime par *modò*.

Ex. Il ne fait que d'arriver, *tournez*, il est arrivé tout à l'heure, *modò advenit.*

IV. *Ne faire que* se tourne par *toujours*, et s'exprime par *semper*, *perpetuò*.

Ex. Il ne fait que badiner, *tournez*, il badine toujours, *perpetuò nugatur.*

Se faire donner quelque chose par force, *aliquid extorquere.*

Faire sa paix avec quelqu'un, *in gratiam redire cum aliquo.*

Faire espérer à quelqu'un que... *aliquem in spem adducere.* (Le *que* se retranche.)

Faire concevoir une bonne opinion de soi, *bonam sui* ou *de se spem concitare.*

Le autres significations du verbe *faire* se trouvent dans le dictionnaire.

I. VENIR DE... *devant un infinitif français.*

Venir de... devant un infinitif, se tourne par tout à l'heure, *modò*.

Ex. Il vient de partir, *tournez*, il est parti tout à l'heure, *modò profectus est.*

II. *Venir à... N'aller pas...* devant un infinitif, ne s'expriment pas en latin.

Ex. S'il vient à savoir cela, *tournez*, s'il sait cela, *id si rescierit.*

N'allez pas vous imaginer, *tournez*, ne vous imaginez pas, *ne existimes*, ou *noli existimare.*

ÊTRE PRÈS *ou* sur le point de...

Être près de... devant un infinitif, se tourne par *dans peu*, *bientôt*, MOX ou JAMJAM; et le verbe suivant se met au futur en *rus*, *ra*, *rum*, pour l'accusatif; en *dus*, *da*, *dum*, pour le passif, avec *sum... eram.*

Ex. Il était sur le point de prendre la ville, *mox* ou *jamjam oppido potiturus erat.* On dit encore : *in eo erat ut oppido potiretur.*

NE MANQUER PAS DE...

I. *Ne manquer pas de...* devant un infinitif, se tourne par *certainement*, profectò.

Ex. Je ne manquerai pas de lui écrire, *tournez*, je lui écrirai certainement, *ad illum profectò scribam.*

II. Mais quand on commande quelque chose, *ne manquez pas* se tourne par *souvenez-vous*, *memento;* au pluriel *mementote.*

Ex. Ne manquez pas de l'avertir, *memento ut illum moneas.*

Laisser, *devant un infinitif.*

I. *Laisser* devant un infinitif se tourne par *permettre que*, et s'exprime par *sinere*. (Le *que* se retranche.)

Ex. Vos chants ne me laissent pas dormir, *cantus tui non sinunt me dormire.*

II. *Ne pas laisser de*, devant un infinitif, se tourne par *cependant*, *tamen*.

Ex. Quoique je vous attende vous-même, ne laissez pas de donner une lettre, *quanquàm te ipsum exspecto, da tamen epistolam.*

S'occuper a... Se mettre à... Se mêler de...

Les verbes *s'occuper à*, *se mêler de*, devant un infinitif, ne s'expriment pas en latin.

Ex. Il s'occupe à lire, *tournez*, il lit, *legit.*

Se mettre à... devant un infinitif s'exprime en latin par *cœpisse, cœpi;* il se mit à pleurer, *flere cœpit.*

Avoir la force de... la hardiesse de...

Avoir la force de... devant un infinitif, s'exprime par *sustinere, audere,* avec l'infinitif latin.

Ex. Avez-vous bien eu la force de nier cela? *Sustinuisti, ausus es id negare?*

Ne Servir qu'a...

Ne servir qu'à... devant un infinitif, ne s'exprime pas en latin.

Ex. Cela ne sert qu'à aigrir ma douleur, *tournez,* cela aigrit... *hoc dolorem meum exulcerat.*

SAVOIR, *devant un infinitif français.*

Savoir, devant un infinitif, ne s'exprime pas en latin.

Ex. Il sut profiter de cette occasion, *tournez,* il profita de... *eâ occasione usus est.*

IL ME TARDE DE... Je suis dans l'impatience de...

Il tarde de... être dans l'impatience de... s'exprime par *nihil longiùs est quàm...* avec l'infinitif, ou *quàm ut...* avec le subjonctif.

Ex. Il me tarde de vous voir, *nihil mihi longiùs est quàm ut te videam.*

IL NE TIENT QU'A.

Il ne tient qu'à moi, qu'à vous, qu'à lui que cela ne se fasse, *per me, per te unum stat quominùs id fiat.*

AVOIR BEAU...

Avoir beau... devant un infinitif se tourne par *en vain,* frustrà, ou *quoique,* quamvis.

Ex. Vous avez beau crier, *tournez,* vous criez en vain, *frustrà vociferaris,* ou quoique vous criiez, *quamvis vocifereres.*

AVOIR DE LA PEINE A...

Avoir de la peine à.... devant un infinitif, se tourne par *difficilement.*

Ex. Il a eu de la peine à obtenir cela, *tournez*, il a obtenu difficilement cela, *ægrè id impetravit*.

N'avoir pas de peine à... se tourne par *facilement*.

A FORCE DE...

A force de... devant un infinitif, se rend par le nom dérivé du verbe, avec *multus, a, um*.

Ex. A force de travailler, il est devenu savant, *tournez*, par beaucoup de travail... *multo labore doctus evasit*.

POUR NE PAS DIRE...

Pour ne pas dire s'exprime par *ne dicam*, et le nom ou l'adjectif suivant se met au même cas que celui qui précède, quand on renvoie le premier verbe à la fin.

Ex. Vous êtes un enfant, pour ne pas dire un badin, *tu puer, ne dicam, nugator es*.

AVOIR LE BONHEUR DE. Avoir le malheur de...

Avoir le bonheur de... s'exprime par *contingere ut... le malheur de...* par *accidere ut*.

Ex. J'ai eu le bonheur de voir le roi, *tournez*, il m'est arrivé de, *mihi contigit ut regem viderem*.

J'ai eu le malheur d'être vaincu, *mihi accidit ut vincerer*.

Avoir lieu, sujet ou raison.

Avoir lieu, *sujet* ou *raison*, se tourne par le verbe *être*, et l'infinitif suivant se met au gérondif en *di*.

Ex. Vous n'avez pas lieu de craindre, *c'est-à-dire*, lieu n'est pas à vous de craindre, *tibi non est timendi locus.*

On peut encore exprimer *de* par *quòd* ou *cur* avec le subjonctif : *non est quòd timeas.*)

Vous ne sauriez croire.

Souvent l'imparfait du subjonctif au commencement d'une phrase, se met en latin au présent du subjonctif, surtout avec *volo*, *nolo*, *malo*, *audeo* et *possum.*

Ex. Vous ne sauriez croire, *vix crédas* ou *vix credideris.*

Vous le prendriez pour un homme sage, *eum sapere putes.*

Malgré.

I. *Malgré*, devant un nom de personne s'exprime par *invitus*, *a*, *um*, que l'on fait accorder avec ce nom.

Ex. Il a fait cela malgré lui, *id invitus fecit.*

Je l'ai renvoyé malgré lui, *illum invitum dimisi.*

J'ai fait cela malgré lui, *id illo invito feci.*

II. *Malgré*, devant un nom de chose, se tourne par *quoique*, avec un verbe.

Ex. Il le tua malgré ses cris redoublés, *tournez, quoiqu'il criât beaucoup, illum, quamvis clamitaret, interfecit.*

AU HAUT DE... au milieu de... au bas de...

Le haut, le sommet d'un arbre, d'un rocher, d'une montagne, *summa arbor, summa rupes, summus mons.* Au haut de l'arbre, *in summa arbore.*

Le milieu d'un arbre, d'un rocher, d'une montagne, *media arbor, media rupes, medius mons.* Au milieu du marché, *in medio foro.*

Le bas d'un arbre, d'une montagne, *ima arbor, imus mons.*

Le bout des doigts, *extremi digiti.*

Le fond de la mer, *imum mare.*

FIN.

TABLE ALPHABÉTIQUE

DES

TROIS PARTIES.

A, devant un infinitif. pages 117 et 212.

Actifs qui ont deux régimes. 127

Adject. avec le nom. 19, 114

Adjectif qui a rapport à deux noms. 115

A force de. 230

Adverbes. 83, 156, 195

Aller, suivi d'un infin. 223

A moins que. 222

Amphibologie. 175

A peine.... que. 210

Appréhender que. 166

Après suivi d'un nom. 218

Après suivi d'un infinitif. 218

A proportion que. 203

A qui, de qui, dont, par qui. 139

A quoi tient-il que. 169

Arriver que. 164

Assez, suivi de pour. 208

Assez peu pour. 209

Attendre que. 170

Avant de, suivi d'un infinitif. 219

Avertir de ou que. 164

Avoir beau, devant un infinitif. 229

Avoir de la peine à. 229

Avoir honte de ou que. 169

Avoir la force de. 228

Avoir lieu ou raison de. 231

Avoir le bonheur de. 230

Avoir peur de ou que. 165

Avoir soin suivi d'un infinitif. 164

Au bas de. 232

Au haut de. 232

Au milieu de. 232

Au lieu de, au lieu que. 219

Aussi.... que. 200

Aussi grand.... que. 208

Aussi, autant qu'homme du monde. 201

Aussitôt que. 210

Autant, autant que. 200

Autant que jamais. 201

Autre, autrement que. 185

Ayant, devant un verbe actif. 192

Ayant, devant un verbe neutre. 192

Ayant été, devant un verbe neutre ou déponent. 192

Ayant, suivi d'autant. 193

B.

Beaucoup. 195
Bien loin de ou que. 220

C.

Capable de.... homme ou femme à. 213
Celui-ci, celui-là. 187
Celui, celle, suivis d'un génitif. 190
Ce n'est pas à dire pour cela que. 191
Ce n'est pas que. 190
Ce qui, ce que, suivis de c'est. 191
C'est ainsi que. 190
C'est, suivi de que de. 191
Combien grand. 195
Combien, entre deux verbes. 172
Combien s'en faut-il que. 225
Commander de ou que. 164
Comme, au commencement d'une phrase. 222
Comparatifs. 90, 119
Conjonctions. 88, 157, 221
Conseiller de ou que. 164
Craindre que. 166

D.

D'autant plus, d'autant moins. 202
De, au commencement d'une phrase. 211
De, suivi d'un infinitif. 212
Défendre de ou que. 168
De même.... que. 222
De entre deux noms. 113
De entre un nom et un infinitif 114
Degrés de comparaison. 97

Demande et réponse. 145
Devoir, suivi d'un infinitif. 223
Deus sanctus. 114
Deux noms de suite. 113
Deux verbes de suite. 135
Digne de ou que. 167
Dissuader de. 167
Dont, de qui, à qui, par qui 139
Douter que. 170
Douter de, se douter que. 171

E.

Elle, elles, après un que retranché. 179
Ego audio. 122
Empêcher de ou que. 168
En, y, joints à un verbe. 141
Espérer, suivi d'un infinitif. 163
Est-ce à dire pour cela que. 191
Est-ce ainsi que. 190
Etant devant un verbe neutre. 192
Etant, suivi d'aussi. 193
Etre bien éloigné de. 225
Etre si éloigné de. 224
Etre cause que. 170
Etre homme ou femme à 213
Etre sur le point de. 227
Etre surpris que. 169
Etre trop pour. 209

F.

Faire : différentes façons de l'exprimer. 225
Faire en sorte que ou de. 164

Faillir suivi d'un infin. 223
Falloir suivi d'un infinitif. 223
Formation des verbes actifs. 51
Formations des verbes passifs. 70
Fort, joint à un adjectif. 199
Futur de l'indicatif après un que retranché. 161
Futur de l'indicatif après *ut, ne, quin.* 173

H.

Homme ou femme à, capable de. 213

I.

Il, ils, elle, après un que retranché. 179
Il arrive que. 164
Il est nécessaire, il est juste que. 164
Il faut que. 164
Il fut, suivi d'un infinitif. 223
Il importe, il est de l'intérêt que. 164
Il y a, il y avait. 211
Il me tarde que. 229
Il ne s'en faut rien que. 224
Il ne tient à rien que. 224
Il ne tient pas à moi que. 169
Il ne tient qu'à moi que. 229
Il semble, il paraît. 177
Il s'en faut beaucoup que. 225
Il s'en faut peu que. 224
Imparfait de l'indicatif, après un que retranché. 160

Imparfait du subjonctif, après un que retranché. 162
Imparfait du subj. après *ut, ne, quin.* 166
Infinitif après un adjectif. 117
Interdico; son régime. 135
Interjections. 89

L.

Laisser suivi d'un infinitif. 228
Le même que. 184
Le premier, le second. 187
Le, la, les, lui, leur, joints à un verbe. 140
Leur, leurs, joints à un nom. 180
L'un, l'autre. 186
L'un ou l'autre, l'un des deux. 187

M.

Mais si, si au contraire. 222
Malgré. 231
Manquer, suivi d'un infinitif. 227
Me, te, se, nous, vous, le, la. 140
Même que. 184
Menacer, suivi d'un infinitif. 163
Mériter de ou que. 167
Moins, répété. 154
Moins on, plus on. *Voy.* Plus on. 203

N.

N'avoir garde de. 167
Ne faire que. 226
Ne faire que de. 226
Ne pas laisser de. 228
Ne pas manquer de. 227

Ne pas même , non pas même.   185

Ne pas... plutôt.   210

Ne servir qu'à.   228

Ni l'un ni l'autre.   187

Nominatif des verbes personnels.   122

Noms collectifs.   123

Noms partitifs.   121

Noms composés de deux mots.   95

Noms de nombre.   96

Noms de l'instrument, de la manière, etc.   149

Noms de la matière.   149

Noms de mesure, de distance.   149

Noms de manière, de louange, etc.   150

Noms du prix, de la valeur.   150

Non pas tant pour que pour.   206

Non que, non pas que.   190

O.

Observations sur *rus* et *domus*.   155

On.   176

On dit, on croit, on rapporte que.   177

P.

Par qui.   140

Parfait du subj. après que retranché.   163

Parfait du subjonctif après *ut, ne, an, quin*.   174

Participes.   84, 147, 192

Partitifs : leur régime.   121

Penser, suivi d'un infinitif.   225

Persuader de ou que.   164

Peu.   195

Peu s'en faut que.   224

Plus.   195

Plus, moins, répétés.   203

Plus on.   203

Plus-que-parfait du subjonctif après le que retranché.   161

Plus-que-parfait, après *ut, ne, an, quin*.   173

Plutôt que.   210

Pour devant un nom.   214

Pour devant un infinitif.   215

Pour ne pas dire.   230

Pour peu que.   216

Prendre garde que.   167

Présent du subjonctif après que retranché.   160

Présent du subj. après *ut, ne, an, quin*.   173

Prépositions : leur régime.   87, 148

Prier de.   164

Promettre, suivi d'un infinitif.   163

Pronoms.   20

Q.

Quand on.   177

Que ou de, après conseiller, etc.   164

Que, après à peine.   210

Que, après une ou deux négations.   194

Que, après les noms de temps.   211

Que après autre, autrement.   185

Que, après tel.   182

Que, après le même.   18

Que ou qui, après un superlatif.   20

Que après plutôt. 210
Que d'admiration. 195
Que de désir. 194
Que d'interrogation, adverbe. 144, 193
Que retranché. 159
Quelque, suivi de qui ou de que. 188
Que relatif. 139
Questions de lieu. 152
Questions de temps. 150
Qui que ce soit qui. 188
Qui relatif. 137, 138
Qui devant *pænitet*, etc. 138
Qui et que d'interrogation. 26, 123

R.
Régime de l'impers. *est*. 134
Régime des verbes actifs. 123
Régime des verbes passifs. 70, 131
Régime des verbes neutres. 124
Régime des verbes déponens. 83
Régime de *celo*, *rogo*, *doceo*. 128
Régime de *scribo*, *mitto*, *fero*. 128
Régime des verbes demander, recevoir. 128
Régime des verbes puiser à, prendre à. 129
Régime des verbes apprendre, s'informer. 129
Régime des verbes avertir, informer. 130
Régime des verbes accuser, condamner. 130

Régime des verbes délivrer, racheter. 129
Régime des verbes d'abondance, de disette. 129
Régime de *pænitet*, *pudet*, *tædet*, 111, 132
Régime de *refert*, *interest*. 132
Régime de *misereri*, *oblivisci*. 126
Régime d'*opus est*. 135
Régime des verbes *sum*, *habeo*, *do*, *verto*. 135
Régime du verbe *interdico*. 135
Régime des verbes *vertinet*, *spectat*. 131
Régimes des différens adjectifs. 116
Régime des différens adverbes. 156
Régime des comparatifs. 119
Régime des noms partitifs. 121
Régime des superlatifs. 121
Remercier. 169

S.
Sans devant un infinitif. 216, 217
S'attendre que. 170
Savoir, dev. un infinit. 229
Savoir bon gré de. 169
Se défendre de. 169
Se et même 142
Se garder bien de. 167
Se douter que. 171
Se mettre à, se mêler de. 228
Se mettre peu en peine. 165
S'empêcher de. 169
Se réjouir de ou que. 169

Se repentir de ou que. 169

S'étonner que ou de ce que.
                          169

Si, au commencement d'une
    phrase.   221

Si, devant un adj., etc. 207

Si, après les verbes de dou-
    te.   222

Si ce n'est que.   222

Si grand, si petit.   207

Si l'on.   177

S'occuper à.   228

Son, sa, ses.   180

Souhaiter que.   164

Superlatifs.   99

T.

Tant, tant que.   205

Tant pour que pour.   206

Tant, tant il est vrai que.
                         207

Tant s'en faut que.   224

Tarder de.   229

Tel que.   182

Tempus legendi.   114

Temps de l'infinitif après
    que retranché.   160

Temps du subjonctif après
    ut, ne, an, quin. 172

Tout autre.   185

Trop.   195

Trop pour.   209

Trop peu pour.   110

U.

Un peu.   196

V.

Venir à, devant un infinitif.
                         227

Venir de, devant un infini-
    tif.   226

Verbe personnel et son no-
    minatif.   122

Verbes actifs : leur régime.
                       52, 123

Verbes qui ont deux régi-
    mes.   127

Verbes qui ont deux nomi-
    natifs.   122

Verbes irréguliers.   100

Vous ne sauriez croire. 231

Y, en, joints à un verbe.
                       141, 142

À Périgueux, chez DUPONT, père et fils, imprimeurs
de la Préfecture.

PRINCIPES

DE LA

CONSTRUCTION LATINE.

———⟨∘⟩———

Chapitre extrait des Rudimens de la traduction
DE M. FERRI DE SAINT-CONSTANT.

———

La construction latine paraît d'abord n'avoir point de règles, parce qu'il n'y a point de principe positif pour mettre constamment en latin tel mot à telle place, point d'arrangement fixe des parties d'une phrase ou d'une période. On serait tenté de penser que cette langue, libre à cet égard comme le peuple qui la parlait, n'avait voulu aucune gêne, aucune contrainte. Mais ce serait une erreur de croire que cette liberté n'avait point de bornes, et que les Latins plaçaient leurs mots au hasard. Dans leur construction, ils suivaient le même ordre qu'avaient leurs idées et leurs sentimens. C'est ce principe qui fait placer à la tête de la phrase tantôt un nom, tantôt un verbe, tantôt un adjectif, et qui, dans la diction soutenue ou périodique, fait placer au commencement une phrase plutôt qu'une autre.

Les bons auteurs ont constamment suivi dans leur cons-

truction l'ordre de l'importance des objets (1). 1.º Si le
sujet de la phrase est l'objet principal, il paraît à la tête :
*Metius ille est ductor itineris hujus ; Metius idem hujus ma-
chinator belli ; Metius fœderis Romani Albanique ruptor ;*
« C'est Metius qui les a conduits ; c'est Metius qui a été
le boute-feu de cette guerre ; c'est Metius qui a rompu
l'alliance des Romains et des Albins. » *Saxa et soli-
tudines voci respondent ; bestiæ sæpe immanes cantu flec-
tuntur atque consistunt. Cic. :* « Les rochers et les so-
solitudes répondent à la voix ; les bêtes, même les plus
féroces, se laissent fléchir par les accords, et suspendent
leur fureur. » Quand *Scévola* veut apprendre à *Porsenna*
qu'il est Romain, il dit : *Romanus sum civis. Liv. :* « Romain, suis citoyen. » Quand *Gavius* s'écrie du haut de la
croix où il est attaché par l'ordre tyrannique de Verrès,
il dit : *Civis romanus sum ;* « Citoyen romain je suis. »
Pourquoi cette différence de construction ? La qualité de
Romain était dans l'un l'objet principal, dans l'autre
c'était celle de citoyen.

2.º Si l'objet principal est l'action même qui se fait ou
qui s'est faite, le verbe qui l'exprime se montre le premier : *Fuisti apud Leccam ; distribuisti partes Italiæ ;
statuisti quò quemque proficisci placeret ; delegisti quos
Romæ relinqueres, quos tecum educeres ; descripsisti partes urbis ad incendia ; confirmasti ipsum jam te exitu-
rum ; dixisti, etc. Cic. Cat. 1 :* « Vous vous êtes rendu
chez Lecca ; vous y avez distribué les différens cantons
de l'Italie ; vous avez réglé les postes où chacun doit se

---

(1) *Voyez* Batteux, *De la Construction oratoire,* p. 1,
ch. 2.

rendre; vous avez choisi ceux que vous devez laisser à Rome ou qui doivent en sortir avec vous; vous avez assuré que vous en sortiriez; vous avez dit, etc. » *Manet altâ mente repostum. Virg. :* Elle garde dans le fond de son cœur. » *Ibant obscuri solâ sub noctes. Id. :* « Ils allaient seuls dans la nuit obscure. » *Personat hæc ingens latratu regna trifauci. Idem. :* « Il fait retentir ces vastes royaumes, etc. »

3.º Si l'attention principale est due à l'objet de l'action, comme il arrive très souvent, alors le régime passe avant le verbe : *Serpentem fuge :* Fuyez ce serpent. *Panem præbe mihi :* Donnez-moi du pain. Les mots *serpentem* et *panem,* quoique régimes, sont placés les premiers, parce qu'ils expriment les idées qui se sont présentées les premières à l'esprit. J'ai vu un serpent, et j'ai fui. Si je veux faire entendre à un autre qu'il doit fuir, je lui montrerai l'objet, et l'objet lui dira ce qu'il doit faire. Si je parlais par gestes et que je voulusse du pain, je montrerais d'abord du pain, et ensuite je désignerais l'action que je demanderais. Pour rendre par des mots français ces idées dans le même ordre : *du pain à moi, panem præbe mihi,* et non *donnez-moi du pain, præbe mihi panem.* Voici d'autres exemples de cette construction : *Tantam mansuetudinem, tam inusitatam clementiam, nullo modo præterire possum Cic. :* « Une si étonnante bonté, une clémence si inouie, ne peuvent rester sans éloge. » *Cœlum non animum mutant qui trans mare currunt. Hor. :* « C'est de climat et non de cœur qu'on change quand on passe les mers.

4.º Enfin, s'il s'agit de la manière ou de quelque circonstance de l'action, l'adverbe, ou ce qui en tient lieu,

paraît à la tête : *Non benè conveniunt virtutes et divitiæ :*
« Difficilement habitent ensemble les vertus et les richesses. » *Quousquè tandem abutere, Catilina, patientiâ
nòstrâ? Cic. :* « Jusques à quand abuserez-vous, Catilina, de notre patience? » L'âme de la période est un
sentiment d'indignation et d'impatience ; c'est donc la
patience épuisée qui est le premier objet, et c'est celui
qui se montre à la tête, *quousquè tandem.*

Les auteurs latins suivent cet ordre dans leur construction ; on le trouve presque partout, et particulièrement dans les endroits animés. S'ils s'en écartent quelquefois, ce n'est qu'en faveur de l'harmonie. Comme
l'oreille, en fait de langage, est nécessairement subor-
donnée à l'esprit, si on dérange l'ordre naturel des mots
pour lui plaire, ce ne doit être que dans les parties les
moins importantes ; et quand le sens même y gagne, ou
du moins qu'il n'y perd pas.

PROSODIE
LATINE,

OU MÉTHODE POUR APPRENDRE LES PRINCIPES DE LA
QUANTITÉ ET DE LA POÉSIE LATINE.

CHAPITRE PREMIER.

DE LA QUANTITÉ EN GÉNÉRAL.

La quantité est la mesure des syllabes.

La syllabe est composée de consonnes et de voyelles qui se joignent ensemble dans la prononciation, comme *ho-mo*, *car-men*, etc.

Une simple voyelle fait quelquefois une syllabe, comme *a*, *e-go*, etc.

Les syllabes sont longues, ou brèves, ou douteuses.

La syllabe longue se prononce lentement, et se marque ainsi ‾ : *vīrtūtēs*.

La syllabe brève se prononce avec briéveté, et se marque ainsi ˘ : *Dŏmĭnŭs*.

La syllabe douteuse se prononce dans la prose comme la brève; mais dans la poésie elle est longue ou brève, et on la marque ainsi ᵛ : *tenĕbræ*.

Des Pieds.

Le pied est un arrangement de syllabes longues ou brèves (1).

On distingue plusieurs pieds.

---

(1) Observez que la quantité est la mesure des syllabes; les syllabes font la mesure du pied, et les pieds la mesure du vers.

Pieds de deux Syllabes.

Le Spondée, deux longues, comme *ūrbēs*.

L'Iambe, une brève et une longue, comme *dĭēs*.

Le Trochée, une longue et une brève, comme *ārmă*.

Pieds de trois Syllabes.

Le Dactyle, une longue et deux brèves, comme *cār-mĭnă*.

L'Anapeste, deux brèves et une longue, comme *pĭĕtās*.

CHAPITRE II.

DES DIFFÉRENTES ESPÈCES DE VERS.

Du vers Hexamètre.

LE vers Hexamètre est composé de six pieds, dont les quatre premiers sont dactyles ou spondées indifféremment, le cinquième est un dactyle, le sixième un spondée (1).

Exemple.

Tityre, tu patulæ recubans sub tegmine fagi;
Sylvestrem tenui musam meditaris avenâ. V.

$$\text{Scan-}\left\{\begin{array}{l} \text{Tītўrĕ} \mid \text{tŭ pătŭ} \mid \text{læ rĕcŭ} \mid \text{bāns sŭb} \mid \text{tēgmĭnĕ} \mid \text{fāgī;} \\ \qquad 1 \qquad\quad 2 \qquad\quad 3 \qquad\quad 4 \qquad\quad 5 \qquad\quad 6 \\ \text{Sīlvēs} \mid \text{trēm tĕnŭ} \mid \text{ĭ mŭ} \mid \text{sām mĕdĭ} \mid \text{tārĭs ă} \mid \text{vēnă.} \\ \qquad 1 \qquad\quad 2 \qquad\quad 3 \qquad\quad 4 \qquad\quad 5 \qquad\quad 6 \end{array}\right.$$

Le vers Hexamètre est quelquefois spondaïque, quand le cinquième pied est un spondée (2). *Ex.*

Cāră Dĕūm sŏbŏlēs, māgnūm Jŏvĭs ĭncrēmēntŭm. V.

---

(1) Ce mot *Hexamètre* vient de deux mots grecs qui signifient *six mesures*. On l'appelle aussi vers héroïque, parce qu'il est ordinairement consacré à chanter les exploits et la gloire des héros.

(2) C'est une licence dont il faut user rarement. On aura lieu d'en parler dans la suite et d'en montrer l'usage.

Du vers Pentamètre.

Le vers Pentamètre est composé de cinq pieds, dont les deux premiers sont dactyles ou spondées, le troisième est spondée, le quatrième et le cinquième sont deux ana-pestes (1).

Exemple.

Tempora si fuerint nubila, solus eris.

Scan- ⎧ *Tēmpŏră* | *sī fŭĕ* | *rĭnt nū* | *bĭlă sō* | *lŭs ĕrĭs.*
dez. ⎩   **1**   **2**   **3**   **4**   **5**

Le vers Pentamètre doit être précédé d'un vers Hexa-mètre. Ces deux vers, joints ensemble, forment un dis-tique (2). *Ex.*

    Donec eris felix, multos numerabis amicos;
    Tempora si fuerint nubila, solus eris. Ov.

CHAPITRE III.

DES RÈGLES DE LA QUANTITÉ.

SECTION PREMIÈRE.

Des Règles générales.

RÈGLE I.

La dernière syllabe de tout vers est commune; c'est-à-dire longue ou brève.

---

(1) Ce mot *Pentamètre* vient des mots grecs qui signi-fient *cinq mesures.*

On peut encore le mesurer et le scander de la manière suivante :

    Tēmpŏră | *sī fŭĕ* | *rĭnt* | *nū bĭlă* | *sŏlŭs ĕ* | *ris.*

(2) *Distique :* on appelle ainsi deux vers liés ensemble, et qui font un sens complet. Chaque distique doit être suivi d'un repos ; c'est-à-dire que la même phrase ne peut s'étendre d'un distique à l'autre.

Exemple.

Nos patriæ fines et dulcia linquimus arva (1). V.

RÈGLE II.

Toute voyelle est longue quand elle est suivie dans le même mot de deux consonnes, ou d'une de ces lettres doubles X, Z, J (2). *Ex. Dūlcia līnquūnt ēxilio*, etc.

Exilioque domos et dūlcia limina līnqunt. V.

Exception.

Si la première consonne qui suit la voyelle est une muette, et la seconde une des liquides *l* ou *r*, comme dant ces mots *volucris, poplitis*, la voyelle est quelquefois longue et quelquefois douteuse.

1.º Elle est toujours longue quand la syllabe est longue de sa nature, comme dans ces mots *māter mātris, frāter frātris, arātor arātrum*, etc.

Parva, sub ingenti mātris se subjicit umbrá. V.

2.º La voyelle est encore longue quand les deux consonnes se rapportent à deux syllabes différentes et qu'on peut les séparer dans la prononciation, comme dans ces mots *sūbrideo, ōbruo*, etc.

Incute vim ventis, submersasque ōbrue puppes. V.

Mais si la muette et la liquide appartiennent à la même syllabe, la voyelle devient douteuse; c'est-à-dire longue ou brève, comme dans ces mots *pătris, tenĕbræ*, etc.

Natum ante ora pătris pătremque obtruncat ad aras. V.

---

(1) La dernière syllabe du mot *arva* est brève de sa nature, et elle tient dans ce vers la place d'une longue.

(2) Parmi les consonnes, il y en a trois qu'on appelle doubles; savoir, X, Z, J; deux liquides ou coulantes, qui sont L et R, auxquelles on peut joindre M et N : les autres sont muettes, B, C, D, F, G, K, P, Q, T, V. La lettre H n'est ni voyelle ni consonne; elle n'est comptée pour rien dans la mesure des vers.

RÈGLE III.

Toute voyelle est longue quand elle est suivie de deux consonnes, dont l'une se trouve à la fin d'un mot et l'autre au commencement du mot suivant, comme dans ces mots, *Deŭs nobis*, etc. *Ex.*

O Meliboee, Deŭs nobis hœc otia fecit. V.

Mais si la voyelle se trouve à la fin d'un mot, et que les deux consonnes, ou la lettre double, viennent après elle dans le mot suivant, la règle de *position* n'a plus lieu, et la voyelle conserve la qualité qui lui est propre. *Ex. Regiă sceptra; sœpĕ stylum*, etc. (1)

Gessit honoratâ regiă sceptra manu. Ov.
Sœpĕ stylum vertas... Hor.

RÈGLE IV.

La voyelle suivie d'une voyelle dans le même mot est brève. *Ex. Impia timŭerunt*, etc. (2)

Impiaque æternam timŭerunt sœcula noctem. V.

Exceptions.

1.° *e* entre deux *i* est long au génitif et au datif singulier de la cinquième déclinaison, comme *Diēi, speciēi*, etc. *Ex.*

Nunc adeò melior quoniam pars acta Diēi. V.

2.° *fi* est long dans les temps du verbe *fio*, où *r* ne se trouve point; il est bref dans les autres temps. *Ex. fient, fieri*

Omnia jam fient, fieri quæ posse negabam. Ov.

---

(1) Cette règle peut souffrir quelque exception, comme on le voit dans le vers suivant :

Ferte citi ferrum, date telā, scandite muros. V.

C'est une licence poétique dont on trouve peu d'exemples, et il paraît mieux de l'éviter.

(2) Les voyelles sont *a, e, i, o, u*. Il ne faut pas confondre *j* et *v* consonnes, avec *i* et *u* voyelles.

3.° *i* est douteux dans les génitifs en *ius*, comme *unĭus*, *utrĭus*, *illĭus*, etc. *Ex.*

> *Unĭus ob noxam et furias Ajacis Oilei.* V.
> *Navibus (infandum) amissis unĭus ob iram.* V.

4.° *i* est long dans le génitif *alīus*, et bref dans *alterĭus*, ce qui a donné lieu au vers suivant :

> *Corripit alterius, semper producit alĭus.* D.

5.° *o* est long dans les noms *herōs*, *herōis*; et *a* est long dans *āer*, *āeris*. *Ex.*

> *Magnanimi herōes, nati melioribus annis* V.
> *Alta petunt āer, atque āere purior ignis.* Ov.

6.° *e* est long dans l'interjection *ēheu*; *o* est douteux dans *ŏhe*. *Ex.*

> *Eheu! quid volui misero mihi?* V.

7.° Les noms propres terminés en *aius* et en *eius*, font longue la voyelle devant *i*, comme *Cāius*, *Pompēius*, etc. Joignez-y le nom *Marĭa*, qui fait *i* long.

Il faut excepter encore plusieurs noms propres dérivés du grec, comme *Trōes*, *Æneas*, *Amphīon*, *Lycāon*, etc.

RÈGLE V.

Toute diphtongue est longue, comme dans ces mots, *Musœ*, *Pœnitet*, *paūlŏ*. (1) *Ex.*

> *Sicelides Musæ, pāulo majora canamus.* V.

Exception.

La préposition *prœ* devient brève dans les mots composés où elle est suivie d'une voyelle, comme *prœit*, *prœest*, *prœustus*, etc. *Ex.*

> *Et venit stellá non prœeunte dies.* P.

_____

(1) Cette règle ne comprend pas seulement les diphtongues *œ* et *æ* : il faut y ajouter *aï*, *au*, *eï*, *eu*, comme dans ces mots : *Grāïus*, *āudax*, *eīa*, *Eūropa*, etc.

RÈGLE VI.

Une syllabe formée de deux syllabes par contraction est toujours longue, comme *cōgo*, qui vient de *coago*, *nīl* de *nihil*, *mī* de *mihi*, etc. (1) *Ex:*

...... *Quid non mortalia pectora cōgis,*
Auri sacra fames?........ V.

La même règle doit s'observer quand on restreint dans la mesure des mots deux syllabes en une, comme *Dī* pour *Dii*, *cūi* pour *cŭi*, *deīnde* pour *dĕinde*, etc. *Ex.*

Dī prohibete minas, Dī, talem avertite casum. V.

SECTION II.

RÈGLES PARTICULIÈRES.

Des mots composés.

RÈGLE I.

Les prépositions *a*, *e*, *de*, *di*, *præ*, *se*, *tra*, sont longues dans les mots composés, comme *āmitto*, *ēducò*, *dēducò*, *dīmitto*, *præcedo*, *sēduço*, *trāduco*, etc. *Ex.*

Et quā | lēm infē | lix ā | misit | Māntŭă | cāmpūm. V.

Il faut excepter | *dīrimo* et *dīsertus*, qui font *di* bref. *Ex.*

Et Rŭlŭ | lūm nōs | trō dĭri | mātŭr | sānguĭně | bēllūm. V.

RÈGLE II.

Les prépositions brèves de leur nature, sont brèves aussi dans les mots composés, savoir : *ăb*, *ăd*, *ăn*, *antě*, *in*, *ŏb*, *circŭm*, *intěr*, *pěr*, *prætěr*, *sŭb*, *supěr*; comme *ăboleo*, *ădigo*, *ănhelo*, *antěcedo*, *ineo*, *ŏbeo*, *circŭmago*,

---

(1) *Contraction* : les grammairiens appellent ainsi la réduction de deux syllabes en une.

intĕreo, pĕreo, prœtĕreo, sŭbeo, supĕraddo, etc. (1) *Ex.*

Nĕc poterit ferrum, nec edax ăbolere vetustas. Ov.

Rĕ est encore bref dans les mots composés, excepté dans l'impersonnel *rĕfert. Ex.*

Fervet opus, rĕdolĕntque thymo fragrantia mella. V.
Prœtereà nec jam mutari pabula rĕfert. V.

DES CRÉMENS.

CONSIDÉRÉS DANS LES NOMS.

Lorsqu'un nom substantif ou adjectif a dans ses autres cas une syllabe de plus qu'au nominatif, cette syllabe s'appelle *crément;* ainsi dans *virtutis,* qui vient de *virtus,* il y a un crément. (2)

On compte autant de crémens qu'il se trouve de syllabes de plus aux autres cas qu'au nominatif. Dans *virtutis,* il n'y a qu'un crément; dans *virtutibus,* il y en a deux.

Le crément ne tombe jamais sur la dernière syllabe, mais sur celles qui la précèdent immédiatement. Si le mot croît d'une syllabe, c'est la pénultième qu'on doit regarder comme crément; s'il croît de deux ou de trois syllabes, c'est la pénultième, l'antépénultième, et ainsi des autres, en suivant toujours le même ordre. Dans

---

(1) Observez que cette règle n'a plus lieu quand les prépositions sont suivies de deux consonnes ou d'une lettre double; dans ce cas elles deviennent longues par la seconde règle générale, comme dans ces mots *ābnego, ādjĭcio,* etc. La préposition *circum* est mise au rang des prépositions brèves de leur nature, parce que les premiers poètes latins faisaient brève *m* finale : cette lettre a conservé la même quantité dans les mots composés, lorsqu'elle est suivie d'une voyelle.

(2) Crément, c'est-à-dire accroissement : ce mot vient du mot latin *crescere,* croître.

virtutis le crément est *tu;* dans *virtutibus,* les deux crémens sont *tu* et *ti,* etc.

Il faut distinguer dans les noms deux sortes de crémens, ceux du singulier et ceux du pluriel.

CRÉMENS DU SINGULIER.

Première Déclinaison.

La première déclinaison n'a point de crément au singulier, comme on le voit dans *Musa, Musæ; Penelope,
Penelopes,* etc.

Seconde déclinaison.

RÈGLE.

Le crément du singulier est bref dans les noms de la
seconde déclinaison. *Ex. Puer, puĕri.*

*Maxima | debe | tur puĕ | ro reve | rentia | si quid
Turpe paras, ne tu puĕri contempseris annos.* Juv.

Il faut seulement excepter les noms propres *Iber* et
Celtiber, qui ont le crément long, *Ibēri, Celtibēri. Ex.*

Aut impacatos à tergo horrebis Ibēros. V.

Troisième déclinaison.

RÈGLE I.

A crément du singulier est long dans les noms de la
troisième déclinaison, comme *pietas, pietātis; animal,
animālis,* etc. *Ex.*

Si te nullá movet tantæ pietātis imago. V.

Exceptions.

1.° *a* est bref dans les noms neutres terminés en *a;*
comme *poema, poemătis; thema, themătis,* etc. *Ex.*

Non satis est pulchra esse poëmăta, dulcia sunto. H.

2.° *a* est bref dans les noms en *as,* qui ont le génitif en

12 *

adis et *aris*, comme *lampas*, *lampădis*; *Pallas*, *Pallădis*; *mas*, *măris*; etc. *Ex.*

     Et sol flammigerâ lustrabit lampăde terras. V.

3.° *a* est bref dans les noms propres masculins termi-nés en *al* et en *ar*, comme *Annibal*, *Annibălis*; *Cæsar*, *Cæsăris*, etc. *Ex.*

     Annibălis spolia et victi monumenta Siphacis. P.

4.° *a* est encore bref dans les adjectifs *par*, *păris*, et dans ses composés *impar*, *impăris*; *dispar*, *dispăris*, etc. Joignez-y les noms suivans : *anas*, *anătis*; *bacchar*, *bac-chăris*; *hepar*, *hepăris*; *jubar*, *jubăris*; *lar*, *lăris*; *nec-tar*, *nectăris*; *trabs*, *trăbis*. *Ex.*

.... *Numero Deus impăre gaudet.* V.

RÈGLE II.

E, crément du singulier, est bref dans les noms de la troisième déclinaison, comme *seges*, *segětis*; *munus*, *mu-něris*; etc. *Ex.*

     Hic segětes, illic veniunt felicius uvæ. V.

Exceptions.

1.° *e* est long dans les noms en *en*, qui font *enis* au génitif, comme *ren*, *rēnis*; *Siren*, *Sirēnis*, etc. *Ex.*

     Monstra maris Sirēnes erant, quæ voce canorâ. Ov.

2.° *e* est long dans les noms suivans, *hæres*, *hærēdis*; *lex*, *lēgis*; *locuples*, *locuplētis*; *magnes*, *magnētis*; *mer-ces*, *mercēdis*; *quies*, *quiētis*; *rex*, *rēgis*; *ver*, *vēris*; *ver-vex*, *vervēcis* (1). *Ex.*

     Omnia sub lēges mors vocat atra suas. Ov.

3.° *e* est long dans les noms en *er* et en *es*, qui ont dans le grec un *eta* à la pénultième du génitif, comme

---

(1) On peut ajouter encore quelques noms propres qui sont peu usités, comme *Recimer*, *Recimēris*; *Ser*, *Sē-ris*, etc.

crater, cratĕris; tapes, tapētis. Joignez-y les noms hébreux *Daniel, Daniēlis; Israël, Israēlis. Ex.*

>   *Armaque cratĕrasque simul pulchrosque tapētas.* V.

<h2 align="center">RÉGLE III.</h2>

I et *Y,* crémens du singulier, sont brefs dans les noms
de la troisième déclinaison, comme *homo, homĭnis; mar-
tyr, martyrĭs,* etc. *Ex.*

>   *Os homĭni sublime dedit, Cælumque tueri*
>   *Jussit, et erectos ad sidera tollere vultus.* Ov.

<h3 align="center">Exceptions.</h3>

1.° *i* est long dans les monosyllabes *Dis, Dītis; glis,
glīris; lis, lītis;* et dans *vīres,* pluriel de *vis. Ex.*

>   *Noctes atque dies patet atri janua Dītis.* V.

2.° *i* est long dans les noms terminés en *in,* qui viennent du grec, comme *Delphin, Delphīnis; Salamin, Sa-
lamīnis;* et dans les noms du peuple, *Quiris, Quirītis;
Samnis, Samnītis. Ex.*

>   *Delphīnum similes, qui per maria humida nando.* V.

3.° *i* est long dans la plupart des noms en *ix,* comme
felix, felīcis; radix, radīcis; etc. *Ex.*

>   *Vivite felīces, quibus est fortuna peracta.* V.

Les noms suivans terminés en *ix,* font *i* bref au crément, *calix, calĭcis; filix, filĭcis; fornix, fornĭcis; nix,
nĭvis; pix, pĭcis; salix, salĭcis;* et *vicis,* dont le nominatif *vix* n'est point usité. *Ex.*

>   *Et filĭcem curvis invisam pascit aratris.* V.

<h2 align="center">RÉGLE IV.</h2>

O, crément du sigulier, est long dans les noms de la
troisième déclinaison, comme *dolor, dolōris; sermo, ser-
mōnis; melior, meliōris,* etc. *Ex.*

>   *Infandum, Regina, jubes renovare dolōrem.* V.

Exceptions.

1.° *o* est bref dans les substantifs neutres terminés en *or*, en *ur* et en *us*, etc., comme *marmor, marmŏris; ebur, ebŏris; pectus, pectŏris;* etc. *Ex.*

> *Fortiaque adversis opponite pectŏra rebus.* **H.**

2.° *o* est bref dans les noms propres en *or* qui viennent du grec, comme *Hector, Hectŏris; Nestor, Nestŏris;* et dans les noms de peuple en *o*, comme *Macedo, Macedŏnis; Saxo, Saxŏnis,* etc. *Ex.*

> *Multa super Priamo rogitans, super Hectŏre multa.* **V.**

3.° *o* est encore bref dans ces noms, *arbor, arbŏris; bos, bŏvis, compos, compŏtis; impos, impŏtis, inops, inŏpis; lepus, lepŏris; memor, memŏris; præcos, præcŏcis; tripus, tripŏdis. Ex.*

> *.............. At frigida Tempe,*
> *Mugitusque boum, mollesque sub arbŏre somni.* **V.**

RÈGLE V.

U, crément du singulier, est bref dans les noms de la troisième déclinaison, comme *Consul, Consŭlis; dux, dŭcis; murmur, murmŭris;* etc. *Ex.*

> *Si canimus sylvas, sylvæ sint Consŭle dignæ.* **V.**

Exceptions.

1.° *u* est long dans ces trois noms, *lux, lūcis; Pollux, Pollūcis;* et *frūgis,* dont le nominatif *frux* n'est point usité. *Ex.*

> *Restitit Æneas claráque in lūce refulsit.* **V.**

2.° *u* est long dans les noms terminés en *us,* qui ont le génitif en *udis, uris, utis,* comme *palus, palūdis; jus, jūris, salus, salūtis;* etc. *Ex.*

> *Una salus victis nullam sperare salūtem.* **V.**

On exceptera les trois noms suivans, qui font *u* bref au crément, *pecus, pecŭdis; intercus, intercŭtis; Ligur, Ligŭris. Ex.*

> *Nigram hiemi pecŭdem, Zephyris felicibus albam.* **V.**

IV et V Déclinaisons.

Le crément du singulier, dans les noms de la quatrième déclinaison, se rapporte à la quatrième règle générale, où l'on voit qu'une voyelle est brève quand elle
est suivie d'une autre voyelle dans le même mot; telle
est ici la nature du crément, comme dans ces mots, *fructus, fructŭi; quæstus, quæstŭi*, etc.

Le crément de la cinquième déclinaison est bref par la
même règle, ou long, suivant l'exception pour la voyelle
e entre deux *i*, comme dans *res, rĕi; dies, diēi*, etc.
(*Voyez la règle ci-dessus*, page 5.)

CRÉMENS DU PLURIEL

DANS LES NOMS.

Il faut d'abord observer que tous les crémens du singulier gardent au pluriel la même quantité. Ainsi, dans
virtūtis, le crément *tu* est long; il sera long aussi dans
virtūtes. Dans *tempŏris*, le crément *po* est bref; il sera
bref encore dans *tempŏra*, etc. (1)

On connaît les crémens du pluriel de la même manière
que ceux du singulier, en comparant le nominatif avec
les autres cas. Si l'on trouve au génitif, ou dans les cas
suivans, une syllabe de plus qu'au nominatif pluriel, la
pénultième sera un crément du pluriel. Ainsi, *mensæ*,
nominatif pluriel, n'a que deux syllabes, et *mensarum*
en a trois; la pénultième *sa* est un crément du pluriel;
dans *sermonibus*, ce sera la pénultième *ni*, etc.

RÈGLE UNIVERSELLE.

POUR LES CRÉMENS AU PLURIEL.

a, e, o, sont toujours longs aux crémens du pluriel;

---

(1) Ces crémens, en passant au pluriel, ne changent
point de nature : on doit toujours les regarder comme
crémens du singulier; et c'est ce principe qu'il faut se
rappeler, pour en déterminer la quantité.

i et *u* sont toujours brefs, comme dans ces noms, *flam-mārum, diērum, bonārum; fornacĭbus, artŭbus,* etc. *Ex.*

Vidimus undantem ruptis fornacĭbus Ætnam,
Flammārumque globos liquefactaque volvere saxa. V.

DES CRÉMENS

CONSIDÉRÉS DANS LES VERBES.

Pour connaître les crémens des verbes, il faut compter combien il y a de syllabes à la seconde personne du présent singulier de l'indicatif actif; les autres personnes, dans toute l'étendue du verbe, auront autant de crémens qu'elles auront de syllabes de plus. Dans *amo,* par exemple, la seconde personne *amas* a deux syllabes, *amamus* en a trois; ainsi la pénultième *ma* est un crément : *ama-bamus* a quatre syllabes; ce mot a donc deux crémens, qui sont : *ma, ba : amabamini* a cinq syllabes, et par conséquent trois crémens, qui sont *ma, ba, mi.* Il en est de même de tous les autres verbes.

Pour connaître les crémens des verbes déponens, il faut leur supposer une seconde personne d'un indicatif actif, qu'ils n'ont pas dans le latin. Par exemple, *hortas* sera cette personne supposée pour le verbe déponent *hortor.* Ainsi, dans *hortaris,* qui a une syllabe de plus que *hortas,* on trouvera un crément; on en trouvera deux dans *hortabaris,* etc.

RÈGLE I.

A, crément des verbes, est long. *Ex. Amāmus, doce-bāmus, resonāre,* etc.

Formosam resonāre doces Amaryllĭda sylvas. V.

Exceptions.

a est bref au premier crément du verbe *do* et de ses composés *circumdo, pessumdo,* etc. *Ex. Dăbātur, cir-cumdăbāmus.*

Nam quod consilium, aut quæ jam fortuna dăbātur? V.

RÈGLE II.

E, crément des verbes, est long. *Ex*. *Amēmus, tenē-bant, conticuēre.*

Conticuēre omnes intentique ora tenēbant. V.

Exceptions.

1.° *e*, crément, est bref dans tous les temps terminés en *ĕram, ĕrim, ĕro*, comme *raptavĕram, legĕrim, audivĕro,* et dans les temps du verbe *sum, ĕram, ĕro*, etc. *Ex.*

Ter circum Iliacos raptavĕrat Hectora muros. V.

2.° *e* est bref dans les secondes personnes du futur terminées en *bĕris, bĕre*, comme *celebrabĕris, celebra-bĕre*, etc. *Ex.*

Semper honore meo, semper celebrabĕre donis. V.

3.° *e* est encore bref au premier crément du présent de l'indicatif, de l'imparfait du subjonctif, et du présent de l'infinitif dans les verbes de la troisième conjugaison, comme *legĕris, legĕrem, legĕre*, etc. (1). *Ex.*

Jam legĕre, et quæ sit poteris cognoscĕre virtus. V.

RÈGLE III.

I, crément des verbes, est bref. *Ex.* *Vidĭmus, super-ravĭmus*, etc.

.... *Satis una superque*
Vidĭmus excidia, et captæ superavĭmus urbi. V.

Exceptions.

1.° *i* est long au premier crément des verbes de la

_____

(1) Quelquefois *e* est bref aux terminaisons en *erunt*, dans ces mots : *stetĕrunt, circumstetĕrunt, constitĕrunt*; c'est une licence dont on voit des exemples dans Virgile. *Obstupui, stetĕruntque comæ, et vox faucibus hæsit.* V.

quatrième conjugaison, comme *audĭmus, scīrent, īmus,* etc. (1). *Ex.*

Ignoscendă quidem, scīrent si ignoscere Manes. V.

2.° *i* est long au premier crément des prétérits en *ivi,* et des temps qui en sont formés, comme *quæsīvi, quæsīveram,* etc. *Ex.*

Quæsīvit cœlo lucem; ingemuitque repertá. V.

3.° *i,* crément, est long au présent du subjonctif, dans ces verbes : *volo, nolo, malo, sum,* et ses composés *adsum, possum,* etc., comme *velīmus, velītis, sīmus, sītis, possīmus, possītis,* etc. *Ex.*

Atque hæc ut certis possīmus discere signis. V.

RÈGLE IV.

o, crément des verbes, est toujours long. *Ex.* *Amatōte, facitōte, estōte,* etc. *Ex.*

Venturæ memores jam-nunc estōte senectæ. V.

RÈGLE V.

u, crément des verbes, est bref. *Ex.* *Sŭmus, nolŭmus,* etc.

Nolŭmus assiduis animum tabescers curis. Ov.

Exception.

u est long à la pénultième des futurs en *rus, ra, rum,* comme *amatūrus, moritūrus,* etc. *Ex.*

Cingitur, ac densos fertur moritūrus in hostes. V.

---

(2) Remarquez que le verbe *eo* et ses composés *exeo, subeo,* etc., sont compris dans cette exception. Ces verbes se rapportent à la quatrième conjugaison, puisqu'ils ont la seconde personne du présent de l'indicatif en *is,* et l'infinitif en *ire.*

DES PRÉTÉRITS.

RÈGLE I.

Les prétérits de deux syllabes ont la première longue, ainsi que les temps qui en sont formés, comme *vēni, vīdi, vīci, vēnissem, vīderim*, etc. *Ex.*

Vēnit summa dies et ineluctabile tempus. V.

Exception.

La première syllabe est brève dans ces six prétérits, *bĭbi, dĕdi, fĭdi, scĭdi, stĕti, tŭli*, etc. *Ex.*

Omne tŭlit punctum, qui miscuit utile dulci. H.

RÈGLE II.

Les prétérits qui redoublent leur première syllabe, et les temps qui en sont formés, font les deux premières brèves, comme *cĕcĭni, tĕtĭgi, tĕtĭgeram*, etc. *Ex.*

Tityre, te patulæ cĕcĭni sub tegmine fagi. V.

Il faut excepter *cecīdi*, venont de *cædo*, et *pepēdi* de *pedo*, qui ont la seconde syllabe longue.

DES SUPINS.

RÈGLE I.

Les supins de deux syllabes, et les participes qui en sont formés, ont la première longue, comme *nōtum, nōtus; vīsum, vīsus*, etc. *Ex.*

Si minus erasset, nōtus minus esset Ulysses. Ov.

Exception.

Les supins des verbes suivans ont la première syllabe brève : *dătum* de *do*, *cĭtum* de *cieo*, *ĭtum* de *eo*, *lĭtum* de *lino*, *quĭtum* de *queo*, *rătum* de *reor*, *sătum* de *sero*, *sĭtum* de *sino*, *stătum* de *sto* (1). *Ex.*

Quà dăta porta, ruunt et terras turbine perflant. **V.**

RÈGLE II.

Les supins en *utum*, qui ont plus de deux syllabes, font la pénultième longue, ainsi que les participes qui en sont formés, comme *indūtum*, *indūtus*; *tribūtum*, *tribūtus*, etc. *Ex.*

Hei mihi, qualis erat, quantùm mutatus ab illo
Hectore, qui redit exuvias indūtus Achillis! **V.**

Exception.

Les composés du verbe *ruo* ont la pénultième brève au supin, et dans les participes qui en sont formés, comme *obrŭtum*, *obrŭtus*; *dirŭtum*, *dirŭtus*, etc. *Ex.*

Dirŭta sunt aliis, uni mihi Pergama restant. **Ov.**

RÈGLE III.

1.º Les supins en *itum* ont la pénultième longue, ainsi que les participes qui en sont formés, dans les verbes dont le prétérit se termine en *ivi*, comme *audītum*; *audītus*; *quæsītum*, *quæsītus*; etc. *Ex.*

Artibus ingenuis quæsīta est gloria multis. **Ov.**

2.º Mais si les verbes n'ont pas *ivi* au prétérit, alòrs *itum* sera bref au supin et dans les participes qui en sont

---

(1). La syllabe *sta*, quoique brève dans *statum*, est longue dans *stāturus*, et ses composés *constāturus*, *obstāturus*, etc.

Remarquez que les composés de *cĭtum* venant de *cĭeo cies*, ont la pénultième brève, comme *concĭtus*; au lieu que *cītum*, venant de *cio cis*, et ses composés font la pénultième longue, comme *concītus*, *excītus*. *Ex.*

.... *atque immani concĭtus irâ.* **V.**

.... *toto concīta pericula mundo.* **L.**

formés, comme *monĭtum*, *monĭtus; agnĭtum*, *agnĭtus*, etc.
Ex.

> *Discite justitiam monĭti, et non temnere Divos.* V.

Les composés du verbe *eo* font *ĭtum* bref au supin, quoiqu'ils aient le prétérit en *ivi*, comme *inĭtum, inĭtus; præ-
terĭtum, præterĭtus;* etc. *Ex.*

> *O mihi præterĭtos referat si Jupiter annos !* V.

DES SYLLABES FINALES.

I.

Des Voyelles.

Règle I. *A.*

1.° *a* est bref à la fin des mots. *Ex. Regĭă, altă,* etc.
> *Regĭă solis erat sublimibus altă columnis.* Ov.

Exceptions.

a final est long à l'ablatif des noms de la première déclinaison, comme *populeā, umbrā*, et au vocatif des noms
grecs terminés en *as*, comme *Æneā, Pallā*, etc. *Ex.*

> *Qualis populeă mærens Philomela sub umbră.* V.
> *Quid miserum, Æneā, laceras ! jam parce sepulto.* V.

a final est long ou bref dans les noms de nombre indéclinables terminés en *ginta*, comme *trigintă, sexa-
gintă*, etc.

2.° *a* final est long à l'impératif, *amā, obstā;* dans les
adverbes, comme *intereā, frustrā*, et dans les prépositions, comme *ā, circă*, etc. *Ex.*

> *Principiis obstā; serò medicina paratur*
> *Cùm mala per longas invaluere moras.* Ov.
> *Sed fugit intereă, fugit irreparabile tempus.* V.
> .... *ruit alto ă culmine Troja.* V.

Exception.

Ces quatre mots, *eiă, ită, quiă,* et *pută* [adverbe],
font *a* bref. *Ex.*

> *Si veteres ită miratur laudatque poetas.* H.

RÈGLE II. *E.*

e est bref à la fin des mots. *Ex. Incipĕ, parvĕ, co-gnoscerĕ,* etc.

Incipĕ, parvĕ puer, risu cognoscerĕ matrem. V.

Exceptions.

1.º *e* final est long dans les noms de la première et de la cinquième déclinaisons, comme *Penelopē, diē,* etc. *Ex.*

Te, veniente diē, te, decedente canebat. V.

2.º *e* final est long à l'impératif des verbes de la seconde conjugaison, comme *docē, monē,* etc. L'impératif *cavĕ* fait *e* long ou bref. *Ex.*

Tu vatem, tu, diva, monē; dicam horrida bella. V.

3.º *e* final est long dans les adverbes formés des noms adjectifs de la seconde déclinaison, comme *indignē, præcipuē,* etc. On exceptera les quatre suivans, qui ont *e* bref, *benĕ, malĕ, supernĕ, infernĕ. Ex.*

Quæ venit indignē, pœna dolenda venit. Ov.
Non benĕ Cælestes impia dextra colit. Ov.

4.º *e* final est long dans les monosyllabes *mē, tē, sē, ē, dē,* et *nē* signifiant *de peur que.* Les autres monosyllabes font *e* bref, comme *quĕ, cĕ, vĕ* et *nĕ* conjonction interrogative.

Mēne efferre pedem, genitor, tē posse, relicto
Sperasti?...
Trojaquĕ nunc stares Priamique arx alta maneres. V.

5.º Il est long dans *fermē* et *ohē;* et douteux dans *ferĕ.*

RÈGLE III. *I.*

I est long à la fin des mots. *Ex. Virtutī, puerī, dicī,* etc.

Fidite virtutī; fortuna fugacior undis. Ov.

Exceptions.

1.º *i* final est douteux dans ces mots; *mihĭ, tibĭ, sibĭ,*

quasĭ, ubĭ et *utĭ* adverbe ; il est toujours bref dans *nisĭ.*
Ex.

Fas mihĭ Graiorum sacrata resolvere jura. V.
Musa, mihī causas memora............ V.

2.° *i* final est bref au datif et au vocatif des noms de
la troisième déclinaison, qui viennent du grec, comme
Daphnidĭ, Daphnĭ, Paridĭ, Parĭ, Palladĭ, etc. *Ex.*

Insere, Daphnĭ, piros ; carpent tua poma nepotes. V.

Règle IV. *O.*

O est douteux à la fin des mots. *Ex. Volŏ, jubeŏ,*
sermŏ, etc.

Sic volŏ, sic jubeŏ, sit pro ratione voluntas. Juv.

Exceptions.

1.° *o* final est toujours long dans les datifs et les ablatifs des noms, comme *Dominō, Oceanō ;* dans les adverbes formés des noms adjectifs de la seconde déclinaison,
comme *continuŏ, subitŏ,* et dans *ergō* pris pour *causá. Ex.*
Imperium Oceanō, famam qui terminet astris. V.
Continuō venti volvunt mare............ V.

2.° Les monosyllabes *dŏ, nō, stō, prō, quō,* font *o*
long. *Ex.*

Sic ego dō pœnas artibus ipse meis. V.

L'interjection *ó* est toujours longue devant une con-
sonne, et elle est longue ou brève devant une voyelle. *Ex.*
O patria, ō Divum domus Ilium, et inclytā bello
Mœnia Dordanidum......... V.
O pater, ō hominum Divumque œterna potestas. V.
Te Corydon, ŏ Alexi : trahit sua quemque voluptas. V.

3.° *o* final est bref dans *citŏ, imŏ, illicŏ, cedŏ,* mis
pour *dic, modŏ,* et ses composés *quomodŏ,* etc. *Ex.*
Nec citŏ credideris, quantùm citŏ credere lœdat. Ov.

4.° *o* est long à la fin des noms propres qui ont dans

le grec un *omega* à la dernière syllabe, comme *Cliŏ*, *Echō*, *Androgeō*, etc.

Cliō gesta canens transactis tempora reddit. V.

RÈGLE V. *U*.

U, à la fin des mots, est toujours long. *Ex.* *Luctū*, *tonitrŭ*, etc.

Afflictus vitam in tenebris luctūque trahebam. V.

II.

DES CONSONNES FINALES.

RÈGLE I. *B*.

b, à la la fin des mots, est bref. *Ex.* *ăb*, *ŏb*, *sŭb*, etc.

Vitaque cum gemitu fugit indignata sŭb umbras. V.

RÈGLE II. *C*.

c, à la fin des mots, est long. *Ex.* *Sīc*, *dūc*, *hīc* adverbe, etc.

Sīc oculos, sīc ille manus, sīc ora ferebat. V.

Exception.

c est bref dans *nĕc* et *donĕc*, et douteux dans *făc* et *hīc* pronom.

Donĕc eris felix, multos numerabis amicos:
Tempora si fuerint nubila, solus eris. Ovid.

RÈGLE III. *D*.

d, à la fin des mots, est bref. *Ex.* *ăd*, *ĭd*, *quidquĭd*, *apŭd*, etc.

Quidquĭd id est, timeo Danaos et dona ferentes. V.

RÈGLE IV. *L*.

l, à la fin des mots, est brève. *Ex.* *Procŭl*, *semĕl*, *nihĭl*, etc.

Innocui venient, procŭl hinc, procŭl impius esto. Ov.

Exception.

l est longue dans ces mots, *nĭl, sāl, sŏl,* et dans les noms hébreux, *Daniēl, Israēl, Michaēl,* etc. *Ex.*

Per duodena regit mundi sōl aureus astra. V.

Règle V. *N.*

n, à la fin des mots, est longue. *Ex. Nŏn, quīn, Titān,* etc.

Quīn ipsæ stupuēre domus atque intima lethī Tartara....... V.

Exceptions.

1.° *n* finale est brève dans les noms terminés en *en,* qui ont *inis* au génitif, comme *Numĕn, numinis; flumĕn, fluminis,* etc. *Ex.*

At prior Alcides solitā prece Numĕn adorat. Sт.

2.° *n* est brève dans ces mots : *ăn, ĭn, tamĕn,* dans leurs composés *forsăn, forsităn, deĭn, proĭn, attamĕn,* et dans ces mots : *vidĕn', nostĭn', egŏn',* et autres semblables, qui se mettent pour *vides-ne, nosti-ne, ego-ne,* etc. *Ex.*

Nec circumfuso pendebat ĭn aere tellus. Ov.

3.° *n* finale est brève dans les noms grecs qui ont un omicron à la dernière syllabe, comme *Pēliŏn, Iliŏn, Orpheŏn,* etc. Joignez-y *Thetĭn* et *Maiăn. Ex.*

Pēliŏn Æmoniæ mons est obversus in Austros. Ov.

Règle VI. *R.*

r, à la fin des mots, est brève. *Ex. Labŏr, sempĕr, vincitŭr,* etc. *Ex.*

Tum variæ venere artes : labŏr omnia vincit. V.

Exceptions.

1.° *r* est longue dans les monosyllabes *cūr, fūr, fār, lār, nār, pār,* et ses composés *impār, dispār,* etc. *Ex.*

Ludere pār impār, equitare in arundine longā. H.

2.º *r* finale est longue dans les noms en *er*, qui viennent du grec, et qui ont *eris* au génitif, comme *aēr*,
œthēr, *cratēr*, et dans ces deux mots latins : *vēr* et *ibēr.*
Ex.

Alta petuut aēr, atque aēre purior ignis. Ov.
Vēr erat œternum ; placidique tepentibus auris
Mulcebant Zephyri natos sine semine flores. Ov.

RÈGLE VII. *S.*

as est long à la fin des mots. *Ex. Amās, œtās, Trojanās,* etc. *Ex.*

Trojanās ut opes et lamentabile regnum
Eruerint Danai........... V.

Exceptions.

1.º *as* final est bref dans les noms qui viennent du
grec, et qui font *adis* au génitif, comme *Pallăs, Palladis ; Lampăs, Iliăs,* etc. *Ex.*

Bellica Pallăs adest, et protegit œgide fratrem. Ov.

2.º *as* final est encore bref à l'accusatif pluriel des
noms grecs qui suivent dans le latin la troisième déclinaison, comme *Heroăs, Troăs, Naiadăs,* etc. *Ex.*

.... Divisque videbit
Permixtos heroăs, et ipse videbitur illis V.

RÈGLE VIII.

es est long à la fin des mots. *Ex. Patrēs, diēs, monês,*
etc. *Ex.*

Albanique patrēs, atque altœ mœnia Romœ. V.

Exceptions.

1.º *es* final est bref dans les noms qui ont le crément
bref, comme *segĕs, segĕtis ; milĕs, milĭtis,* etc. *Ex.*

Arebant herbœ, et victum segĕs œgra negabat. V.

On exceptera les noms suivans, qui font *es* long, quoiqu'ils aient le crément bref : *Cerēs, Cerēris ; ariēs, abiēs,*

pariĕs, pēs, et ses composés *bipēs, quadrupēs, sonipēs,* etc. *Ex.*

Flava Cerēs alto nequicquam spectat Olympo. V.

2.° *es* est bref dans la préposition *penĕs,* dans *ĕs,* seconde personne du verbe *sum,* et dans ses composés *potĕs, adĕs, prodĕs,* etc. *Ex.*

Me penĕs est unum vasti custodia mundi. Ov.
Natus ĕs è scopulis, nutritus lacte ferino. Ov.

3.° Les noms qui viennent du grec font *es* final bref au nominatif et au vocatif du pluriel, comme *Troĕs, Thracĕs, Arcadĕs,* etc. (1) *Ex.*

Ambo florentes œtatibus, Arcadĕs ambo. V.

Règle IX.

is est bref à la fin des mots. *Ex. Orbĭs, molĭs, legĭs, amatĭs,* etc.

Tantœ molĭs erat Romanam condere gentem. V.

Exceptions.

1.° *is* final est long dans tous les noms au datif et à l'ablatif du pluriel, comme *nobīs, templīs, subjectīs,* et dans les adverbes *gratīs, forīs. Ex.*
Parcere subjectīs, et debellare superbos. V.

2.° *is* est long dans les monosyllabes qui ont le crément long, comme *līs, litis; Dīs, Ditis; glīs, gliris,* etc. *Ex.*

Grammatici certant et adhuc sub judice līs est. H.

3.° *is* est long dans les verbes de la quatrième conjugaison, à la seconde personne du singulier du présent de l'indicatif, comme *audīs, venīs, abīs,* etc. *Ex.*

Si periturus abīs, at nos rape in omnia tecum. V.

4.° *is* est long dans *sīs* et ses composés *adsīs, possīs,*

---

(1) Ces mêmes noms font *es* long à l'accusatif.

etc. ; dans *fīs*, *faxīs*, et dans *velīs*, *nolīs*, *malīs*, *ausīs*, etc. *Ex.*

Adsīs, ô tandem propiùs tua numina firmes. V.

5.º *is* est encore long dans *vīs*, nom substantif et verbe, et dans ses composés *mavīs*, *quivīs*, *quamvīs*, etc. (1) *Ex.*

Quamvīs Elysios miretur Græcia campos. V.

RÈGLE X.

os est long à la fin des mots. *Ex. Honōs, animōs*, etc.

Imperium terris, animōs æquabīt Olympo. V.

Exceptions.

1.º *os* est bref dans *compŏs, impŏs, ŏs, ossis*, et son composé *exŏs. Ex.*

Insequere, et voti postmodo compŏs eris. Ov.

2.º *os* final est encore bref dans les noms grecs qui ont un *omicron* à la dernière syllabe, comme *chaŏs, melŏs, Arcadŏs*, etc. Les noms grecs qui ont un *omega* à la dernière syllabe font *os* long, comme *herōs, Athōs*, etc. *Ex.*

Et Chaŏs et Phlegeton, loca nocte silentia latè. V.
Quantus Athōs, aut quantus Eryx........ V.

---

(1) Quelquefois *is* est long à la seconde personne du subjonctif terminée en *ris*, comme *dederīs, miscuerīs*; mais on en voit peu d'exemples, et on trouve dans les poètes un nombre infini d'exemples contraires. Le parti le plus sûr est de faire toujours brève cette terminaison, conformément à la règle générale.

.... Non frustrà vitium vitaverīs illud. V.
.... Si dixerīs, æstuo, sudat. H.
Miscuerīs elixa simul conchilia turdis. Juv.
.... Dederīs in carmina vires. V.

Règle XI.

us est bref à la fin des mots. *Ex. Ŭnŭs, vultŭs, fa-cinŭs,* etc.

Unŭs erat toto naturæ vultŭs in orbe. Ov.

Exceptions.

1.º *us* final est long dans les noms de la quatrième dé-clinaison au génitif singulier, au nominatif, à l'accusatif et au vocatif du pluriel, comme *domūs, fructūs,* etc. *Ex.*

Stat fortuna domūs, et avi numerantur avorum. V.

2.º *us* final est long dans les noms de la troisième dé-clinaison qui ont *u* pour crément au génitif, comme *salūs, salutis; tellūs, telluris; jūs, juris,* etc. Joignez-y *tripūs, tripodis,* et le nom *Jesūs. Ex.*

Omnia nam virtūs imperiosa domat. Ov.

Règle XII.

ys est toujours bref à la fin des mots. *Ex. Capys, Typhys,* etc. *Ex.*

At Capys, et quorum melior sententia menti. V.

Règle XIII.

t est bref à la fin des mots. *Ex. Capŭt, annuĭt, tre-mefecĭt,* etc. (1)

Annuĭt, et totum nutu tremefecĭt Olympum. V.

_____

(1) Si le *t* final est précédé d'une consonne, comme dans *amānt, docēnt,* ces deux consonnes rendent la syl-labe longue. Il en est de même de la lettre *x* à la fin des mots, comme *Rēx, fēlix,* etc. Voyez la seconde rè-gle générale, *page 9.*

CHAPITRE IV,

OU L'ON EXPOSE LES PRINCIPES DE LA VERSIFICATION LATINE.

DE L'ÉLISION.

Quand deux voyelles se rencontrent, l'une à la fin d'un mot, et l'autre au commencement du mot suivant, il se fait une élision; c'est-à-dire que la première voyelle se retranche dans la mesure du vers. Il en est de même des diphthongues. Si l'on met dans un vers ces mots *ille ego*, *Musæ aderunt*, on doit dire, en scandant, *ill' ego, Mus' aderunt*.

La consonne *m* se retranche aussi avec la voyelle qui la précède, quand elle se trouve à la fin d'un mot devant une voyelle dans le mot suivant. Pour scander dans un vers ces mots, *illum etiam*, on dira *ill' etiam*, etc. (1)

Exemples.

Illum etiam Lauri, illum etiam flevere Myricæ. V.

Il y a dans ce vers trois élisions, et on doit le scander ainsi :

Ill ĕtĭăm Laŭr', ĭll' ĕtĭăm flĕvĕrĕ Myricæ.

Si la consonne *m* se trouve au commencement d'un mot, la voyelle qui la précède ne fait plus d'élision avec celle qui la suit, comme dans ces mots, *tela manu*.

La lettre *h* n'est comptée pour rien dans l'élision. Pour *docti homines*, on dira dans la mesure *doct' homines*.

---

(1) Quelquefois l'élision se fait entre deux vers, comme on le voit dans l'exemple suivant : c'est une licence peu ordinaire, et qu'il est mieux d'éviter.

Quem non incusavi amens hominunque Deorumque,
Aut quid in eversâ vidi crudelius urbe ! V.

Les interjections *ô, ah, heu, io, proh, vah,* ne font point d'élision avec la voyelle qui suit. *Ex.*

O pater, ô hominum Divùmque æterna potestas. V.

DE LA CÉSURE.

La césure est une syllabe qui reste après un pied, et qu'on joint au mot suivant dans la mesure du vers (1).

1   2   3

Arma virumque cano, Trojæ qui primus ab oris. V.

Les syllabes *rum, no, jæ,* sont des césures.

Plus il y a de césures dans un vers, et plus il est harmonieux. Les vers Hexamètre et Pentamètre doivent avoir au moins une césure après le second pied; au défaut de cette césure, on en met une après le premier pied et une après le troisième (2).

DE LA CONSTRUCTION DU VERS.

Les pensées et les expressions sont la matière du vers : la mesure dépend de l'arrangement des syllabes longues ou brèves. La matière étant donnée, il faut chercher d'abord les deux derniers pieds du vers, et arranger ensuite les autres pieds, en gardant toujours les règles de la quantité, de la césure et de l'élision.

----

(1) Le mot césure signifie division de syllabes ou de pieds.

(2) Quelquefois la césure rend longue une syllabe brève de sa nature, comme dans ce vers de Virgile :

Luctus ubique, pavōr, et plurima mortis imago.

Quelquefois aussi les poètes s'écartent de la règle qu'on donne ici, par rapport au nombre et à l'arrangement des césures : ce sont des licences qui peuvent avoir lieu dans un poëme de longue haleine. Les commençans, surtout, doivent s'attacher à la règle et suivre l'usage ordinaire.

Si l'on avait, par exemple, pour matière d'un vers Hexamètre.

Pŏlī intŏnŭērĕ, ĕt æthĕr mĭcăt crēbrīs ĭgnĭbŭs.

En changeant l'ordre des mots, on ferait ainsi le vers :

Intŏnŭērĕ pŏlī, ēt crēbrīs mĭcăt ĭgnĭbŭs æthĕr. V.

DES SYNONYMES.

Quand on trouve des mots qui ne peuvent se prêter à la mesure du vers, il faut les changer. On cherche alors des synonymes qui aient la même signification, et dont la quantité soit différente. Dans la matière suivante, par exemple :

Dura tùm positis fient mitiora sæcula bellis.

A la place de ces mots, *dura, fient* et *mitiora*, on peut mettre les synonymes *aspera* et *mitescent*.

Aspera tùm positis mitescent sæcula bellis. V.

Quelquefois on met le singulier pour le pruriel, ou le pluriel pour le singulier. *Ex.*

Flavumque de viridibus stillabat mel ilicibus.
Flavaque de viridi stillabant ilice mella. Ov.

On peut même changer la construction de la phrase, sans changer la pensée *Ex.*

Lentam salicem multum superat pallens oliva.
Lenta salix multùm pallenti cedit olivæ. V.

Pour faire ces changemens dans la matière du vers, il faut considérer la justesse, la force et la beauté des expressions. Souvent des mots qui paraissent synonymes, sont bien différens dans l'usage et l'application. Prenons pour exemple le vers suivant :

Fit via vi : rumpunt aditus, primosque trucidant
Immissi Danai......... V.

Oublions pour un moment la quantité, et mettons :

Faciunt viam vi aperiunt aditus, primosque occidunt.
Immittentes se Danai........

Voilà des termes synonymes; mais quelle énergie dans les uns, et quelle faiblesse dans les autres!

DES ÉPITHÈTES.

L'épithète est un adjectif qu'on ajoute dans le vers au nom substantif. Si l'on avait, par exemple, ces mots, *interea pendent circum oscula nati*, pour faire un vers, on pourrait ajouter une épithète au mot *nati*.

Interea dulces pendent circum oscula nati. V.

L'épithète n'est pas un mot pris au hasard pour remplir le vers; elle doit être propre à la chose, riche et élégante : c'est dans la nature même du sujet qu'il faut la chercher.

Il s'agit, par exemple, de représenter le vautour qui dévorait le foie de Prométhée :

Rostroque Vultur tundens jecur et viscera.

Considérez d'abord quelle est la nature de ce vautour; il est farouche et cruel, *immanis*. Vous pouvez ajouter au mot *rostro* une épithète qui peigne l'objet *obunco.* Quelle proie dévore-t-il ce vautour? un foie qui renaît à mesure qu'il est dévoré, *immortale jecur*; des entrailles qu'il rend fécondes en tourmens, *fœcundaque pœnis viscera.*

.... *Rostroque immanis Vultur obunco,*
Immortale jecur tundens, fœcundaque pœnis
Viscera........ V.

Le même poëte décrit une flamme merveilleuse, qui paraît tout à coup sur la tête du jeune Iule sans embraser ses cheveux.

Ecce levis summo de vertice visus Iuli
Fundere lumen apex, tactuque innoxia molli
Lambere flamma comas, et circum tempora pasci. V.

Et pour peindre l'état des campagnes dans des jours de stérilité,

Arebant herbæ, et victum seges ægrat negabat. V.

Quelle justesse et quelle beauté dans ces épithètes, *levis, innoxia; molli, œgra!*

Les épithètes sont d'un grand usage dans la poésie; mais il faut les employer avec discernement, et prendre garde de trop les multiplier. On évitera surtout celles qui n'ajoutent rien à la pensée? ce sont des mots inutiles et superflus qui surchargent le vers au lieu de l'embellir.

Observez que l'épithète se met ordinairement dans le vers avant le substantif auquel elle se rapporte.

Mollia securæ peragebant otia gentes. Ov.

Quelquefois cependant l'épithète, placée après le substantif, donne plus de force à la cadence et à l'expression, comme dans les vers suivans :

Apparent rari, nantes in gurgite vasto. V.

Ferret hyems culmumque levem stipulasque volantes. V.
Vox quoque per lucos vulgo exaudita silentes
Ingens........... V.

DES PÉRIPHRASES.

Les périphrases sont des circonlocutions que les poëtes emploient pour rendre l'expression plus riche et plus nombreuse. Par exemple, au lieu de *segetes,* on dira : *Cereris munera;* pour *ver, dulcia veris tempora;* pour *arare, telluri infendere sulcos;* pour *navigare, tentare Thetim ratibus,* etc.

Quelquefois la périphrase est plus étendue : pour *mare agitatum,* Virgile dit :

Atque indignatum magnis stridoribus æquor.

Pour *mane,* le matin :

Cum phœbum revehit stellis Aurora fugatis.

On voit dans ces exemples en quoi consiste la beauté des périphrases. Le poëte doit éviter les circonlocutions prosaïques, et qui ne conviennent pas au style poétique; celles qui sont surchargées de mots inutiles, et qui n'ajoutent rien à l'éclat, à la richesse ou à l'harmonie des vers,

Étendre la matière des Vers et ajouter des pensées.

Ce n'est pas assez de changer et d'ajouter des mots, donnons maintenant un plus libre essor à l'imagination. Il faut étendre la matière et trouver des pensées capables de l'embellir. Ces nouvelles richesses doivent sortir du fonds même du sujet. Pour les découvrir, on considérera quelle est la nature de la chose, quelles en sont les circonstances, les causes, les effets, etc.

Si l'on avait, par exemple, pour matière d'un vers ces deux mots, *resonat tonitru,* on dirait : qu'est-ce que le tonnerre? c'est un bruit affreux dont le ciel même est ébranlé.

Concusso resonant horrenda tonitrua Cælo.

Et de même avec ces mots, *pereunt segetes,* on ferait aisément deux vers. Il faudrait ajouter deux pensées, qui se présentent naturellement ici. Le laboureur voit périr l'objet de ses vœux et de ses espérances : *deplorata coloni vota jacent;* il perd en un instant le fruit de ses longs et pénibles travaux : *longique perit labor irritus anni.*

*Sternuntur segetes, et deplorata coloni
Vota jacent, longique perit labor irritus anni.* Ov.

Virgile représente un rossignol qui pleure la perte de ses petits : *Philomela amissos queritur fœtus,* et dans cette simple pensée, il trouve la matière de plusieurs vers.

*Qualis populeâ mœrens Philomela sub umbrâ,
Amissos queritur fœtus, quos durus arator
Observans nido implumes detraxit : at illa
Flet noctem, ramoque sedens, miserabile carmen
Integrat, et mœstis latè loca questibus implet.* V.

II.

OBSERVATIONS

SUR L'ÉLÉGANCE ET LA BEAUTÉ DES VERS.

I.

Du choix des expressions.

RIEN de plus important dans la poésie que le choix des expressions. La plus belle pensée ne peut plaire quand elle est mal rendue. Pour faire ce choix avec goût, il faut considérer la valeur des termes et l'usage auquel on les destine.

1.° Dans les sujets simples et légers, l'élégance et la simplicité doivent caractériser l'expression.

Tityre, tu patulæ recubans sub tegmine fagi,
Sylvestrem tenui Musam meditaris avenâ :
Nos patriæ fines et dulcia linquimus arva. V.

Ac veluti in pratis ubi apes æstate serenâ
Floribus insidunt variis, et candida circum
Lilia funduntur, strepit amnis murmure campus. V.

2.° Si le sujet est grave ou relevé, il demande des expressions fortes et énergiques.

Trojanas ut opes et lamentabile regnum
Eruerint Danai.......... V.

Expatiata ruunt per apertos flumina campos. Ov.

Vicinæ, ruptis inter se legibus, urbes,
Arma ferunt : sævit toto Mars impius orbe.
Venti indignantes magno cum murmure montis
Circum claustra fremunt. Celsâ sedet Æolus arce;
Sceptra tenens; mollitque animos; et temperat iras. V.

3.º Les expressions qui donnent de la sensibilité et des passions aux choses inanimées, sont d'une grande beauté dans la poésie.

Non rastros patietur humus, non vinea falcem.
Cùm sitiunt herbæ, et pecori jam gratior umbra est.
Purpureus veluti cùm flos succisus aratro
Languescit moriens...........
Exiit ad cœlum ramis felicibus arbos,
Miraturque novas frondes, et non sua poma.
.... Pontem indignatus Araxes.
Quin ipsæ stupuére domus atque intima lethi
Tartara............ V.

Ces mots *patietur, sitiunt, languescit, moriens,* etc., répandent dans ces vers un éclat merveilleux.

Il en est de même des vers suivans, dans lesquels le poète donne de la réflexion et du sentiment à un cheval, à un taureau.

Post bellator equus positis insignibus Æthon,
It lacrymans, guttisque humectat grandibus ora. V.
.... It tristis arator
Mærentem adjungens fraternâ morte juvencum. V.

4.º Le poète doit surtout rechercher les expressions qui peignent les objets. Quelque sujet qu'il traite, son premier devoir est de peindre la nature.

Virgile représente une espèce d'abeilles d'une figure rebutante : *aliæ turpes horrent.*
Polyphème étendu dans son antre :

.... Jacquitque per antrum.

Cerbère épris des accords d'Orphée :

.... Tenuitque inhians tria Cerberus ora.

Un berger couché sur le gazon, et qui voit de loin ses chèvres sur une colline escarpée :

Non ego vos posthàc, viridi projectus in antro,
Dumosâ pendere procul de rupe videbo.

Hector, attaché au char d'Achille et traîné autour des murs de Troye :

Raptatus bigis ut quondam, aterque cruento
Pulvere, perque pedes trajectus lora tumentes. V.

Ces expressions *horrent, jacuit, tenuit, inhians,* etc., peignent les objets d'après nature. Qu'on mette à la place de ces mots *aliæ turpes sunt, recubuit in antro, cessavit latrare,* etc., l'image disparaît, et les vers perdent leur beauté.

5.° Il est encore des dispositions heureuses qui relèvent une pensée commune et simple par elle-même.

Par exemple, au lieu de dire : *nec lana imitabitur varios colores :*

Nec varios dicet mentiri lana colores. V.

Au lieu de *tellus inarata parturiebat :*

.... *Rastroque intacta; nec ullis*
Saucia vomeribus, per se dabat omnia tellus. Ov.

II.

Des licences poétiques dans la manière de s'exprimer.

La poésie a son langage et son style particuliers : elle s'écarte quelquefois des règles de la prose. Ce sont des licences réservées aux poëtes, et qui peuvent faciliter la versification.

1.° Au lieu du gérondif en *di,* après un nom substantif, souvent les poëtes se servent du présent de l'infinitif.

Sed si tantus amor casus cognoscere nostros. V.

Au lieu de *amor cognoscendi.*

Ils se servent aussi du présent de l'infinitif au lieu du gérondif en *dum,* avec la préposition *ad.* Par exemple, on dira *celer irasci,* pour *celer ad irascendum; bonus dicere, bonus inflare,* pour *bonus ad dicendum, ad inflandum,* etc.

.... *Boni quoniam convenimus ambo,*
Tu calamos inflare leves, ego dicere versus. V.

2.º Les poètes mettent souvent le nom substantif à l'accusatif après un nom adjectif ou un participe passif. Par exemple, ils disent *pulcher faciem,* pour *pulcher facie; redimitus tempora,* pour *habens tempora redimita.* On sous-entend alors la préposition *secundùm,* à l'imitation des Grecs : *pulcher secundùm faciem, redimitus secundùm tempora.*

Os humerosque Deo similis...........
Vittis et sacrâ redimitus tempora lauro. V. .

Quelquefois ils mettent le datif au lieu de l'accusatif avec *in* ou *ad. Ex.*

It clamor Cœlo, pour *it clamor ad Cœlum.* V.

3.º On peut souvent mettre dans les vers le pluriel pour le singulier, et le singulier pour le pluriel. *Ex.*

.... Et patrios fœdasti sanguine vultus. V.

Au lieu de *patris vultum.*

Le comparatif pour le superlatif : au lieu de *pulcherrimus omnium,* on dira *pulchrior ante alios,* ou *quo pulchrior alter non fuit.*

L'adjectif pour l'adverbe : *suave rubens hyacynthus,* pour *suaviter rubens; vana tumentem,* pour *vanè tumentem; solvite vela citi* pour *citò,* etc.

4.º Pour exprimer les noms de nombre, souvent les poètes se servent d'une périphrase. Par exemple, pour *quatuor,* ils diront *bis duo;* pour *decem, bis quinque* ou *bis quini;* pour *quatuordecim, bis septem* ou *bis septeni,* etc.

Sunt mihi bis septem prœstanti corpore Nymphœ.
Bis quinos silet ille dies......... V.

5.º Quelquefois on peut mettre dans les vers la préposition après le nom auquel elle se rapporte. *Ex.*

Spemque metumque inter.............
.... Maria omnia circum. V.

Quelquefois aussi on sous-entend les prépositions dans

les questions de lieu. Par exemple, on dira *lucis habita-mus opacis,* au lieu de *habitamus in lucis.*

Et pour *devenére in locos,*

Devenére locos lœtos et amœna vireta. V.

Les poëtes ont encore la liberté de séparer plusieurs prépositions des mots auxquels elles sont jointes dans le discours ordinaire. Ils disent, par exemple :

Hac celebrata tenùs, pour *hac tenùs celebrata.*

Quo res cumqué cadent, pour *quocumqué res cadent.*

Collo dare brachia circum, pour *circumdare brachia collo,* etc.

Observez que tous les mots composés ne sont pas susceptibles d'une pareille transposition. Il faut sur cet objet consulter l'usage et l'exemple des poëtes.

III.

De la Cadence des vers.

Ce que Boïleau a dit de la poésie française, on peut le dire ici de la poésie latine.

Il est un heureux choix de mots harmonieux ;
Fuyez des mauvais sons le concours odieux.
Le vers le mieux rempli, la plus noble pensée,
Ne peut plaire à l'esprit quand l'oreille est blessée.
ART POÉTIQUE.

Telle est en général la cadence qui doit régner dans les vers.

On distingue des cadences particulières plus marquées et propres à peindre les objets ; c'est un des moyens dont le poète se sert pour relever ou pour embellir l'expression. Il rend le nombre grave ou léger, doux et véhément, selon la différence des choses qu'il veut exprimer.

Cadences graves et nombreuses.

Elles servent à peindre les objets graves et majestueux, les choses tristes et lugubres. Pour donner au vers cette cadence, il faut employer les spondées et les grands mots.

Annuit et totum nutu tremefecit Olympum.
Luctantes ventos tempestatesque sonoras.
Exstinctum Nymphæ crudeli funere Daphnim.
Flebant............
Ecce trahebatur passis Priameia Virgo
Crinibus........... V.

Le vers Spondaïque est particulièrement destiné à former cette cadence :

Cara Deûm soboles, magnum Jovis incrementum. V.
.... Nec brachia longo
Margine terrarum porrexerat Amphitrite. Ov.

Un poète moderne a employé heureusement ce vers pour exprimer le dernier soupir de Jésus-Christ :

Supremamque auram, ponens caput, expiravit. Vid.

Cadences légéres et rapides.

Elles demandent des dactyles et des mots d'une prononciation brève et légère. Cette espèce de cadence, ainsi que les suivantes, indiquent par elles-mêmes leur usage et leur propriété.

Quadrupedante putrem sonitu quatit ungula campum.
Vel mare per medium, fluctu suspensa tumenti,
Ferret iter, celeres nec tangeret æquore plantas.
.... Juvenum manus emicat ardens
Littus in Hesperium.......... V.

Cadences douces.

Il faut employer des mots doux et coulans, et les arranger de la manière la plus capable de flatter l'oreille.

Ver erat œternum, placidique tepentibus auris
Mulcebant Zephyri natos sine semine flores. Ov.

Mollia luteolá pingit vaccinia calthá. V.
Undá levi sumnum suadebit inire susurro. V.

Cadences dures et rudes.

Tum ferri rigor, atque argutœ lamina serrœ.
Monstrum horrendum, informe, ingens, cui lumen
   ademptum.
Hinc exaudiri gemitus, et sœva sonarĕ
Verbera, tùm stridor ferri, tractœque catenœ. V.

Cadences pesantes et embarrassées.

Illi inter sese magná vi brachia tollunt
In numerum, versantque tenaci forcipe ferrum.
Ergo œgrè rastris terram rimantur........ V.

Les cadences coupées ou terminées par une chute à la
fin du vers, sont quelquefois d'une grande beauté.

Olli sumnum ingens rupit pavōr.......
.... Hæret pedes pes, densusque viro vir.*
Sternitur, exanimisque tremens procumbit humi bos.
Sic fatus senior, telumque imbelle sine ictu
Conjecit.......... V.

CONTINUATION DU CHAPITRE II.

DES DIFFÉRENTES ESPÈCES DE VERS LYRIQUES.

———◦◦◦———

Du vers Alcaïque (1).

La strophe Alcaïque est composée de quatre vers, dont
les deux premiers sont semblables.

---

(1) Le vers Alcaïque a tiré son nom du poète Alcée,
qui l'inventa.

Ces deux vers ont quatre pieds et une syllabe ; le premier pied est un iambe ou un spondée ; le second un iambe suivi d'une syllabe longue ; le troisième et le quatrième sont deux dactyles.

Vĭdēs | ŭt āl | tă | stēt nĭvë | cändĭdum
Sōrăc | të ; nēc | jăm | sŭstĭnë | ānṭ ŏnus.

Le troisième vers ne diffère des deux premiers qu'en ce qu'il a deux trochées à la fin, au lieu de deux dactyles.

Silvœ | lăbō | răn | tĕs gĕ | lŭquĕ.

Le quatrième vers est composé de deux dactyles et de deux trochées.

Flūmĭnă | cōnstĭtĕ | rīnt ă | cŭto.

La strophe doit s'écrire ainsi :

Vides ut altâ stet nive candidum
Soracte ; nec jam sustineant onus
 Sylvœ laborantes, geluque.
Flumina constiterint acuto. **H.**

Des Vers Saphique et Adonique.

Le vers Saphique est composé de cinq pieds, dont le premier est un trochée, le second un spondée, le troisième un dactyle, le quatrième et le cinquième sont deux trochées (1).

Scăndĭt | œrā | tās vĭtĭ | ōsă | năves.
Cūră, | nēc tūr | mās ĕquĭ | tūm rĕ | līnquit.

Le vers Adonique est composé d'un dactyle et d'un spondée (2).

   Ocĭŏr Eŭro.

---

(1) *Saphique :* ce nom vient de Sapho, qui inventa cette espèce de vers.

(2) Le vers Adonique était d'un grand usage dans les fêtes lugubres qu'on célébrait en mémoire de la mort d'Adonis, et c'est de là qu'il a tiré son nom.

Pour former une strophe, on met trois vers Saphiques, et ensuite un vers Adonique.

Scandit æratas vitiosa naves
Cura, nec turmas equitum relinquit,
Ocior ventis, et agente nimbos
Ocior Euro.

Des Vers Asclépiade, Glyconique et Phérécratien (1).

Le vers Asclépiade est composé de quatre pieds et d'une syllabe. Le premier pied est un spondée; le second un dactyle suivi d'une syllabe longue; les deux derniers sont deux dactyles.

Mæcenas atavis edite Regibus.
O et præsidium et dulce decus meum. **H.**

Mæcĕ | nās ătă | vīs | ēdĭtĕ | Rēgĭbus.

Le vers Glyconique est composé d'un spondée et de deux dactyles.

Aūdāx | ōmnĭa | pērpĕtĭ. **H.**

Le vers Phérécratien est composé d'un dactyle entre deux spondées.

Mūltō | nōn sĭnĕ | rīsu. **H.**

Ces trois vers peuvent s'arranger ensemble de plusieurs manières, pour en former une strophe.

1.º Trois vers Asclépiades, suivis d'un vers Glyconique :

Aurum per medios ire satellites,
Et perrumpere amat saxa, potentius
Ictu fulmineo : concidit auguris
Argivi domus ob lucrum. **H.**

---

(1) Trois poëtes grecs furent auteurs de ces vers : Asclépiade, du vers qui porte son nom ; Glycon, du vers Glyconique ; et Phérécrate, du vers Phérécratien.

2.° Deux Asclépiades, un Phérécratien et un Glyconique :

Te flagrantis atrox hora Caniculæ
Nescit tangere : tu frigus amabile
   Fessis vomere tauris
     Præbes, et pecori vago.

3.° Un Glyconique et un Asclépiade alternativement :

   Audax omnia perpeti,
Gens humana ruit per vetitum nefas. H.

Du Vers Iambique.

Les vers Iambiques sont ordinairement de quatre ou
de six mesures. Les pieds des nombres pairs, 2, 4, 6,
doivent toujours être des iambes ; les pieds des nombres
impairs, 1, 3, 5, sont iambes ou spondées.

Iambe { *Virtus beatos efficit.* H.
de 4 m. { *Vīrtus | bĕā | tōs ef | ficit.* -

Iambe { *Fontesque lymphis obstrepunt manantibus.*
de 6 m. { *Fontēs | quĕlym | phĭs ōbs | trĕpŭnt | mānān | tĭbus.*

Dans les hymnes, on peut faire une strophe de quatre
petits iambiques.

   O quando lucescet tuus,
   Qui nescit occasum dies !
   O quando sancta se dabit,
   Quæ nescit hostem patria !

Dans l'ode, on met ordinairement l'iambique grand et
petit alternativement.

   Beatus ille, qui procul negotiis ;
   Ut prisca gens mortalium,
   Paterna rura bobus exercet suis,
   Solutus omni fœnore. H.

Du Vers Phaleuce ou Hendecasyllabe.

Le vers Phaleuce est composé de cinq pieds, dont le premier est un spondée, le second un dactyle, les trois autres sont des trochées (1).

Nunquam divitias Deos rogavi. **H.**
Nūnquăm | dīvĭtĭ | ās Dĕ | ōs rŏ | gāvĭ.

---

(1) On l'appelle vers *Phaleuce*, du nom du poète qui l'inventa; et *Hendecasyllabe*, parce qu'il est composé de onze syllabes.

FIN.